中國玉文化

文化密碼
亂世藏金 盛世藏玉

朱怡芳 著

歷經遠古、古代進入當代，玉石及其製品正走向時尚與消費的時代，並逐漸成為大眾尋求自我價值與存在意義的文化符號……

崧燁文化

目錄

序

引言

第一章　緣起與意義
　　一、當代中國的玉文化現象　　　　　　　　　　16
　　二、文化研究與「玉學」理論　　　　　　　　　18
　　三、核心價值與哲學意義的再認識　　　　　　　20

第二章　視角與方法
　　一、中國外研究概況　　　　　　　　　　　　　24
　　二、概念界定與範疇　　　　　　　　　　　　　29
　　三、總體與微觀結合的出發點　　　　　　　　　31
　　四、三條脈絡　　　　　　　　　　　　　　　　31
　　五、研究方法與理論　　　　　　　　　　　　　34

第三章　遠古傳統：從神人結體到宗法結構
　　一、從石器到玉器　　　　　　　　　　　　　　52
　　二、混沌至清晰：原初信仰到宗法的視覺角色轉變　61
　　三、神人結體與原始宗法之關聯　　　　　　　　72
　　四、宗法玉製：宗法結構的產物　　　　　　　　100

第四章　古典傳統：權力意志與比德理念

一、權勢話語：權力意志的結構形式　　　　　　　　　　116

二、比德符號：價值觀念的詮釋　　　　　　　　　　　　150

三、透鏡觀看：時空與社會場域中的閱讀　　　　　　　　168

四、自我技術：工匠技藝傳習中的道德實踐　　　　　　　188

第五章　現代傳統：大眾消費與時尚意象

一、分散—合作化—集散：玉石經濟的民主化進程　　　　201

二、時尚的符號：玉文化的民主化發展　　　　　　　　　215

三、從經濟資本到文化資本：當代玉文化的權勢話語　　　231

四、傳統玉德觀念的轉變：德符之辨　　　　　　　　　　248

五、從文化自覺到文化自信：當代玉雕的批評實踐　　　　263

附錄 A　五代後唐之後有關贗璽、疑璽歷史記載

附錄 B　《長物誌》與《閒情偶寄》關於玉石物品的品評

附錄 C　人物訪談及評述

一、顧永駿訪談　　　　　　　　　　　　　　　　　　　278

二、《中國工藝美術大師 —— 顧永駿卷》作者評述（摘引）　280

三、江春源訪談（一）　　　　　　　　　　　　　　　　283

四、江春源訪談（二）　　　　　　　　　　　　　　　　285

附錄 D　特色產業基地的資源開採、利用和保護等狀況

附錄 E　中國主要玉石特色產業基地的產業狀況

附錄 F　觀察記錄

附錄 G　中國工藝美術大師工藝雕刻（玉石類）名單

附錄 H　1984 年與 2005 年傳統工藝美術玉石雕刻類省市分布情況以及 2006 年首批國家非物質文化遺產名錄中的玉石雕技藝項目

附錄 I　近年主要的玉石特色產業基地文化策略

結語

　　一、開啟神性和宗法的遠古傳統　　309

　　二、樹君權德威符號的古典傳統　　310

　　三、強「利」「欲」而弱「德」「信」的現代傳統　　311

參考文獻

　　一、中文文獻　　313

　　二、外文文獻　　318

後記

目錄

序

　　在中國文化中，玉文化是最具特性和符號性的文化。從歷史淵源而言，玉文化的形成是基於人對於「石」的使用，即數十萬年甚至數百萬年人類使用「石材」並產生「美」的意識，發現「美石」的結果，所謂「玉」，石之美者。玉，不僅美，而且稀有，有各種品相和品質，越好的越稀有、越貴重，因此，它成為擁有者身分、地位、財富的象徵。在中國玉文化數萬年的歷史中，不僅擁有者「貴玉」，一般老百姓也「崇玉」。除其稀有、貴重外，人們還賦予其「人格」和「人品」屬性，如三代即有的「玉有九德」之說，代表性的論述如管子所謂：「夫玉，溫潤以澤，仁也；鄰以理者，知也；堅而不蹙，義也；廉而不劌，行也；鮮而不垢，潔也；折而不撓，勇也；瑕適皆見，精也；茂華光澤，並通而不相陵，容也；叩之，其音清摶徹遠，純而不淆，辭也。是以人主貴之，藏以為寶，剖以為符瑞，九德出焉。」《禮記·聘義第四十八》中借孔子語謂「玉有十一德」，而且還有「七德」「六德」「五德」之論。因此，古之「君子必佩玉」，「君子無故，玉不去身」。這種佩玉已不是原先的玉石材料，而是經過工藝加工製作的「玉器」，在三代乃至崇玉文化鼎盛的漢代，玉石加工成器極其費時費力，是難以解決的大事，其組佩所代表的等級和身分意識同樣與玉石加工的難度、高等級玉石材料的難得相聯繫。因此，玉從一種美石之材逐步固化成了一種特殊的符號之物、精神之物、文化之物。在世界的其他地方，也曾經有過玉石材料和器物的使用，如西元前 3000 年至西元前 2000 年的西伯利亞原始文化、日本繩文文化、中美洲的馬雅文化以及印第安文化等，這些異域的玉文化與中國連續性的玉文化相比較，都歷時短暫。

　　由此觀照，中國玉文化有兩種存在，一是作為現實之物，在每個時代，

都有自己的實存和發展脈絡；一是作為觀念之物，成為中華文明的一種精神象徵和符號，對於這兩種存在的認知，即是所謂的「玉學」。我以為，三代的「以玉比德說」，既是對玉石文化本質的建構，又是對玉器之物本身的解說，前者的建構內化為「玉」本身的品格，後者的言說成為中國玉文化歷史形態不斷延展的一部分。中國人所謂的「玉」，即觀念化、符號化的「玉」與物質之「玉」的內化同一，楊伯達等先生力倡的「玉學」，既反映了當代學者對玉文化研究的重視，也可以說是承續了三代以來的說玉傳統，這實際上是一個大課題。

　　本書是當代「玉學」的成果之一。作者朱怡芳，2005年從昆明理工大學來清華大學美術學院隨我攻讀博士學位，其時參加了我承擔的國家發展和改革委員會「傳統工藝美術保護與發展研究」課題的研究，在進行博士論文選題時，鑒於她對於「玉文化」的認知，我們選定了中國玉文化研究這樣一個課題。說實話，當時的研究資料表明，對玉文化的研究已有不少成果，也有很多可以研究的空間，如何深化研究是尤其需要著力的地方。誠如朱怡芳在本書中所言：「總體看來，當代研究的思路是從金石欣賞與考古研究進而轉向對玉文化的關注。在20世紀末，一批專家學者提出了『玉學』的理論構想。當然，其研究亦存在諸多問題。首先，中國關於玉石的專題性研究文章，如玉石地礦鑒定、玉器歷史、玉石工藝等的考古專述較多，多是基礎性與材料性的研究。其次，一些玉文化方面的研究較為表層，且研究方法欠缺。除此之外，玉器鑒賞方面的圖冊及近年來玉石投資與收藏資訊雖然有所增多，但欠缺理論分析；而且，近現代以來，一些藝人、作坊及企業的情況僅限於史志記載與行業內的資料彙總，並未從文化變遷角度及理論深度上考察其在現當代社會中的存在狀況與諸多轉變。『玉學』的建立尚有一個過程，仍需重要的理論積澱和不斷的補充修正與完善。」因此，她的博士課題研究主要針對中國玉文化傳統進行探討，並將其作為中國「玉學」理論建構的研究任

務之一。

　　中國玉文化建基於玉石的物質之上，自古及今，其內涵和表徵意義不斷演變，如何整體地去看待這一歷史之物和當代之物，朱怡芳君的《文化密碼：中國玉文化傳統研究》提供了一個很好的範本。

　　首先，她將中國玉文化的整個歷史劃分為三大階段：一是神人結體與宗法結構的遠古傳統階段，即史前至西周玉文化形成和發展時期；二是權力意志與比德理念的古典傳統階段，即自春秋戰國至清末；三是大眾消費與時尚意象的現代傳統階段。這是一個大膽且獨具創造性的分期，古今一系，把握大脈。這大脈即「遠古傳統—古典傳統—現代傳統」之脈。朱怡芳認為，中國玉文化傳統是一種具有內在連接的變體鏈，各個歷史時期的傳統之間存在著一定的連續性與統一性。「遠古—古典—現代並非各自獨立的傳統，或單線進化的、連貫的傳統，其間不乏交叉、並存甚至延伸與突變」。誠如楊伯達先生在評介朱怡芳博士論文時指出的，它的觀點新、角度新，它的視野廣，有學術尖端性，它的活更是強調了從歷史走向當代而且解析獨具眼光和現實意義，特別是在研究中融入「現代傳統」的分析，不僅衝擊「時弊」「利」「欲」，還指明了玉文化研究的前瞻性—— 尊德和重統的傳統與趨向。

　　從學術價值而言，除分期外，本研究的創造性還體現於以下幾個方面。

　　第一，對上述三個傳統的內核進行了獨到的分析與闡釋，提出玉文化遠古傳統中的「神性」經歷了從「神人結體」到「宗法玉製」的轉變，即從信仰神靈到信奉祖宗過渡的觀點。在研究中，她運用圖像學的方法並結合史前神話傳說及出土的文物，推論出「神徽」是無文字時代，先民採用原初藝術表現方式所作的特殊記錄，而「神徽」既「傳達出祖宗與神靈形同質異的訊息」，又表達出神祖崇拜中的祖宗形象已高居於神靈形象之上的狀態。

　　第二，在對玉文化的古典傳統進行闡釋時，她運用社會學方法沿著實質性傳統的永恆性（神性）線索，透過對傳統社會玉文化權勢話語的分析，揭

示了等級社會中,「玉」對於鞏固社會地位、維繫社會關係、增強話語權力的重要社會功能,提出「璽印為權」「冠服以儀」的玉石物品是權勢階層權力意志合法化、外化的觀點。傳統社會的「比德理念」是對西周「唯德是輔」的繼承,比德的倫理道德實踐也滲透在工匠技藝傳習的過程之中。作為教化人性的「比德」已不只針對傳統意義上的「君子」,而是擴展到一般人群之中,成為一個扎根於全社會的文化理念。

第三,在對玉文化的現代傳統的研究中,她又抓住當代行銷文化這個關鍵,指出玉石製品已逐漸演化、泛化為一種普遍的時尚行銷品。它變成了「經濟資本和文化資本甚至社會資本相結合的商品」,而且「大眾消費消解了傳統玉文化的經典性、神聖性、少數階層的占有性,同時也弱化了傳統玉石符號的尊貴屬性」。不過,在現代社會情境中,玉的神性依舊具有生命力,它的經典性得到重新詮釋,它逐漸變成了「大眾尋求自我價值與存在意義的文化符號」。

這本在她博士論文基礎上形成的玉文化專著,不僅反映了她在攻讀博士學位期間的努力成果,也反映了在博士畢業之後的十餘年繼續學習和思考的收穫。朱怡芳給我最深刻的印象是為人正直善良,學習刻苦勤奮,用心做事,細心認真。在後記中,她把自己學習和人生的經歷歸結為「崑崙孕情,懵懂識玉;滇緬育心,愚念愛玉;京城潛志,沉澱化玉」二十四個字。她兒時生長在青海,大學和碩士研究生的求學階段是在昆明,博士和博士後階段是在北京,這二十四個字,不僅是作者的人生經歷,更是其與「玉」結緣同心、在對玉文化研究的過程中艱辛付出以及追求「人如玉品」崇高境界的心聲。這一切化為文字,成為本書的深刻之處。

李硯祖

2019 年 5 月 26 日於清華園

引言

在中國文化發生和發展的歷程中,玉文化是獨具特色和代表性的文化,而且有著重要的歷史地位。曾有學者認為,在中國的「青銅時代」之前存有一個「玉器時代」,其後,玉文化在相當長的歷史時期內,成為中國文化中融物質與精神甚至多種品格於一身的特殊文化。中國玉文化不僅有上萬年的悠久歷史,重要的是在物質文明高度發達的當代,玉文化雖然不再是主流文化的一部分,但玉文化之「象」和「脈」均在。我們看到,雖然社會文化、經濟、生活的諸多方面都發生了巨大變化,中國人的「玉石情結」仍在,中國文化的「玉石品格」仍在,它仍然是中國文化最值得傳承和重視的部分。當「京」字人形的「2008Beijing——奧運徽寶·玉印」在天壇揭現面目之時,當奧運獎牌以「金玉合璧」設計勝出之時,似乎確證著一個不爭的事實——上萬年來的玉文化依然是中國文化的經典。當然,我們也應當看到,在「消費社會」的氛圍中,玉石的收藏不僅是一種文化的收藏,而且成為一種經濟增值、財富投資的手段。當代也有人佩戴玉石製品,如佛、菩薩、貔貅之類的佩飾,已然成為佩戴者祈福避邪之物,與史書記載的「三代」君子必佩玉所賦予的性質、品格和特殊文化精神也不可同日而語。

「瘋狂的石頭」在商業社會變得名副其實。從經濟學的角度來看,和田玉料連續10年來每年升值50%—70%;2001年以來,寶石級翡翠價格翻漲幾十倍,其漲幅甚至超過黃金,僅2007年第一季度翡翠原材料的價格就上漲3成。市場方面,中國已有數以百計的玉器城、玉石古玩街;中國珠寶玉石首飾消費位居世界第二。2007年11月27日,香港佳士得秋拍一件清乾隆白玉鶴鹿同春筆筒以逾估價5倍的價格成交,打破了白玉藝術品拍賣價的世界紀錄。除此之外,鑒賞收藏節目熱播,珠寶玉石鑒定認證資格熱賣,大眾化收

藏火爆。潘家園古玩批發市場成為北京乃至全中國包括玉石交易在內的文玩交易中心。與此相關，玉石加工生產也具有了前所未有的集散規模，出現了廣東揭陽、廣州四會、南陽鎮平、遼寧岫岩、連雲港東海、瑞麗騰沖、江蘇邳州等生產銷售的產業基地，甚至邗江灣頭鎮、蘇州光福鎮等鄉鎮的民營企業團隊也不斷擴大並伴隨技術資本的轉移。

從工藝技藝持有者來看，專門從事玉器行業的藝人與工匠的身分地位和群體規模不斷出現新的變化。中國珠寶玉石首飾行業協會每兩年評定一屆的「中國玉石雕刻大師」僅第一屆就有 56 人當選；1979 年以來所授予的「中國工藝美術大師」（共 6 屆）中，玉石雕刻類就有 52 人。（見附錄 I，尚不包括各類地方級榮譽稱號。）另外，從研究方面來看，1990 年代末以來，中國研究玉石歷史、工藝、文化以及藝術鑒賞等的機構大量增加，相關的研究報告、學術論文、理論著作也不斷面世。

玉文化的新景觀、新現象，或者說「時尚現象」不勝枚舉。它是在傳統玉文化基礎上發生的新景觀，並與傳統玉文化共同形成文化傳承的整體一脈，其中有許多值得我們思考和探討的問題。如今，國家對於傳統工藝的保護與發展給予了相當的重視，不但將一些代表性的玉石雕工藝技藝列入了非物質文化遺產保護項目之中，還極力推進「中國工藝美術大師」的評選與優秀作品展等工作。玉石工藝文化作為傳統工藝文化的一部分，在當代也面臨著保護與發展的需要，甚至可以認為，玉文化傳統正是在傳統工藝的保護與發展之中承續的。

在對中國傳統文化再認識的情勢下，深刻解析玉文化傳統及其變遷並對其理論進行探討，既是當代文化和藝術研究的重要任務，也是本研究的意義所在。當然，中國玉文化傳統的研究有著諸多取向和可能性，本研究著眼於以下幾個方面：第一，對傳統玉文化的歷史進程及特徵進行分析；第二，對社會文化變遷下的玉文化傳統作出劃分；第三，對當代玉文化現代性（「時

尚化」)的分析，以及對「玉學」的探討和解析。

　　本研究將整個中國玉文化的歷史傳統分為遠古傳統、古典傳統和現代傳統，並運用社會學、文化學以及藝術學的研究方法，對玉文化諸傳統的演變、承續進行了分析和探究。本研究圍繞玉文化傳統的永恆性（神性）、價值性、社會文化身分與權力形式展開討論，提出遠古傳統以神人結體與宗法結構為基礎，而古典傳統則以權力意志與比德理念作為特質，所謂現代傳統則是大眾消費與時尚意象的產物。

　　第三章運用多重證據法，論述遠古傳統從「神人結體」到「宗法玉製」轉變的路徑。透過圖像學的分析手段，結合實物及史前神話傳說等各類文本資料，推論出「神徽」是無文字時代的先民採用原初藝術表現方式所作的歷史記錄，其主題紋飾具有由神靈崇拜向祖宗崇拜的性質。基於對《周禮》的分析，應用分形理論，提出「宗法玉製」是中國傳統社會以及現當代社會玉文化形成唯「宗」傳統的重要原因之一。

　　第四章透過對傳統社會玉文化權勢話語的分析，揭示作為贈與或保存的玉石物品在相對穩定的等級社會中，對於人們鞏固社會地位、維繫社會關係、增強話語權所具有的重要作用。同時提出「璽印為權」「冠服以儀」的玉石物品是權勢階層權力意志合法化的符號。傳統社會的「比德理念」是對西周「唯德是輔」的繼承。作為教化人性的「比德」不僅針對傳統意義上的「君子」而談，「君子」的概念因科層制的出現和「三綱五常」的儒化擴展到士紳官僚、文人雅士等更廣的社會群體範圍，而不同歷史時期價值觀念的轉變亦使玉文化傳統中「比德符號」的意義發生衍變。

　　第五章基於對近現代社會文化變遷的討論，指出現代傳統中的玉石製品已逐漸成為一種普遍的時尚消費品，它是經濟資本和文化資本甚至社會資本相結合的商品。透過對當代玉文化現況的田野考察與分析，提出大眾消費消解了傳統玉文化的神聖性、經典性、少數階層的占有性，弱化了傳統玉石符

號的尊貴屬性，但在新的社會情境中，玉文化的神性得到延伸、經典性也得到重新詮釋。

　　無論從何種視野進行中國玉文化傳統的研究，都必須回歸到「傳統」研究的根本要素與核心問題。遠古 —— 古典 —— 現代並非各自獨立的傳統，亦非單線進化的傳統。由於傳統本身富有生命力，因而它既是現存的過去，又與任何新事物一樣，是現在的一部分。中國玉文化傳統是一種具有內在連接的變體鏈，伴隨著社會文化變遷，在不同歷史進程中的傳統之間存在著一定的連續性與統一性。距今近萬年的「遠古傳統」在「千年的古典傳統」甚至所謂「百年的現代傳統」中都有不同程度的存在，只是在總體的分期內又有各自主流的傳統特徵。總之，在各種傳統實存的分析中，要把握「主導傳統」這一根本要素。研究中國玉文化傳統，其根本要素與核心正是「文化密碼」。

　　具有「克里斯瑪」特質的「文化密碼」不但是中國玉文化傳統研究中歷史分期的根據，而且是探討玉文化傳統承續問題的核心。代與代之間、一個歷史階段與另一個歷史階段之間保持了某種制度、信仰、價值觀和行為方式的連續性與統一性，它是一種「文化密碼」，使人類的生存富有秩序和意義。「文化密碼」使闡釋中國玉文化傳統成為可能，並且從社會學、文化學等多元角度開闊了現代玉文化研究的視野，使玉文化傳統的研究落葉歸根。

第一章
緣起與意義

第一章　緣起與意義

中國自新石器時代起，就形成了自己的玉文化及其傳統，其後的數千年及今，玉文化綿延不絕，成為中國文化重要的內容和特徵之一。

一、當代中國的玉文化現象

俗話說「亂世藏金，盛世藏玉」。據不完全統計，截至 2007 年，中國已有各類收藏協會、收藏品市場近萬家，收藏者更達 7000 萬人。在北京、上海、廣州等各大收藏品市場中，玉器商家隨處可見；在工藝美術大師作品及精品展、北京國際藝術博覽會、北京古玩博覽會等一系列文化展覽活動中，各式各樣的玉器作品也占據了相當大的比例。如果說十幾年前玉器收藏還是一種「專業」收藏，即只有玉器收藏者在買玉的話，那麼現如今，玉器收藏已不再僅為專業收藏者所獨享，玉器收藏似乎進入了大眾化收藏的時代。

不但如此，形形色色的比賽、展覽（銷）會、博覽會逐年增多，既有行業形式與規模的，又有地方性質的，如「中國工藝美術大師」評選已舉辦六屆，行業組織的中國玉石雕刻作品「天工獎」評選已舉辦十六屆、中國玉石雕精品博覽會暨「百花玉緣杯」評獎已開展十二屆。除此之外，各類展覽，如中國工藝美術大師作品暨工藝美術精品博覽會已舉辦十八屆，國際珠寶首飾博覽會（上海）、中國國際珠寶展（北京）、國際珠寶展（武漢）、中國國際黃金珠寶玉石展覽會（上海）等大規模性質的展會也都每年定期舉辦。與此同時，各地方為了宣傳特色玉文化以帶動產業經濟，也會定期或不定期舉辦一些展銷會或文化節，如「南陽玉雕文化節」「新疆和田玉石文化旅遊節」「梧州國際寶石節」「山東藝術品收藏鑒賞交流博覽會」等。

此外，與玉石相關的行業協會、學會、研究所、研究中心、商會等機構也在近十幾年紛紛成立，正規的珠寶玉石鑒定（檢測）中心在各地均有設立，而拍賣公司則為玉石藝術品的市場流通與消費提供了特殊管道。《2005 年古董拍賣年鑒（玉器類）》統計表明，有 40 餘家拍賣公司參與玉器類藝術品拍

一、當代中國的玉文化現象

賣。尤其是在網路消費的快速發展下，玉石產品、藝術品的網站經營比例和拍賣交易情況越來越多。

為了使大眾消費者更廣泛地獲得玉文化（如收藏鑒定、歷史文化等）方面的知識，書刊報紙、影音製品、網路多媒體成為相關知識及訊息傳播的主要載體，在這些方面的文化資本投入也在逐年成長。就中國關於珠寶玉石首飾的書刊、網路媒體推廣來看，以收藏鑒賞、拍賣與市場資訊、企業經營管理、專業鑒定、資質培訓等方面的內容為主。

玉石工藝文化也在非物質文化遺產保護和傳承的措施中得以正名和發展，例如作為歷史聞名的岫岩玉雕、阜新瑪瑙雕刻、揚州玉雕以及酒泉夜光杯等的製作技藝早在 2006 年就被列入了首批國家級非物質文化遺產名錄。

四十年來，玉石工藝品作為中國大部分地區均設的工藝美術品生產項目逐漸轉變形成特色產業集散地的模式。不僅如此，中國的一些玉石產業集散地也在推廣傳統玉文化方面做了諸多工作，如玉石文化節、學術研討會、貿易交流會等。此外，各大玉石產業特色基地以及一些主要的消費地區，也透過教育及專業鑒定等機構向社會培養、輸送一定規模的玉石經營、管理、銷售、設計、加工、科學研究、教育、評估、鑒定等方面的人才。

當代玉文化呈現出大眾消費與世俗化的特點，但在國家層面上，玉石藝術品依然作為象徵民族文化的經典被納入收藏或國禮贈送的範圍。在中國工藝美術館雕刻藝術珍藏品中，四件大型翡翠藝術作品就是國寶級的珍品（即《岱岳奇觀》山籽雕、《含香聚瑞》花薰、《群芳攬勝》花籃和《四海騰歡》插屏）。這四件翡翠珍品的原料重達 800 公斤，體量龐大，質地純正，技藝精湛。這四件珍品在團隊合作之力下完成，被列為國家「86 工程」。此外，山籽雕《石刻聚珍圖》《漢柏圖》等作品也都是在企業的組織保障下，由職工合力完成的經典佳作。

總體看來，在當代，玉石工藝品從宮廷走向民間，完成了作為大眾消費

商品的轉變歷程。玉石商品化使得評價經典的門檻降低，大眾消費的玉石工藝品、收藏品漸增。需要指出的是，世俗化的玉石產品不一定都是粗製濫造、假冒偽劣的產品，其中也不乏精細製品，存在很多值得研究的社會文化現象。在市場經濟體制下，國有企業、民營企業都將玉石產品使用對象的身分、職業、文化教育、社會地位、地域、民族信仰等內容作為生產銷售環節初始必需考慮的重要因素，這在古代是沒有的。其原因，一方面是消費群體由精英至中產再到民眾，這個逐步擴大的群體呈現多樣化和複雜化的結構特徵。另一方面是在迎合市場需求的過程中，持有手工技藝的設計者（玉匠）對自己固持的本土文化亦有主動的取捨，從而形成一種「我們的而不是他們的藝術」的主張。這在諸多玉石設計品類和產品的藝術形式中亦有表現。玉器藝術所謂京派、海派、揚派、南派等地域藝術風格的劃分，即是這種主張的反映。可以說，在當代，玉石產品、藝術品是融合了傳統宮廷藝術、文人趣味、民間工藝的綜合體，它具有既經典化又世俗化的藝術特點與文化內涵。

二、文化研究與「玉學」理論

　　當代學術領域關注文化的殖民主義、霸權主義、本土化及地方性知識、女性主義、大眾文化與消費等方面的社會文化理論研究，形成了文化研究的熱潮。當代「文化研究熱」導致人們對中國傳統文化的再認識與深入研究。作為傳統文化的一部分，「玉文化」與「玉學」既有基於自身專業化的考古實證研究，又存在與其他學科的交叉性研究。玉文化作為中國特有的文化現象，是本土發生的本源文化之一。

　　有學者曾基於中國是世界上獨一無二的、一直使用玉石作工具、用具和飾品的國家，且在青銅時代之前有一個大規模治玉、用玉的文明時期，而提出中國的青銅時代之前有一個「玉器時代」的觀點。事實上，豐富的傳世與

二、文化研究與「玉學」理論

出土實物、大量的文獻記載的確表明了「玉石」是與中國傳統文化具有特殊聯繫的物品。據資料顯示，國外最早使用玉器的，是西元前3000年至西元前2000年的西伯利亞原始文化，主要用軟玉製造工具和圓盤，但此後便銷聲匿跡。日本古代硬玉大珠出現於繩文時代中期（西元前2900年—西元前2300年），碧玉管出現於彌生時代（西元前300年—西元300年），到了古墳時代（西元300年—西元440年）治玉工藝便衰落直至消亡。中美洲馬雅文化成熟使用玉器約在西元前2000年左右，印第安人使用玉器也不過是始於西元前1000年，及至西元900年趨於消失。導致其消失的因素眾多，不排除自然、社會等多方誘因。中國以獨特的玉文化居於東亞之土，也恰恰是自然、社會等多方因素相生相剋的結果，它們演繹著世代玉文化的承傳與流變，建立出本土的玉文化體系。

玉文化體系是本研究的基點所在，而它建立在當代「玉文化」「玉學」研究的理論框架之上。20世紀末，楊伯達先生與蔡克勤、姚士奇、曾衛勝、倪志雲、喻燕嬌等專家學者共同致力於建立「玉文化」「玉學」的理論研究框架，並提出「中國玉學是中國特有的玉文化的高度集中與理論昇華」，「是我們對古已有之的玉文化、玉學現象的『回歸』與『認同』」等觀點。

所謂「玉學」理論框架是「其理論結構的觀點和經絡及其縱橫交錯的聯繫，而不是它的全部」；「玉學」理論框架包含了「哲學的、功利的、倫理的」三方面內容：哲學方面有美學、神學等；功利方面有瑞符、祭祀、泉貨等；倫理方面有比德等。從時代性與地方性的變化上闡述這三方面的發展、變化與交叉關係是玉學的主要任務。

「玉文化」「玉學」作為交叉性的學術研究，與政治學、宗教學、哲學、歷史學、文學、社會學、經濟學、藝術學、工藝學、地質學、醫學等範疇聯繫緊密。由此，一些專家學者分別從宗教信仰、意識形態、社會結構、玉器呈現的藝術風格等研究角度出發，提出了玉文化的不同歷史分期，主要有：

楊伯達劃分的六個階段和三大階段；蔡克勤將現代以前的所有歷史過程劃分為三個階段；鄧淑蘋將漢代以前劃分為四大階段；姚士奇劃分了五個主要的歷史階段及時代特徵；常素霞也將中國玉器發展與審美特徵劃分為五個階段。這些基於「玉文化」「玉學」理論的劃分結果，亦是本研究進行中國玉文化傳統分期的依據之一。

歷史上的玉石文獻資料是中國玉文化研究豐富深厚的文本庫藏。從出土的甲骨文、金文及傳世的歷史文獻乃至神話傳說等文學作品中，可見眾多關於玉文化、玉器知識的文本資料，再加上傳世的和不斷出土的玉石實物，使其成為一種特殊的物的「文本」，益助世人瞭解、闡釋曾經輝煌且經久不衰的玉文化。當代研究的思路是從金石欣賞與考古研究進而轉向對玉文化的關注。在 20 世紀末，一些專家學者所提出的「玉學」理論構想存在諸多問題，「玉學」的建立尚有一個過程，仍需重要的理論積澱和不斷地補充完善，故本研究針對中國玉文化傳統進行的探討，亦屬中國「玉學」理論建構的一項研究任務。

三、核心價值與哲學意義的再認識

如前文提到的「玉學」理論包含了對哲學、功利、倫理內容的探討。對於玉文化哲學意義的研究又主要涉及美學、神學等領域。玉文化反映的社會價值取向在不同時代也不盡相同，而實質性傳統正是中國玉文化傳承所特有的核心價值，這種實質性從來不曾改變，儘管其眾相多變。玉文化涉及道德哲學領域的倫理方面，比如從周代（記載）開始的禮儀或祭祀用的玉禮器、玉瑞符，以及古典傳統時期以玉比德的標準、道德等，都可從倫理層面去探討和認識。從這個角度出發，既能夠觀照當下社會核心價值提出的文化傳承延續性，也利於釋讀現代傳統中道德、價值、審美變遷的諸多現象和問題。

傳統手工藝者（工匠）在造物過程中保持著自我與宇宙的直接關聯，無

三、核心價值與哲學意義的再認識

論是對材料的態度、認識和使用,還是設計尺度、造物原則以及手工藝者倫理觀念在其時建構的統一。相比之下,現代性的雙刃卻割裂著人與自然的直接聯繫。這種割裂改變著人們對世界的觀念、自我的認識和價值判斷。同時,改變造成一定的矛盾性。現代工匠如何調節這種矛盾,使之轉換為有限自由的創造力和平衡力?這一探討會在第四章、第五章中具體展開。

此外,本書第四章還討論了玉石文化牽涉的美德條目以及倫理學意義。無論是尊重傳統、尊師敬祖、守道有仁信的人倫,還是尊重自然萬物、適度開採和使用、和出於適的生態倫理思想,又或遵守行規、恪盡職守、不搶同門的活計等職業倫理,甚至是緣心感物、盡心知性、美善相樂、盡善盡美等教育倫理,都能夠使人,尤其是工匠在實踐中建構其時的世界觀、人生觀和價值觀,並獲得平衡自我與社會適應性關係以證明存在的能力。

在人類敘事的歷史中,作為物(玉石原料、玉器)的「玉」,作為象形文字(初創本義)的「玉」和被後代認識、確定概念(二次釋讀)的象形文字的「玉」,作為(有 yu 讀音和字形的)現代文字的「玉」,充分表明「玉」作為一個概念,所指示的內容和意義是不斷變化的。它既是前文字時代的敘事載體,又是今天已被附加過多次歷史闡釋、意義塑造的詞語。例如,我們今天還能看到的道教文獻中「玉天」「玉宇」「玉帝」的字詞,都體現出前文字時代《山海經》敘事想像建立的文化史訊息,而不斷被建立意義的「玉」,我們已無法重現它第一次被賦予意義時的真實歷史。那麼,時至今日做這樣一項關於「玉」的研究,意義究竟何在呢?正如「玉」在歷史中不斷地被重構與其時社會價值、人們信仰和觀念的聯繫一樣,與玉文化相關的理論研究者和從業實踐者,自覺地批判或塑造「玉」在今天的存在意義,似乎不過是在履行著這個時代再一次認識和建構「玉」之核心價值的職責而已。

第一章　緣起與意義

第二章
視角與方法

第二章　視角與方法

一、中國外研究概況

（一）歷史文獻及研究概況

歷史上的玉石文獻資料是中國玉文化研究豐富深厚的文本庫藏。自先秦《周禮》開始至清末文人筆記等歷代文獻中關於治玉、用玉、享玉方面的記載，不僅涉及工藝、制度，亦涉及對上述方面的品評與研究。尤其是作為重要歷史文獻的《周禮》《儀禮》《禮記》，對治玉、用玉、享玉等均有著明文禮制規定，而且各代史書中的《輿服》《儀衛》《禮》篇也頻頻出現玉石使用的相關記載。《論語》《孟子》《呂氏春秋》《山海經》《淮南子》《穆天子傳》《長物誌》《閒情偶寄》，以及眾多的文學作品如《詩經》《楚辭》《越絕書》《搜神記》《西遊記》《紅樓夢》等，其中的玉石詞藻及其描述屢見不鮮。張宏明、李靜在《淺論中國史前玉器的歷史地位》一文中歸納了相關文史論著記載的玉及玉器的相對數量，其中：《詩經》涉及玉的名稱、產地、顏色、佩帶方式、磨製方法以及用途等40多處；《春秋左傳》記載上古及商周的玉石資料70多處；《國語》所載玉史料20餘條；《呂氏春秋》有玉史料30餘條；《道德經》中4條；《莊子》中8條；《戰國策》中30餘條；《管子》中20條；《列子》中5條；《墨子》中9條；《荀子》中8條；《韓非子》中15條；《淮南子》中36條；《山海經》中涉及的玉產地有250餘處。其中關於玉石產地、食玉神話、玉石祭祀和用玉文化的記載既有陳詞也有新說，李時珍的《本草綱目》、劉大同的《古玉辨》以及《河圖玉版》《十洲記》《抱樸子》《開元天寶遺事》《聖惠方》等文獻中亦有食玉、用玉的記載。

中國玉器的鑒賞和收藏研究很早就有積澱，但出土的先秦與漢晉時期的玉石製品往往被賦以神祕色彩，且諸多出土品無款識，因而無法準確考證。真正對玉器的研究始於北宋，隨著金石學的出現，玉器步入了士大夫的考證範圍，比如呂大臨的《考古圖》第八卷就論說了玉器。宋代的古玉研究興盛，

通常採用「經生」的方法在前世的經書中找出可能是玉的名稱,然後結合器物的字義和字源推想古代玉器的形態,並附會到經漢儒理想化了的禮玉製度中,如聶崇義的《三禮圖》。其後,有元代朱德潤編纂的《古玉圖》、明代曹昭的《格古要論》、高濂的《遵生八籤·燕閒清賞》等。清代末期,一批學者在歸納總結傳世與出土玉器的基礎上,考證經書著錄,以實物同文獻相印證來探討玉器的名稱、用途、淵源、工藝等內容,此時吳大澂的《古玉圖考》、陳性的《玉紀》、徐壽基編的《玉譜類編》等都是很有意義的論著,但他們多以《周禮》等古文獻為參照驗證傳世古玉,因此可以說他們對玉器研究的貢獻主要在玉器定名及功能的鑒定方面,但是此時的玉器考據與「金學」研究相比仍有不及。

民國初,鄭文焯在《古玉圖考》的基礎上作了《古玉圖考補正》一書,呂美璟的《玉紀補》,劉子芬的《古玉考》,劉大同的《古玉辨》,李鳳廷的《玉雅》《玉紀正誤》,李迺宣等合著的《玉說》以及章鴻釗的《石雅》,紛紛開始立卷專論玉材等問題。

20世紀上半葉,玉器研究領域出現一股新的研究方法和熱潮,羅振玉的《有竹齋藏古玉譜》,郭沫若的《金文叢考·釋黃·釋韠》,鄧之誠的《骨董瑣記全編》,趙汝珍的《古玩指南》等都是此時的重要研究成果,另有郭寶鈞、夏鼐、王遜等學者分別從地質學、歷史學、考古學、哲學和美學等角度探討了玉與玉器的學術價值,並總結了寶貴的研究經驗以資後學借鑑。

總之,從出土的甲骨文、金文及傳世的歷史文獻乃至神話傳說等文學作品中可見眾多關於玉文化、玉器知識的文本資料,再加上傳世的和不斷出土的玉石實物,使其成為一種特殊的物的「文本」益助世人瞭解、闡釋曾經輝煌且經久不衰的中國玉文化。

(二) 當代研究現況

當代玉石歷史、文化、工藝等方面的研究,第一,以綜合性的研究成果

為代表。如楊伯達先生主編的《中國玉文化玉學論叢》（2002年）、《中國玉文化玉學論叢（續編）》（2004年）、《中國玉文化玉學論叢（三編）》（2005年）、《中國玉文化玉學論叢（四編）》（2007年），就綜合了近年來眾多學者以玉文化、玉學為旨要的研究成果。此外，徐湖平主編的《東方文明之光——良渚文化發現60周年紀念文集（1936—1996）》（1996年），浙江省文物考古研究所編的《良渚文化研究》（1999年），楊伯達主編的《出土玉器鑒定與研究》（2001年），王林、江富建合著的《中國獨山玉文化論叢》（2003年），赤峰學院紅山文化國際研究中心編著的《紅山文化研究——2004年紅山文化國際學術研討會論文集》（2006年）以及雷廣臻主編的《走近牛河梁》（2007年）等，則是重要的探討紅山文化、良渚文化等歷史文化時期玉器的專題性研究文集。

　　第二，關於玉器歷史、文化、藝術的專著及論文。張廣文的《玉器史話》（1989年）較早地論述了古代玉器的發展歷史，其後殷志強的《中國古代玉器》（2000年）、尤仁德的《古代玉器通論》（2002年）、楊伯達的《古玉史論》（2004年）以及姚士奇的《中國玉文化》（2004年）等，較為全面地對不同歷史時期的玉器文化及藝術風格進行了研究。鄧淑蘋著的《古玉圖考導讀》（1992年），吳大澂等著、宋惕冰等點校的《古玉鑒定指南》（1998年），臧振與潘守永合著的《中國古玉文化》（2001年），古方的《冰清玉潔：中國古代玉文化》（2004年）等，側重於對古玉文化及鑒定考證的研究。另外，趙永魁和張加勉編寫的《中國玉石雕刻工藝技術》（2000年）作為培養玉石雕刻技能的專業教材，系統地介紹了玉石雕製作及設計方面的理論知識。方澤編的《中國玉器》（2003年）則包含了中國現代玉器發展狀況的研究內容。此外，還有嚴文明、周南泉、欒秉璈、楊建芳、趙朝洪、鄧聰、劉國祥等專家學者公開發表的重要研究論文。

　　第三，目前，中國已有數百篇的考古發掘簡報及報告刊發在《文物》《考

一、中國外研究概況

古》《考古學報》等期刊上。其中，本研究涉及的史前考古發掘簡報及報告主要有：遼寧省文物考古研究所的《遼寧牛河梁紅山文化女神廟與積石塚群發掘簡報》（1977 年），山東省文物考古研究所的《大汶口遺址第二、三次發掘報告》（1977 年），浙江省文物管理委員會、浙江省博物館的《河姆渡遺址第一期發掘報告》（1978 年），南京博物院的《江蘇武進寺墩遺址的試掘》（1981 年），浙江省文物考古研究所的《餘杭瑤山良渚文化祭壇遺址發掘簡報》（1988 年），浙江省文物考古研究所反山考古隊的《浙江餘杭反山良渚墓地發掘簡報》（1988 年），中國社會科學院考古研究所內蒙古工作隊的《內蒙古敖漢旗興隆窪聚落遺址 1992 年發掘簡報》（1997 年）等。

　　第四，近年來，關於玉器鑒賞與圖片資料性質的圖冊也明顯增多。其中，大型專業研究核心資料有中國玉器全集編輯委員會編的《中國玉器全集》（共六卷，1993 年），中國美術全集編輯委員會編的《中國美術全集 —— 工藝美術編第九卷 —— 玉器》（1986 年），浙江省文物考古所等編著的《良渚文化玉器》（1990 年）以及《瑤山》（2003）等。何政廣的《古代玉雕大全》（1991 年），李澤奉與劉如仲合編的《古玉鑒賞與收藏》（1994 年）以及常素霞編著的《中國古代玉器圖譜》（1999 年）等，都是較早的關於玉器歷史、器形與鑒定的圖冊。隨著人們鑒賞收藏的需要，湧現出大量的玉器圖鑒，如邱東聯的《古代玉器圖鑒》（2004 年），周小晶的《歷代玉器》（上下卷，2004 年），史樹青編的《中國藝術品收藏鑒賞百科全書 3：玉器卷》（2005 年）。陳宗貴主編的《京華瑰寶 —— 工藝美術大師優秀作品》（2003 年）刊載了現當代工藝美術大師的精品佳作，而餘錢程的《中國民間小件古玉器圖鑒》（2003 年），《古代玉器瓜果類鑒賞》（2005 年），《古代玉器扣飾帶鉤鑒賞》（2005 年），《古代玉器鏤空雕片鑒賞》（2005 年），《古代玉器牌片鑒賞》（2005 年），《古代玉器人物雕鑒賞》（2005 年）等，則是滿足大眾消費的系列鑒賞叢書。此外，還有一些少見的玉雕設計專業性資料，如王瑛的《中國吉

祥圖案實用大全》（1994 年），周廣琦主編的《玉雕圖案》（2003 年）等。

第五，近現代琢玉藝人與行業的個案研究，多以資料記錄為主。王名時的《潘秉衡琢玉技藝》屬於傳統工藝美術的人物記述。黃幼鈞的《巧奪天工 —— 中外工藝藝術鑒賞》將玉雕列為觀賞性特種工藝，並介紹了北京玉雕、上海玉雕、廣州玉雕的工藝特色及手工藝人情況。此外，一些訪談及報導性質的文章，如《玲瓏剔透的「玉意」人生 —— 訪中國著名玉雕大師吳德升》《劉文忠的玉藏世界》《內蘊見功力 工巧是揚州》《玉樹瓊閣見精神 —— 記揚州玉器廠三位工美大師》《科技創新圖發展 以人為本聚人心 —— 廣東南玉工藝總公司創新發展紀實》、張克華的《「陽美玉器業」發展的幾點思考》、劉長秀的《對玉雕產業發展的認識與探討》以及《荷花鄉：雲南玉雕第一村》等，記錄了當代從玉藝人、企業與行業的現實情況。諸多論著亦有關於當代玉雕創作及造型美學的探討，如王樹勛的《話說玉雕人物意境美的創作》、劉葆偉的《淺談玉雕造型設計》，此外還有《翡翠作品的製作過程》《巧奪天工的俏色及其分類芻議》《玉雕設計構思要素的探討》等。不限於此，在當代亦有關於玉石資源保護與利用的探討，如何發榮的《中國寶玉石資源現狀及對策》，劉劍利的《南陽玉雕藝術資源的開發與研究》，羅振全的《中國寶石岫玉產業方興未艾 —— 國石第一候選「岫岩玉」市場調查》等。

當然，還有一些工藝美術及造物設計方面的論著也涉及玉器歷史、藝術、文化等內容，如田自秉所著的《中國工藝美術史》（1985 年），卞宗舜等合著的《中國工藝美術史》（1993 年），尚剛的《中國工藝美術史新編》（2007 年），高豐的《中國器物藝術論》（2000 年）以及李硯祖的《造物之美》（2000 年）等。張夫也的《外國工藝美術史》（2001 年）則介紹了國外不同地域和歷史時期，與玉石相關的工藝情況。

中國傳統的玉文化因本土文化的特殊性，從歷史學、考古學、文化學、藝術學角度出發研究的大多是中國學者，而國外學者的相關研究專著較少，

代表性成果有英國學者羅森（Jessica Rawson）著的《從新石器時代到清代的中國玉器》（Chinese Jade：From the Neolithic to the Qing）（1995年）與《中國古代的藝術與文化》（孫心菲等譯，2002年）。日本學者林巳奈夫除撰寫了《中國古玉研究》（楊美莉譯，1997年）外，還在中國刊物和集刊中發表過重要的研究成果。美國學者坎曼（Schuyler Cammann）於1962年出版的《中國的墜飾材料與象徵》（Substance and Symbol in Chinese Toggles：Chinese Belt Toggles from the C.F.Bieber Collection）則簡略地探討了國外收藏的玉石墜飾所象徵的意義。

總體看來，當代玉石研究從金石欣賞與考古研究進而轉向對玉文化的關注。首先，中國關於玉石的專題性研究文章，如玉石地礦鑒定以及玉器歷史和玉石工藝的考古專述較多，多系基礎性與材料性的研究。其次，一些玉文化方面的研究較為表層，且研究方法欠缺。除此之外，玉器鑒賞方面的圖冊及玉石投資與收藏方面的資訊雖然有所增多，但欠缺理論分析；而近現代以來，一些藝人、作坊及企業的情況僅限於史志記載與行業內的資料彙總，並未從文化變遷角度及理論深度上考察其在現當代社會中的存在狀況與諸多轉變。

二、概念界定與範疇

（一）玉與玉石、玉文化與石文化的區別與聯繫

本研究所指「玉文化」是一種廣義界定，並非特指「上層建築領域社會文化中的一個特殊分野」。玉文化中之所以經常「玉石」並稱，首先是因為「玉」在廣義上屬於「石」，如古語所雲「石之美者」，而且中國史前曾有過玉石不分到玉石分化的歷史階段；其次是因為玉與石在傳統等級森嚴的社會中具有緊密關聯的文化意義，它們往往相伴出現在不同的社會場域中，其比附

的對象與象徵的含義有所不同；最後是因為儘管在當代，人們對玉石的材性有了更為科學的區分，但經典的世俗化導致新的歷史語境和社會背景下出現了諸多與認知及觀念相關的「玉石不分」的文化現象。

（二）玉文化傳統的劃分

根據中國玉文化呈現的主要特徵以及發生的巨大社會文化變遷，本書總體地劃分出玉文化傳統的三個歷史階段：

1. 神人結體與宗法結構的遠古傳統階段；
2. 權力意志與比德理念的古典傳統階段；
3. 大眾消費與時尚意象的現代傳統階段。

（三）「克里斯瑪」特質的傳統

具有「克里斯瑪」特質的「文化密碼」，不但是中國玉文化傳統研究中歷史分期的根據，而且是探討玉文化傳統承續問題的核心。代與代之間、一個歷史階段與另一個歷史階段之間保持了某種制度、信仰、價值觀和行為方式的連續性與統一性，它是一種「文化密碼」，使人類的生存富有秩序和意義。「文化密碼」使闡釋中國玉文化傳統成為可能，並且從社會學、文化學等多元角度開闊了現有玉文化研究的視野，使玉文化傳統的研究落葉歸根。

具有「克里斯瑪特質」的「實質性傳統」（Substantive Tradition），包含著玉文化傳承的兩方面重要內容：

1. 永恆性。永恆性來自玉石的自然屬性，並與神性相關，從而衍生出不同階層、不同身分群體對祈福、保佑、獲得力量等意義的認識，而且透過不同的表現方法、載體形式延續傳承幾千年乃至上萬年。
2. 價值屬性。玉文化傳承的價值有歷史價值、文化價值、藝術價值、經濟價值等，然而在歷史進程中，玉文化實質性傳統中的價值屬性主要為經濟價值與文化價值。人們透過擁有其經濟價值，在不同歷史時期

獲得不同的財富地位甚至與軍政權力相適應；透過擁有其文化價值，來獲得德行品評的社會認可，並以此滿足個人審美與精神的需求。

三、總體與微觀結合的出發點

本研究基於社會文化變遷、本土化與地方性知識、時尚與消費文化等理論，結合玉石禮物與神性、實質性傳統與時尚、經典與世俗化的關係，從以下三個主要的出發點進行中國玉文化傳統的研究：

第一，以總體的社會文化變遷為背景，從社會主體的角度出發進行討論。玉石製品是中國人觀念的產物，也是社會文化發展的產物。它以客觀生產技術發展為前提，集玉石材料、獨特的加工工藝和文化內涵於一體，以社會的主導價值及個人的價值選擇為導向，而在中國文化發展傳承的歷程中形成自己的特色和傳統。

第二，在社會結構與本土文化中，探討微觀的玉文化與使用者及其與社會的關係。在社會文化的關聯中，玉石資源及其製品成為種種社會關係的外在表現。它透過政權、民族、地域、家庭、職業等範疇與關係限定人們的社會地位與角色，並賦予人們不同的社會及文化身分。

第三，以玉文化的「實質性傳統」與時尚之關聯為背景，從永恆性（神性）與價值性角度出發進行闡述。社會類型、結構、制度不斷地變遷，玉文化呈現出各種面貌和形式，但其中不變的是「實質性傳統」，它是中國玉文化傳承的核心。

四、三條脈絡

本研究圍繞三條脈絡展開對玉文化傳統的討論，這三條脈絡貫穿每一章節，形成「遠古傳統—古典傳統—現代傳統」內在的連接：

第二章 視角與方法

第一，以玉文化傳統中的永恆性（神性）為主線，經歷「遠古—古典—現代」三個時期，解析玉文化呈現的繼承與變化。（見表2-1）

第二，隨社會文化變遷，玉文化傳統中具有主體能動性的人不但包括持據（消費）玉石資源與工藝品的人，還有設計製作的人，以及買賣銷售的人，他們的身分在不同時期的歷史及社會中相應地發生變化。同時，玉文化傳統依託的社會結構的變遷乃至意識形態的轉變，也使玉石資本的權力形式有所改變。（見表2-2）

第三，以玉文化傳統中的價值屬性為主線，分析人們在不同歷史時期的價值觀念轉變對玉文化傳統中「德」「信」「利」「欲」的影響，以及實質性的核心價值。（見表2-3）

總而言之，本研究圍繞玉文化傳統的永恆性（神性）來分析玉石禮物贈與對象的改變，作為憑信其象徵意義的轉變，及其與身體的關聯形式的變化。圍繞玉文化傳統中的價值屬性，論述人們的價值觀念從「神祖崇拜、尊親明信與唯德理想」到「比德理念」再到「強『利』『欲』而弱『德』『信』」的轉變。圍繞社會文化身分與權力形式，探討玉文化傳統依託的社會結構變遷所引起的權力主體與權勢話語的變化。

表 2-1 玉文化實質性傳統中的永恆性（神性）

章目	第三章	第四章	第五章
總體分期	遠古傳統	古典傳統	現代傳統
傳統象徵	神人結體與宗法結構	權力意志與比德理念	大眾消費與時尚意象
作為禮物	人與神明之間	神與宗王之間 王與民之間 民與祖宗之間 君子與君子之間	人與人之間 （具有商品屬性的禮物）
	禮物對象：神靈與祖宗	禮物對象：權貴階層與個人	禮物對象：菁英與大眾

作為憑信	人與神明之間	神與宗王之間 王與民之間 民與祖宗之間 君子與君子之間	人與人之間
	透過祭祀傳達	透過禮制規定、進貢與賞賜傳達	透過個人保存、國家收藏、人際禮物的饋贈傳達
與身體的關聯形式	生前的佩持：喪葬玉不離身	佩戴；陳設；食玉；玉殮葬等	佩戴；陳設；玉枕保健工藝品的使用等

表 2-2 社會文化變遷中玉石資本持據（消費）者的身分與權力

章目	第三章	第四章	第五章
總體分期	遠古傳統	古典傳統	現代傳統
持據權力的重要主體	神祖 巫覡 （酋長） 帝王 諸侯	帝王 王公貴族 官僚仕紳 商賈 手工業者	菁英 中間階層 大眾
權力形式	政治 軍事 文化知識	政治 軍事 經濟 文化知識	政治 軍事 經濟 文化知識
特點	集中種權力於一身	中央集權與權力分封	權力分化與身分多重化

表 2-3 玉文化傳統中價值觀念及評判標準的變化

章目	第三章	第四章	第五章
總體分期	遠古傳統	古典傳統	現代傳統
特點	神祖崇拜 尊親明信與惟德理想	比德理念	強「利」「欲」而弱「德」「信」

五、研究方法與理論

　　本研究立足於中國的各種資料及相關研究成果，借鑑中國外學者關於社會學、文化學、藝術學方面的諸多方法與理論，結合玉文化研究實物多、傳世及出土文獻豐富的特點，闡釋具有本土特色和民族性的玉文化傳統，併力求揭示其發展的內在軌跡和精神內涵。

（一）相關文化學、社會學研究理論

1. 社會文化變遷與實質性傳統理論

　　玉文化作為整個社會文化的重要部分，其流變與傳承首先受總體的社會文化變遷影響，而且亦有自律性的變化。這不僅需要從文化相對的視角來看玉文化傳統的承與變，亦需要將其置於整個社會歷史發展的進程之中，結合當時的社會背景進行研究。傳統作為代代相傳的內容，既包括物質實體，又包括人們對各種事物的信仰、認知事物的觀念，以及社會制度和地方習俗、慣例等。傳統是圍繞人類的不同活動領域而形成的代代相傳的行事方式，是一種對社會行為具有規範作用和道德感召力的文化力量，同時也是人類在歷史長河中的創造性想像的沉澱。因而，一個社會不可能完全破除其傳統而一切從頭開始或完全代之以新的傳統，而只能在舊傳統的基礎上對其進行創造性的改造。傳統一詞的拉丁文為「traditum」，意即從過去延傳到現在的事物，這也是英語中「tradition」一詞最基本的含義。從這種操作意義上來說，延傳三代以上的、被人類賦予價值和意義的事物都可以看作是傳統。

　　在社會文化變遷中，傳統，尤其是「克里斯瑪」特質的「實質性傳統」具有內在的連續性與統一性，因此，「實質性傳統」以及「克里斯瑪」特質理論是本研究在研究玉文化傳統中傳承問題的重要理論依據之一。

（1）社會文化變遷

　　同一地域的不同歷史時期或者同一時期的不同地域，社會文化變遷是普

五、研究方法與理論

遍存在的。變遷並非簡單的進化，它亦具有傳播性質，但在文化傳播過程中的借用具有選擇性，一般說來，「具有相似的文化內涵中，借用的數量更大」。可以說，選擇、借用就是對一種文化進行重新解釋的過程。因此，文化傳播具有雙向互動影響的屬性，而不是單方被動地接受。從社會學視角來看，文化傳播受到一定時期社會歷史條件的制約，同時也會受到接受方文化特徵的影響。

社會文化變遷的研究包括：是什麼導致變遷，是什麼發生了變化，又是什麼依然延傳下來。無論是對史前社會、傳統社會還是現代社會，從變遷中尋求一種隱藏的、不變的精神內涵，並對它進行詮釋，乃至對一種文化和文明的尋蹤，既是研究者求實的執著，更飽含特殊的民族情感內容。在研究時，一方面不能排除以文化持有者的內部視界去看待和理解這個世界及其多樣的社會文化，同時又需要結合本土理論與地方性知識，應用適宜的相關理論來解釋一些本土的文化現象，以避免研究中的本土主義傾向，甚至不慎步入文化認識的誤解。

本研究以社會文化變遷為背景展開論述，首先從總體層面將巨大的社會文化變遷作為歷史分期的轉折標誌，相應的在每一總體分期之內又分別針對社會制度結構變遷、意識形態轉型、價值觀念轉變等問題進行微觀分論。

本研究將史前至西周玉文化形成和發展作為第一階段，即遠古傳統階段。就玉器起源距現今有多久的問題，學術界有不同見解：楊伯達先生將中國玉器的源頭定於距今10000年，而遠古玉器的盛期及高點應在距今6000年—5000年的紅山文化與良渚文化時代；孫守道先生認為，中國用玉的歷史應早到萬餘年前；香港學者鄧聰認為，距今30000年—10000年前，人類在歐洲、西伯利亞、中國華北以至北部日本的範圍可能已經採用軟玉、硬玉、蛇紋石質玉、橄欖石、方解石等礦物製作玉珠和墜飾。史前歷史久遠而漫長，其時亦發生著諸多變遷，然而，社會文化的變遷既會引發文化傳統的多

35

變、斷裂與流失，也會形成文化傳統的多樣、融合與統一。直至周代，形成了遠古以來中國歷史上的第一次文化大融合、大一統時期，出現了玉文化之集大成。而作為中國玉文化傳統「承史前、啟古典」的關鍵時期，其在玉文化的諸多方面都作了深厚的奠基，並對此後的玉文化形成了深遠的影響。

第二階段為自春秋戰國至清末的古典傳統階段，其社會形態，本研究稱之為「傳統社會」。春秋戰國作為古典傳統的開端，在揚棄、流變的過程中重新建立傳統的社會制度及文化體系。此時重要的思想流派作為玉文化的價值取向與評價標準，得以沉澱孕育，並成為長達千年的中國傳統社會的經典教義。玉文化的古典傳統之所以取清朝滅亡為界，是因為一個重要的傳承機制遭遇了瓦解，即科舉制度的廢棄，使得玉文化依存的傳統社會結構以及關係網路遭到了嚴重的破壞。然而，也正是在這個轉折之後，物質、經濟、文化、技藝的話語權力在民主化的進程中不斷地重新分配。可以說，玉文化的物質傳承載體離不開世代生活的人，而「君子」正是古典傳統中玉文化的繼守者和信奉者。「傳統社會」裡，非貴族意義上的「君子」之產生、擴展的概念以及評價的標準都離不開科層選拔機制，而且「君子」這個概念也在社會變遷的過程中適時發生著衍變，其意義與不同時期的社會主流意識形態及文化價值觀念的取向相關聯。

第三階段為玉文化發展的現代社會階段，在自 20 世紀初以來的現代社會中，中國社會發生著更為顯著的變遷。傳統玉文化的一切依存條件相繼遭到顛覆，有些是快速的，有些是緩慢的。清朝滅亡之後，由近代到現代再到當代已近百年，在流變中也形成了自己的傳統，即現代傳統。現代傳統內在的民主化訴求成為集體生產、統購統銷直至大眾化消費的驅動力量。政治、經濟、社會制度的轉型引發著人們社會身分的轉變以及價值觀念的轉變。一些延續性的問題，如「君子」身分在現代社會的確定、傳統玉文化中的神性在現當代的衍變等問題，均作為「現代傳統」這個總體分期之下微觀層面

的細論。

　　然而,總體分期中仍然不可避免地存在界限模糊的情況。各種傳統交叉、並存,並以不同的外在形態展現,其模糊、複雜給本研究帶來一定的難度。在希爾斯對傳統的研究中也遇到類似的問題,他認為:「不管是作為象徵建構的一種時間鏈,作為一組科學或哲學思想的時間序列,作為文學作品的種種風格,作為各種系列的道德信仰,還是作為一個歷史悠久、信仰獨特的共同體成員的信仰,它們都是模糊不清的……在這些具有不斷變遷的、靈活的信仰傳統之網的社會中,某些傳統是主導的。它們是社會的中心所宗奉的傳統,而社會的邊緣部分要麼接受它們,要麼憎恨它們,或者乾脆不理睬它們 —— 通常是三者兼而有之。在中心內部和邊緣內部,以及中心邊緣之間,對它們的主導傳統總存在著不一致的意見,但是這並沒有改變著主導傳統這樣的事實。」即在各種傳統實存的分析中,要注意把握「主導傳統」這一根本要素。研究中國玉石傳統,其主導要素是「文化」。

(2) 實質性傳統

　　「實質性傳統」是希爾斯《論傳統》中的關鍵性概念。它指傳統的特殊「時間變體鏈」,某些世代相傳的事物、主題延存於這個時間變體鏈之中。「一種宗教信仰、一種哲學思想、一種藝術風格、一種社會制度,在其代代相傳的過程中既發生了種種變異,又保持了某些共同的主題,共同的淵源,相近的表現方式和出發點,從而它們的各種變體之間仍有一條共同的鏈鎖聯結其間」。由此,代與代之間、一個歷史階段與另一個歷史階段之間保持了某種制度、信仰、價值觀和行為方式的連續性與統一性,它是一種「文化密碼」,使人類的生存富有秩序和意義。

　　中國玉文化傳統正是這樣一種具有內在連接的變體鏈,各個歷史時期的傳統之間存在著一定的連續性與統一性。遠古—古典—現代並非各自獨立的傳統,或單線進化的、連貫的傳統,其間不乏交叉、並存甚至延伸與突變。

第二章　視角與方法

　　由於傳統本身富有生命力，因而「它是現存的過去，但它又與任何新事物一樣，是現在的一部分」。也就是說，距今近萬年的「遠古傳統」在「千年的古典傳統」甚至所謂「百年的現代傳統」中都有不同程度的存在，只是在總體的分期內又有各自主流的傳統特徵。

　　希爾斯在《論傳統》中探討了實質性傳統及其存在狀態。他認為崇尚過去的成就與智慧、崇尚某些傳統的制度，甚至把從過去繼承下來的行為模式視為有效的指南，這些都是實質性傳統的思想傾向。「許多實質性傳統都是人類原始心理傾向的表露，如敬重權威和道德規範、思念過去、依戀家鄉和集體、信仰上帝、渴求家庭的溫情。實質性傳統之所以能長期受到人們的敬重和依戀，並對人們的行為具有強大的道德規範作用，是因為這些傳統往往具有一種克里斯瑪特質」。實質性傳統與克里斯瑪特徵之間的確存在密切的關聯。玉文化遠古傳統中神人結體的特質就具有神性（所謂克里斯瑪）的屬性。希爾斯在佐姆和馬克斯·韋伯的基礎上，進一步引申了克里斯瑪的含義：「不僅僅是那些具有（或被認為具有）超凡特質的權威及其血統能夠產生神聖的感召力，而且社會中的一些行動模式、角色、制度、象徵符號、思想觀念和客觀物質，由於人們相信它們與『終極的』『決定秩序的』超凡力量相關聯，同樣具有令人敬畏、使人依從的神聖克里斯瑪特質。這樣在社會中行之有效的道德倫理、法律、規範、制度和象徵符號等都或多或少地被注入了與超凡力量有關的克里斯瑪特質。」

　　由此可見，這種神性的傳統在古典以及現代傳統中並未消失，而是發生著衍變。一方面，它依存於禮物饋贈與賞賜的社會關係；另一方面，它體現在從為神靈到為祖宗再到為私己的收藏、保存的行為當中。正如希爾斯所說：「人們對古物的崇拜將接受物品轉變成了一種鑒賞傳統；這一傳統不僅為人們所接受，而且還因為它與過去的聯繫而被推崇。人們崇尚過去本身的另一個因素是，過去是偉大的，過去性甚至產生了偉大性。過去的這一屬性使

過去的事物值得保存，值得將其作為傳統加以維護和傳遞。無論物體本身還是關於它的信念都是傳統。」與實質性傳統相關的神性，還存在於物質文化的玉石品製作當中。這也是為何歷代玉石製品的器形、紋飾都帶有唯「宗」的現象。作品中顯現的唯「宗」，正是信仰及觀念上「克里斯瑪」的外化形式。因此可以說，玉石製品既反映物質基礎的傳統，又代表觀念和信仰的傳統，還包括那些物質產品之中蘊含的技藝傳統。

(3) 權力形式與社會轉型理論

法國學者布爾迪厄在社會文化研究中發展出與文化、權力、行動相關的獨特理論。他把資本看作是以它們體現的勞動量的差別為基礎的權力關係，因而將資本概念擴展到所有的權力形式，即物質或經濟的、文化的、社會的、符號的資本。其中，經濟資本包括貨幣與財產，文化資本包括有教育文憑在內的文化商品與服務，社會資本包括熟人與關係網路，符號資本標識出合法性。本研究在研究玉文化的古典傳統與現代傳統時，基於這四種權力形式探討了合法化的符號體系、以文化資本為特性的話語權以及現當代玉石經濟資本向文化資本轉向等問題。

此外，在布爾迪厄「符號區分的二元對立邏輯」與「行為的利益定向」理論前提下，本研究討論了比德符號與透鏡觀看的內容。應用這些理論，不但分析了用玉、享玉反映的社會等級地位之高低、身分之貴賤等對立關係，還揭示了採取壟斷資源、饋贈禮物、佩帶行為等有策略的文化實踐來表徵階級群體的經濟資本、社會資本和文化資本的內在聯繫。

社會文化變遷研究的理論有很多，但鑒於中國社會歷史發展的本土特點，本研究採用了孫立平在中國社會結構變遷與轉型研究中的理論與方法。他對「中國傳統社會中貴族與士紳力量的消長及其對社會結構的影響」「中國傳統社會王朝週期中的重建機制」「國家、民間統治精英及民眾間的互動關係的演變」以及「中國社會結構的變遷」方面的研究成果，是本研究闡述玉文化

傳統與社會結構及其變遷之間的諸多關聯時主要的理論依據。

2. 本土化與地方性知識理論

地方性知識不是指任何特定的、具有地方特徵的知識，而是一種新型的知識觀念。而且「地方性」（local）或者說「局域性」也不僅是在特定的地域意義上說的，它還涉及在知識的生成與發展中所形成的特定的情境（context），包括由特定的歷史條件所形成的文化與次文化群體的價值觀，由特定的利益關係所決定的立場和視域等。

在論述遠古傳統的過程中，本研究多次引用《山海經》作為文本證據。不同於《尚書》《史記》等主流歷史文獻對遠古事件的記載，《山海經》涉及的古怪方物與山河的方國祭祀禮儀中出現與玉石相關的大量訊息。作為神話傳說的想像地理學文本，其隱含了眾多與政教相關的事實，而其歷史背景很有可能是首次文化大一統的周代。因而，從這樣一種被列為「傳說」的文本中，我們能夠洞察到上古時期至周代神性衍變的脈絡，即從混沌的「神人（神靈與人）結體」到「神祖（人）—君王（人）」宗法社會結構的轉變，並引導著經典性歷經從「神」至「王」至「民」這樣一個世俗化的過程。燕生東認為，後現代史學給中國史學的啟示「除了拋棄西方中心的偏見外，也要拋棄中國傳統歷史文獻所蘊含的文化、地域、性別、階級等華夏中心主義的偏見」。尤其是上古時期，由於傳統文本資料的缺乏，使得研究視野必須擴展到至今為止的出土品、文物、神話傳說、小說文學以及民間的民俗文化。楊伯達先生透過對出土品材料、工藝、形制、種類、使用以及其他領域多方面的考證，推論史前玉文化存在四大玉文化板塊和五支亞玉文化板塊。這些板塊之間存在著文化交流。由於其具有分散、自發、突變等屬性，史前玉文化在中國板塊上分布不均衡，而且出現時間有先有後，工藝水準存有高低。「玉器的土著性與移入性並存……各玉文化板塊處於運動狀態，並互相發生碰撞。其碰撞的動力有的來自大自然的懲罰，也有的來自人們互通有無、公平交換或人

為的擴張、掠奪和衝突」。這說明社會文化變遷既有自然因素的作用，也有社會因素的作用。

　　作為本土文化的另外一種延伸——經典的世俗化，指民間玉文化以生動的祈福、佑祥、避邪、升官、發財等世俗文化來繼承和展現。民間民俗中延存的玉文化傳統不僅可以從普通百姓對玉石的認知程度、接納方式和習慣中探察，還能從物質的、外在的符號元素中獲悉。如街頭店鋪招幌中的翠花作坊幌子，就是鑲嵌翡翠首飾的作坊，從幌上所畫展翅欲飛的翠鳥便不難聯想到那些「翡翠」之名來歷與翠鳥有關的傳說和記載。（見圖 2-1a、2-1b）然而與「老鳳祥銀樓」等老牌首飾店鋪形成明顯差異的「假首飾」鋪幌子（見圖 2-2a）、以木質的玉鐲模型代替貴重的玉石鐲子並飾以紅綢幌墜（見圖 2-2b），都含蓄傳達出玻璃、銅、鐵對翡翠珠寶、金、銀的模仿，無不是世俗化對經典性的顛覆，甚至流露出「草根」階層對勢高權貴階層的反抗。

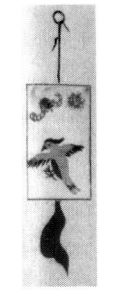

圖 2-1a 翠花作坊幌子 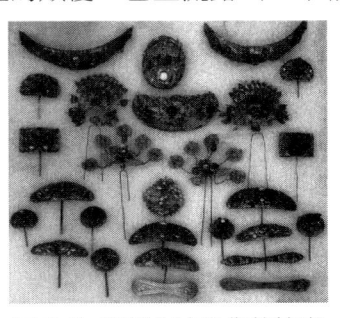　　圖 2-1b 翠花作坊出售的鑲嵌玉石首飾 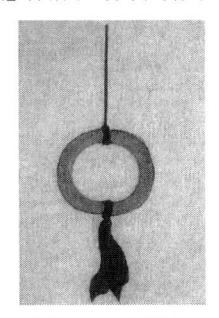　　圖 2-2a 「假首飾」鋪幌子 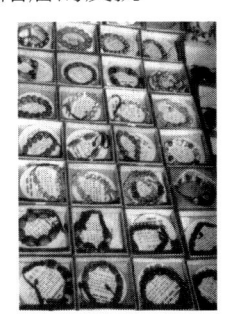　　圖 2-2b 「假首飾」鋪出售的首飾

　　克利福德·格爾茲在《文化的解釋》以及《地方性知識》中對「作為文化體系的意識形態」及「文化持有者的內部眼界」的探討，則從理論層面論證了主張地方性知識並非否定普遍性的科學知識，而是在研究中著眼適合的文化背景。「手藝是一種本土知識體系」，就玉文化而言，史前有所謂四支板塊和五支亞板塊，古代有絲綢之路前身的玉石之路，現代有集散模式的珠寶玉石

第二章　視角與方法

特色產業基地，古往今來，不同的地產與玉文化、相異的宗教與玉文化都是帶有地方性、本土化與民族性特質的議題。「穆斯林和美玉珍寶有緣啊！和田玉出在新疆，綠松石產於波斯，貓眼石源於錫蘭，夜明珠來自敘利亞」。然而，這不過是文學作品中再現一個民族的宗教文化與珠寶玉石間千絲萬縷之聯繫的箴言，至於更多的代表民族、地域、宗教與玉文化的關聯，還有待於我們從豐富的地方性知識中不斷去發掘。

　　玉石作為禮物是自史前以來就有的文化現象，當然維繫社會關係和個體生存的禮物不僅僅有玉石，但是在中國，玉石所具有的特殊歷史價值、文化價值、經濟價值、藝術價值致使它區別於一般的禮物，並形成一種特定的認知習俗延傳至今。馬塞爾·莫斯的《論饋贈》、莫里斯·古德利爾的《禮物之謎》，分別深層挖掘了前現代社會中的禮物饋贈現象和禮物在現代社會關係的生產與再生產中發揮的作用。後者從社會學與人類學角度揭示了贈神之物、贈人之物的本質：首先，贈人之物既包含有團結也有獲取，乃至有著某種「出售」的意義。禮物的授予者與接收者之間微妙的行為關係，內在地規定著某種層級的存在，並透過外在的形式使其合法化。「社會的運作主要靠組成這個社會的個人之間和群體之間的個人性關係的生產與維持，如血族關係、生產、權力等方面」。禮物贈與的過程中，其神性也發生著加強或轉移。這就是說，一些想像性的、非物質的內容都是禮物贈與的內容，正如莫斯所言「贈與之物的範疇比物質之物大得多」。贈神之物，在古德利爾看來，它是社會既定秩序的一些固定點，因而不能轉讓和出售，只能保存。神授的資本與財富是不可交換的。莫斯論說了交換和禮物贈與中存在的不同情況，「一類是必須或可以贈與或交換的、可讓與的；另一類是既不能贈與也不能交換的物件，因為它們是不可讓與的」。「神聖之物」的財產是珍貴的，它在「整體上構成了一個神奇的賦予⋯⋯所有這些東西總是在每個部族中都是精靈的起源，具有精靈的屬性」。

五、研究方法與理論

克勞德·李維史陀認為，象徵比起它所指涉的「真實」來，更為真實。玉石被賦予了神性，玉石器是神聖之物，因而象徵意義是玉石禮物的初衷和終極。安妮特·韋納在《不可讓與的財產：既贈與同時又保留的悖論》中指出，即使是在一個有著由禮物贈與支配的經濟和倫理代碼的社會中，仍然有一些領域的東西必須保存且不能贈與。這些保存之物往往是珍貴的物件（比如玉石）、避邪物、知識以及儀式等，它們肯定著一些深層的身分及其超越時間的連續性。不僅如此，這些保存之物還肯定著個人之間、群體之間的身分差異。無可否認，不可贈與且只能保存的珍貴之物是體現最大想像性權力的物件，故而，它就是具有最大象徵性價值的物件，它象徵一切可以作為最高神性的意義。玉石的神性意義發生轉變，其大致可以描述為「遠古神權—古典王權—現代民權」這樣一個過程。自宋代金石學興起後，前代的玉器逐漸成為一種「不可交換、不可讓與」的、標識財產的「神聖之物」。由於祭祀、喪葬禮儀的徹底革命，現代社會中缺乏真正意義上的贈與神的禮物，而是將傳統的贈與神的這種意義轉移到收藏（私人及公共博物館）行為當中，從而使其作為私人及國家的珍貴之物保留下來，同時也保留了實質性傳統的「神性」。可見，現在的收藏品顧客人追捧且尊稱為「神聖之物」也並非無根之木、無源之水。

「後現代史學」把文物、文獻、口述資料或文化現象都視為一種文本，這便彌補了傳世文獻因襲的話語霸權的偏頗與排他等不足。一些民間傳說、野史資料可能包含著曾被我們忽略的證據，而對於無文字記載的史前社會之研究來說，這些未曾充分挖掘的神話傳說以及民間民俗資料都是十分可貴和有益的補充。因而，本研究運用多重證據方法，即在傳世文獻、出土文獻（如出土的甲骨文、金文）、考古發掘或傳世的文物以及圖像等證據的基礎上，特別關注了《山海經》、玉器行業祖師爺等神話傳說；《詩經》《楚辭》《紅樓夢》等文學作品；店鋪招幌、捏指帶成、家傳相玉訣等民間習俗與口承文化。

43

무論是神話、民俗，還是前現代社會中的禮物饋贈與神性，本土化與地方性知識對於探討中國的玉文化傳統這一命題來說，是適宜的知識觀與研究角度，尤其能夠較為深刻地揭示中國玉文化本土生成與發展的特點。

3. 時尚與消費文化理論

玉器為何要走向時尚？時尚具有「易」的屬性，它代表了嬗變，映射著經典與世俗間的消長關係，並指示事物將有的變動趨向。任何時代都有時尚，時尚也是深深扎根於歷史文化當中的、不能被孤立看待的文化存在。從社會學的角度考察時尚，勢必將其投置於相應的歷史語境當中，以切合當時的社會、政治、宗教信仰、生產等狀況。時尚具有的易變性，必須以一種社會變動為前提，這也就是說，穩定的社會階級構成中，時尚的存在是相對穩定的，其變化也是緩慢的，但並非沒有時尚。任何意義上的社會變遷都會導致某種程度的階層動盪和群體構成的變化，潛在的實質性傳統在繼續的同時，時尚也在悄然地或激烈地發生著。傳統，尤其是具有神性的實質性傳統，它與時尚之間的關係恰如一條 DNA 雙螺旋鏈，它們共生於某些文化因素卻指向不同的方向，存在彼此影響的牽引力量，或成為演進、突變的動力以嶄新、革命的形式展現，或成為演進、突變的阻力以模仿、反覆的形式出現。

（1）身體與身分

許多國外學者已從多角度、多學科展開對時尚的研究，其中，大多數學者從時尚與上層社會、時尚與服飾之間的關係著手研究，這包括戈蘭斯（1991年）、科勒（1963年）、里貝羅（1983年）、塔蘭特（1994年）。布魯瓦德（1994年）、德·拉·哈耶（1988年）和霍蘭德（1993年）則從文化與社會史角度研究時尚的文化語境。利奧波德（1992年）、科伊爾（1982年）、埃爾森（1984年）、菲澤科利（1990年）、羅斯（1997年）等人則從有關時尚系統的經濟與技術歷史方面著手研究與當代的關係。阿什和賴特（1988

年)、阿什和威爾遜(1992年)、戴維斯(1992年)、克雷克(1993年)側重對當代時尚系統的文化研究。此外,布魯克斯(1989年)、劉易斯(1996年)、尼克松(1996年)側重對時尚的本質進行研究。當然,他們的理論研究方法和研究特點也並不相同。(見表2-4)

表2-4 國外一些關於時尚的理論研究

代表學者	臉論研究方法和特點	時間(年)
范伯倫 齊美爾	經濟學與社會學	1899 1971
海布迪基	語意學	1979
羅蘭‧巴特	結構主義	1985
利奧波德	馬克思主義唯物論	1992
弗呂格爾 希爾弗曼 劉易斯和羅萊	精神分析學	1930 1986 1997
所羅門 車龍	社會心理學	1985 1997
威爾遜 尼克森 喬安妮‧恩特維斯特爾	後結構主義	1992 1996 1997

有些國外學者還將時尚和倫理道德關聯而論,如范伯倫、尚‧布希亞等,他們批判時尚是「虛榮」的表現。喬安妮‧恩特維斯特爾《時髦的身體》、齊美爾的《時尚的哲學》,以及邁克‧費瑟斯通、布爾迪厄、尚‧布希亞、西蒙‧威廉姆斯、布賴恩‧特納、凱薩琳‧艾莉斯等也將關注點投向身體、身分與時尚、哲學、社會和消費文化的關係。時尚文化中對身體、身分的社會學研究理論,為我們研究玉文化傳統提供了一種新的視角,亦是第三章在探討「時空維度下的裝飾」及「社會場域中的身體與身分」時關鍵的理論支持。

(2) 大眾消費與世俗化

近年來，有些中國學者將目光轉向大眾消費的文化研究，並編譯引入國外專家學者關於大眾消費文化理論的相關研究成果。（見表2-5）

經典的世俗化在大眾消費的過程中得到實現。傳統本身是發展的，經典只有被世俗化或者抗拒世俗化，才能證明它是神聖的、不可褻瀆的；反之，不為世人俗化的經典，其存在時間可能也不會久遠。因其過分的獨特而被孤立，沒有被認可，更沒有被接受，最終會喪失生存的土壤和成長的環境。從這個意義上來講，仿造與假冒便是對傳統經典的確證與加強。我們從玉石裝飾的題材中，不難發現傳統經典被世人俗化的蹤跡。民間民俗的「五福」文化，即福、祿、壽、喜、財，頻頻作為玉石工藝品的象徵寓意，所謂「福（蝠）在眼前（銅錢）」、「福（蝠）祿（鹿或葫蘆）壽（獸或壽桃）」、「福（蝠）壽（獸或壽桃）雙全」、「馬上有福（蝠）」、「節節（竹節）高升」、「一路（白鷺）連（蓮花）科」、「連中三元（三顆扁豆）」、「瓜瓞（葫蘆）綿綿」、「喜上眉（梅花）梢」、「平（葫蘆瓶）安富貴（蝠或牡丹）」、「財源廣進（一串銅錢）」等。而這些題材當中，有些曾是統治階級極力維護的皇權口號或符號。

一直以來，學界對「世俗化」的議論都褒貶不一。在中國傳統社會，儒家倫理也推動過經典世俗化的進程，由此與經典形成難以割捨的聯繫。儒家倫理對經典世俗化的闡釋，為經典進入普通民眾的生活創造了前提。就此而言，官方對經典的普及和推廣也強化了經典世俗化，如君為臣綱、父為子綱、夫為妻綱和仁、義、禮、智、信「三綱五常」的倫理架構，維護著相當一段歷史時期的社會穩定。但是，經典世俗化並非中國傳統社會或現當代社會所特有，早在遠古時期已有神聖到世俗的歷史轉化現象。

尚·布希亞在《消費社會》中也明示了媚俗與經典的聯繫。世俗化是大眾化過程中，民眾追求民主、國家貫徹民主、實施權力統治的必然趨勢。尤其是歷經政治變遷、社會制度變遷以及經濟體制變遷，大眾繼崇尚政治民主與

經濟民主之後,又興起對文化民主的追求,大眾化消費與時尚意象使得玉文化中的某些傳統經典世俗化,甚至消解和重建。

表 2-5 中國外關於消費文化的理論研究

代表學者	著作或論文	時間(年)
羅鋼、王中忱主編	《消費者文化讀本》	2003
周憲主編	《文化現代性精粹讀本》	2006
陶東風主編	《文化研究精粹讀本》	2006
鄭也夫著	《後物欲時代的來臨》	2007
孟悅、羅鋼主編	《物質文化讀本》	2008
(法)讓‧波德里亞著	《務體系》(有名《客體系統》)	1968
	《消費社會》	1970
	《符號政治經濟學批判》	1972
	《生產之鏡》	1973
	《象徵交換與死亡》	1976
(法)皮埃爾‧布爾迪厄著	《教育、社會和文化中的再生產》	1977
	《區隔:趣味判斷的社會批判》	1984
	《語言與符號權力》	1991
	《文化生產的場域》	1993
(英)邁克‧費瑟斯通著 劉精明譯	《消費文化與後現代主義》	1991 2000(中譯本)
(美)戴維‧斯沃茨著 陶東風譯	《文化與權力》	1997 2006(中譯本)
(美)霍爾、(美)尼茲著 周曉紅、徐彬譯	《文化:社會學的視野》	2002(中譯本)
(美)傑夫瑞‧C‧亞歷山大著 張旅平譯	《世紀末社會理論》	2003(中譯本)
(美)道格拉斯‧凱爾納著 陳維振等譯	《波德里亞:批判性的讀本》	2005(中譯本)

（二）田野考察方法

在對當代玉文化現況的研究分析中，本研究主要採用文化人類學的田野考察方法，同時借鑑社會學研究的 KAP 方法，以觀察記錄、人物訪談和企業調查研究為主。具體包括，觀察記錄與人物訪談，針對相關地域涉及玉文化體系的設計生產者（以設計、生產玉石產品或藝術品環節的人為主）、經營管理者、銷售者、消費者以及新興湧現的特殊身分者（珠寶鑒定師、認證技師、認證珠寶銷售員等），透過口述史及客觀描述呈現他們在當代社會中身分與地位的變化；企業調查研究，以玉文化的重要傳承地和新興地區的企業為對象，記錄其歷史發展中的承與變，尤其是轉型前後的原料廠商，生產加工玉石工藝品的國營企業、民營企業、個人工作室，以及現今玉雕產業集散模式下的設計、生產、銷售市場等情況。透過觀察、訪談、實物拍攝以及史、志資料的蒐集與整理，對已發生變遷的玉石歷史文化和正在發生的、形成的現象進行記錄，並結合數據進行量化分析，使理論闡述與現實狀況得以互證。

（三）研究方法和理論視角的創新

本研究的創新性主要體現在以下四個方面：

首先，對中國玉文化傳統的界定與劃分。依據社會文化變遷和整個社會認知與價值觀念轉變等關鍵因素，本研究將中國玉文化傳統劃分為「神人結體與宗法結構的遠古傳統」「權力意志與比德理念的古典傳統」「大眾消費與時尚意象的現代傳統」三大類型或階段。

其次，提出玉文化遠古傳統中的「神性」經歷了從「神人結體」到「宗法玉製」的轉變，即從信仰神靈向信奉祖宗過渡的觀點。在「遠古傳統」部分，透過圖像學的分析手段，結合史前神話傳說及出土品等各類文本資料，推論出「神徽」是無文字時代的先民採用原初藝術表現方式所作的歷史記錄。「神

徽」傳達出祖宗與神靈形同質異的訊息，而「神徽」的主題紋飾充分表明神祖崇拜中的祖宗形象已發展至高居於神靈形象之上。基於對《周禮》的分析，應用定性的分形理論提出「宗法玉製」是中國傳統社會以及現當代社會玉文化形成唯「宗」傳統的重要原因之一。

再次，沿著實質性傳統的永恆性（神性）線索，透過對傳統社會玉文化權勢話語的分析，揭示了作為贈與或保存的玉石物品在相對穩定、持久的傳統「金字塔」式等級社會中，對於鞏固社會地位、維繫社會關係、增強話語權力所具有的重要作用。同時還提出「璽印為權」「冠服以儀」的玉石物品是權勢階層權力意志合法化符號的觀點。傳統社會的「比德理念」是對西周「唯德是輔」的繼承，比德的倫理道德實踐也滲透在工匠技藝傳習的自我技術之中。作為教化人性的「比德」不僅僅針對傳統意義上的「君子」而談，「君子」的概念因科層制的出現和「三綱五常」的儒化擴展到士紳官僚、文人雅士、女子等更廣的社會群體範圍，而不同歷史時期價值觀念的轉變也使得玉文化傳統中「比德符號」的意義發生衍變。

最後，本研究指出了在以大眾消費與時尚意象為特徵的現代傳統中，玉石製品已逐漸成為一種普遍的時尚消費品，它是經濟資本和文化資本甚至社會資本相結合的商品。大眾消費消解了傳統玉文化的經典性、神聖性、少數階層的占有性，同時也弱化了傳統玉石符號的尊貴屬性，但在新的社會情境中，其神性得到延伸，其經典性也得到重新詮釋。玉文化的從業者和普通大眾都參與著文化和價值的建立，而操持琢玉技藝的從業者更是在自己的實踐批評中展現出玉文化主體傳承者的自信。歷經遠古、古代進入現當代，玉石及其製品正走向時尚與消費的時代，逐漸成為大眾尋求自我價值與存在意義的文化符號。

第三章
遠古傳統：從神人結體到宗法結構

第三章　遠古傳統：從神人結體到宗法結構

一、從石器到玉器

（一）神靈之石與玉石分化

石、玉、玉石的概念緊密相關，從不同學術領域和研究角度進行的界定有所不同。地質與礦物學認為，目前國際上統稱的玉（Jade）專指翡翠（Jadeite）和軟玉（Nephrite），而其他地名、俗稱玉石料，如岫岩、獨山玉、藍田玉等與質地較軟的石頭（包括大理石、壽山石、巴林石、青田石、雞血石等）統稱為玉石。地質科學的發展、研究技術的進步、經濟價值的提升等多方面原因促使國家從現實意義上頒布了《珠寶玉石命名國家標準》（2014年），較為科學地規定了玉石名稱：「天然玉石（Natural Jades）（1）定義：由自然界產出的，具有美觀、耐久、稀少性和工藝價值的礦物集合體，少數為非晶質體。（2）定名規則：直接使用天然玉石基本名稱或其礦物（岩石）名稱。在天然玉石名稱後可附加『玉』字，無需加『天然』二字，『天然玻璃』除外。（3）不參與定名因素：a. 不用雕琢形狀定名天然寶石；b. 除保留部分傳統名稱外，產地不參與定名；c. 不允許單獨使用『玉』或『玉石』直接代替天然玉石名稱。」

確切地說，以上概念和內容更統一在現代地質學科國際珠寶玉石鑒定的界定範疇和標準之內，而對於中國傳統的玉石概念，還必須從文化學角度出發進行界定。可以說，最早關於「玉」的概念定義就是從文化、審美角度出發並界定的「石之美者」。而作為文字的「玉」「石」更早於這個概念，其象形和賦意也十分可能有別於「石之美者」的倫理與審美界定，它曾參與過中國遠古文明的敘事建構，是上古時代的重要文化訊息載體。文化視野下的「玉」與現代地質礦物研究所稱的「玉」的本質區別在於，它既是一個頻頻出現且有寬泛意義的概念，又是一個被特定指稱的、狹義範圍內的概念。它與地球上最普遍的材料「石」不同，它的自然屬性中蘊含了上古時代的先民無

一、從石器到玉器

法解釋、渴望擁有、不懈追求的各種特質（稀有、美麗、堅韌等），這些特質在人們的使用認知下很早就具備了社會屬性。這些人化的、文化的屬性「無法與現代礦物學的分類體系相提並論」。

首先，從寬泛意義來講，中國遠古關於玉、玉石資源的記載與描述相當豐富。其中，僅《山海經》中的記載就有兩百餘處。（見表 3-1）

表 3-1 《山海經》中相關玉、石的名稱及出現次數

名稱	出現次數	名稱	出現次數	名稱	出現次數
玉	137	白玉	16	吉玉	8
玉山	4	白玉山	2	美玉	12
玉膏	2	白石之山	1	美石	4
玉榮	1	白珉	1	玄玉	1
玉瑛	1	圭璧	1	玄石	1
水玉	8	青石	1	珉	2
文玉石	1	青碧	8	珠	1
文玉樹	1	青碧石	1	珪	4
文石	11	采石	1	珠玉	1
石	5	環	1	珧	1
石山	2	碧	11	琅玕	2
石玉	1	碧山	1	琅玕樹	1
瑰	1	碧玉	1	鳴玉	1
瑤	1	蒼玉	11	鳴石	1
瑤碧	7	璿	1	璋玉	1
琠玉	2	璿瑰	1	璇玉	1
瑤碧之山	1	瑾瑜之玉	19	嬰垣之玉	1
瑾瑜之玉	2	嬰脰之玉	1	遺玉	4
糜玉	1	藻玉	2	瓀石	1

第三章　遠古傳統：從神人結體到宗法結構

　　不僅如此，《欽定四庫全書·說文解字·玉篇卷一》中收錄的未經修訂的玉部類字也有二十餘種。（見圖 3-1a、b、c、d、e、f）。

a

b

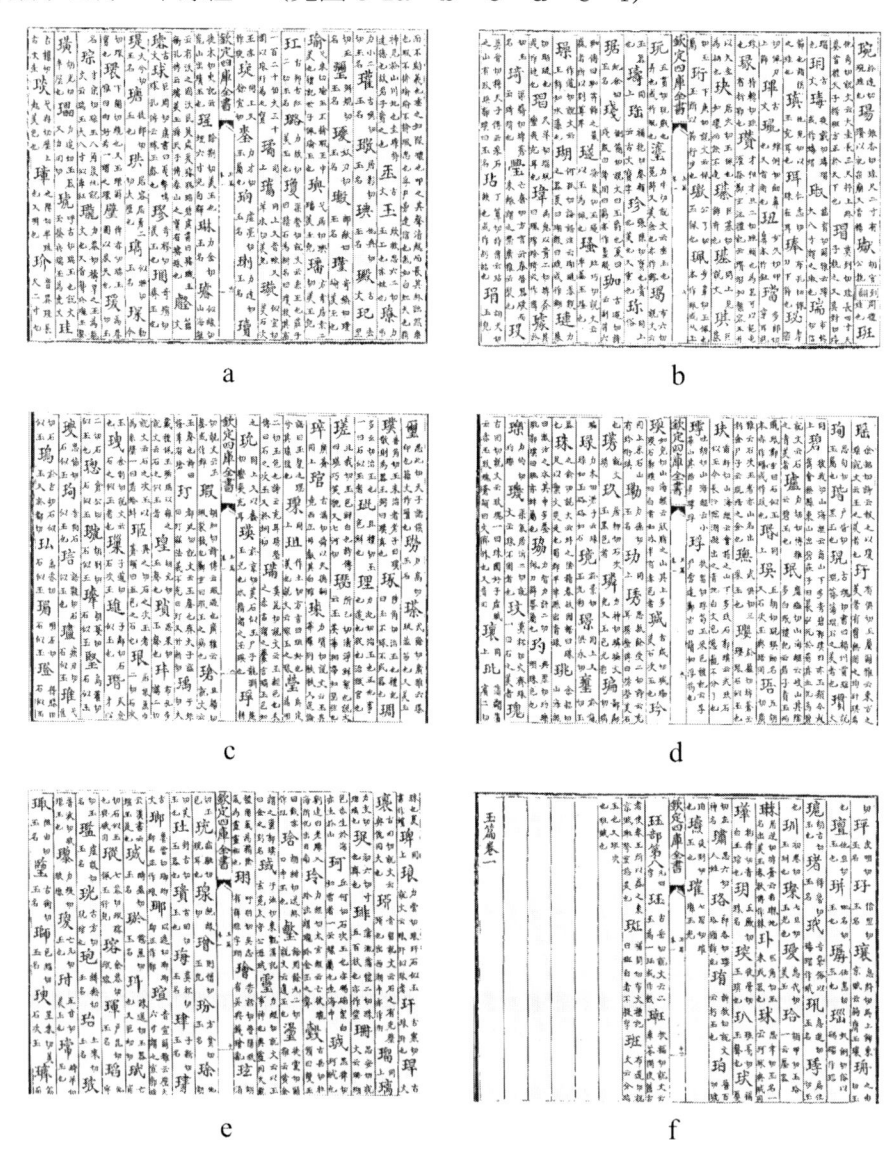

c

d

e

f

圖 3-1 《（文淵閣）欽定四庫全書·說文解字·玉篇卷一》玉部類文字

這些表明了人們對玉石的認知及其概念的區別、分化,曾對中國文化淵源乃至文字創造產生過重大的影響。需要指出的是,玉石的多樣性並不會減弱其神聖的意味。相反,在遠古時期,尤其是新石器時代中期,玉文化的繁榮景象反映了先民的原初信仰狀態,也向世人證實了玉石在社會生活中是極為重要的一種物質材料,是被賦予特殊意義的神靈之石。

　　其次,從狹義層面來看,被界定為「神」性的玉石從普通的石材中分化出來,使玉材不僅僅具備單純的物質屬性,還具備文化屬性、社會屬性,並成為表徵文化觀念的符號載體。「玉是遠古人們在利用選擇石料製造工具的長達數萬年的過程中,經篩選確認的具有社會性及珍寶性的一種特殊礦石」,楊伯達先生所提出的「珍寶性」和「社會性」,是從中國玉文化研究層面對中國各歷史時期不同「玉」概念的高度概括和客觀總結。這也提醒我們,「確定玉之定義和範圍,仍然應以傳統觀念為依據,以它的用途和社會意義為著眼點」。法國學者布爾迪厄曾提出物質資本、文化資本、社會資本、符號資本,用以闡述不同的權力形式。隨著初具國家規模的社會群落逐漸形成,對於像玉石這樣的稀有資源的掌控和利用,一方面使玉這種自然物印有「珍寶性」與「社會性」的標記,從而在不同的社會形態中構築起權力結構;另一方面,這種權力結構賦予特殊階層對物質資本和符號資本的享有與消費權力。

1. 因自然差異性與獨特性產生的分化

　　從發生學的原理來看,上古初民是在材料的使用過程中發現玉質與石質的不同,即玉石的硬度高於一般的石材,而且具有韌性,不易迸裂,十分堅實耐用。玉石的色澤溫潤甚至豐富多彩,有些還具有如水般清澈透明的質地,敲擊聲音清脆,從而引發人們視覺、觸覺、聽覺的美感。由此,從使用中習得,從習得中認知,並將這種認知觀念固化、延傳下來。從考古發掘出土玉器的現有資料可知,在新石器時代早期的內蒙古興隆窪文化遺址、遼寧查海文化遺址出土玉器的玉質以透閃石玉為主,其次有蛇紋石玉、瑪瑙、玉

髓、煤精和滑石等玉石（這裡依然使用現代廣義的玉石概念）。事實上，從《山海經》的記載來看，各類玉石早已存有清晰的劃分，其中水晶就區別於玉而單獨命名。就名稱而言，《山海經》中所謂的玉，不同於珉、青碧等次級玉，而且還專門對「美玉」作了強調。（見表3-1）

另外，玉材的特殊性要求不同的製作方式和工藝與之相匹配、相適應，這也導致石與玉的分化。工藝上從打製到磨製，是促使玉區別於石並體現出美質的原因之一。因此，對「石之美者」的玉形成認知，正是綜合了生理、心理要素在生產、生活實踐過程中固定下來的。楊伯達先生認為，史前時期玉石分化的初步完結是在興隆窪、查海文化時期，此後的紅山文化更是如此，玉石已分，諸如瑪瑙、水晶、松石之類的美石被排除在玉之外。可見，玉石是在不斷的文化實踐中形成區分的。

2. 因意義賦予產生的分化

基於自然崇拜，人們將玉石視為具有神靈之性的神、神物。「天」有著與玉石相似的顏色和質感，所以「事玉」就是「事神（天）」。漢袁康《越絕書》卷第十一《越絕外傳·記寶劍·第十三》記述了「玉亦神物」的故事。黃帝時期，權力階層的巫覡把玉與神靈聯繫在一起，為玉增添諸多神祕的色彩。這種神祕的、具有靈性的意味是巫覡賦予的，玉自然成為他們事神、媚神的必要工具。那些重要的玉神器很有可能是由巫覡自己製作並獨自享用。他們透過將神物的意義解釋權集中到自己手裡，成為權勢話語的持據者。

然而，在遠古時期，「神靈」並非少數人的創造，「神話、原始的感應巫術中的神靈不是為了合理解釋的需要而產生，而是原始先民對集體需要、對集體情感的回答，即一種集體表象」。

在萬物有神靈的初信仰體系中，玉是有神靈氣息的，雕琢成的樣式是與神靈相關的。先民心中的玉不但是神，亦是神物，是與神靈溝通的媒介。制玉就是創造與神靈交流的管道，而祀玉就是事神。「𥎝（次）山是神靈顯

應的山，祭祀它要用燭，齋戒一百天，用一百頭毛色純粹的牲畜，隨同一百塊瑜埋進地裡，還要燙一百樽酒，環繞陳列一百塊珪和一百塊璧來祭祀」。因自然屬性及作為工具的使用中習得的玉石分化，在這種宗教信仰的氣氛中被進一步地意義化。玉是具有象徵意義的，包含了先民的眾多神祕思緒與情結，並在技術及知識為少數巫覡掌控的情況下，更加為先民所崇敬、服從以及神祕化。從出土的紅山文化玉器中就發現不少事神用的玉神物，如「玉豬龍」、玉勾雲形器以及玉巫覡像、玉龜（鱉）等。

從群體祀拜到個體崇信，玉為巫覡權力階層的人所有，玉器便開始作為一種具有權力、價值的寶物而存在。功能的改變致使玉石分化中玉的意義更加豐富。巫覡、酋長、軍事首領等特殊人物將玉賦予了權力意義，它便具有巫覡祭祀、占卜以通神的功能，發號施令、集中兵權的功能，以及權力階層衣著裝飾、喪殮儀葬的功能。巫與酋長的關係在史前晚期（距今 6000 年至 3000 年）發生重要的轉變。在這期間，他們進行了激烈的權力鬥爭，而酋長成為鬥爭的勝利者。酋長作為王的前身，集政、軍、神、族等大權於一身，而巫卻屈居於王之下，分管神職活動。與此相應，「先前之玉神器降為祭器，如璧、璋、琮。代表王權的玉器為圭、璧、鉞、璋。此時玉文化面貌呈現多元化、複雜化的狀況」。這是繼玉石分化之後的又一次重大玉文化變遷，其中，一部分玉神器因執神器的「巫覡」地位發生改變而降為了祭器，並從原有的圭、璧中抽離、衍生出了一些特定紋樣的玉器，代表當時初步萌發的王權意志。

（二）鬼斧神工

1. 鬼斧：他山之石可以攻玉

文化學、歷史學、考古學和科學技術等領域的專家學者就史前玉器的製作，尤其就良渚文化玉器精美、纖細、繁複的紋飾究竟是如何琢製的等問題

第三章 遠古傳統：從神人結體到宗法結構

展開了眾多推理與討論，眾家皆儘量以文獻、出土品來客觀地推測成因，但由於條件所限以及角度各異，這些論述仍有值得商榷的地方。

《詩經·小雅·鶴鳴》載「他山之石可以攻玉」，說明製作玉器需要借助外力和介質，且這種材質與其相近，為石，但硬度要高於玉，可見他山之「石」也是寬泛意義上的石。以石割玉、以石琢玉、以石磨玉，「如切如磋，如琢如磨」。

懂得玉石工藝的人一定知曉，成器之玉石工藝品並非是雕刻出來的，而是利用硬度高於玉的金剛砂、石英等「解玉砂」，輔以水研磨、琢製而成。因此，制玉應稱為治玉、琢玉、碾玉、碾琢玉。從史前玉器紋飾及器形，尤其是良渚文化的玉紋飾可見，當時的琢玉技巧雖然高超，而治玉工具卻相對簡陋，不過至今仍然缺乏相關可考的工具物證。直至近代，治玉者一直使用傳統工具，即線鋸、鋼和熟鐵製成的圓盤、圓輪、鑽床、半圓盤和架以木製的車床來製作玉器。推想可知，在鐵器發明以前的新石器時代和青銅時代，大部分工序可能僅憑木竹器、骨器和砂岩配製輔協完成。原始的工具怎樣思索出如此精彩的玉器，著實令眾多學者匪夷所思。線刻精緻而細密的良渚玉器紋飾，普遍刻劃都在 1 公釐以內，細的每條僅 0.1 公釐左右，甚至還有 0.7 絲之細的線紋。目前，許多專家就良渚玉器製作工具、方法等問題進行了分析研究，但由於技術手段受限、方法、認知等多方面因素而無法形成確鑿的結論。總體來說，那些近乎鬼斧神工般的史前玉器，都是採用不同材料質地、物化屬性的工具製作而成的，其中，有些工具是完全天然的，有些工具則是精心製作的。本研究根據現有的研究資料，大致將其歸納為五類：1. 用鯊魚牙作刻刀來製作；2. 採用已出現的金屬工具製作；3. 表面經過熱處理軟化後再進行思索；4. 使用特殊石料琢製；5. 推測是不可知力量的傑作。

目前，學術界較為認可的是第 3 類和第 4 類說法，尤其是使用特殊石料的說法，譬如黑曜石在醫學領域的實踐成功而更具可能性。本研究主要基於

一、從石器到玉器

眾多的考古發現和專家分析結果，對史前治玉的工具作整體上的、特徵層面的總結。縱觀遠古時期的傳統琢玉工具及設備，大致經歷了「原始工具—原始工具與設備—成型的工具與設備」三個階段：

第一階段，原始工具是先民從打製石器到磨製石器、細石器和有機質材料工具的過渡時期所形成的純粹的制玉工具，如出土的刮削器、尖狀器、雕刻器、錐、鋸，以及有機質材料製成的骨針、骨錐、骨刀、獸牙等工具。原始的截斷、打擊、思索、鑽孔等工藝與制石工藝密不可分，而發達的制石工藝又是制玉業形成規模化的必要前提和客觀技術保障。

第二階段，原始工具與相應的其他輔助設備聯合進行琢製器形與紋飾的活動。有學者認為，良渚文化玉器是採用了一種叫做「馬氂截玉」的方法。《淮南子‧說山訓》載：「厲利劍者必以柔砥，擊鐘磬者必以濡木，戟強必以弱輻。兩堅不能相和，兩強不能相服，故梧桐斷角，馬氂截玉。」此法以馬尾或馬鬃編結成繩索狀，黏土上解玉砂（小礫石）充作「鋸條」，不斷添砂和水剖解。這樣看來，當時可能採用的原始設備已有繩索、土、解玉砂。不僅如此，先民還實踐了原始的砣切法。這種方法是在輪製陶器的工具陶車基礎上發明的技術。《天工開物‧珠玉篇》記載了這類方法：「凡玉初剖時，冶鐵為圓盤，以盆水盛砂，足踏圓盤使轉，添砂剖玉，遂乎劃斷。」與此觀點相近，楊伯達先生認為，紡輪或軲轆對原始砣機的出現有過直接或間接的影響。他在《古玉史論》一書中強調：「砣機的發明是琢玉工藝史上的一次技術革命」，「砣機的出現與完善終於促使玉工藝從石工藝中徹底地分離出來，成為獨立的砣玉手工業」。可見，砣機是與原始工具組合的設備，它為玉器的規模化生產、精緻化思索創造了條件，也為幾千年來的治玉方式奠定了文明的、可依仿的原型。

第三階段，由原始工具與砣玉設備發展成較為精緻的、完善成型的工具設備。這一階段主要在商、周時期。從殷武丁妃婦好墓出土的玉器來看，砣

第三章　遠古傳統：從神人結體到宗法結構

玉業已成為王室手工業中的重要組成部分，甚至可與青銅業相媲美。根據專家論證，那時已經出現發達的金屬工具和成型的「水凳」。至於西周時期的制玉制度、用玉制度、管理機構、工匠地位、工種分工、工具原料、工藝效率等情況，在先秦的一些典籍文獻中可以查證。

2. 神工：史前玉工

史前玉器因時間、地域、文化上的差異具有不同的特點，有的粗獷，有的精美；有些出土量少，有些出土豐富；有些成為權力象徵的器物，有些成為實用或裝飾器物。已有不少學者認為，中國具有與其他國家文明歷程不同的「玉器時代」。客觀地來看，中國的確在「青銅時代」之前有過繁榮的用玉、治玉文化，但其繁榮程度和波及的範圍卻有輕重、大小之差異。當然，這是中國遠古傳統中特殊的歷史階段，是對中國至今傳承的玉文化傳統的穩定、堅實的原始鋪墊。在這樣一種豐富多元的史前文化背景中，確定那些創造神靈玉器的治玉者，是十分困難的。美國學者 T.K. 厄爾曾指出，對象徵性物品（Symbolic Objects）的控制有兩種途徑：控制原料和控制製作技術。如前所述，玉料有可能就近採集，有可能源自他地，史前玉料是神聖稀有物，因而更容易被某一社會集團所控制。李新偉在《紅山文化玉器與原始宇宙觀》一文中探討了紅山玉器製造者兩種可能的具體身分。第一種可能是由紅山文化社會上層控制的專業生產者製作玉器，另一種可能是由紅山文化社會上層人員自己製作這些精美而神聖的玉器。前者按比較傳統的觀點認為，「手工業產品的製造者並不是使用者」。後者表明，與宗教信仰有關的知識和技術具有特殊的意義和重要性，因而具有排他性，「與宗教信仰密切相關的用品很可能由宗教信仰的控制者自己製作」。目前，已有學者根據凌家灘遺址及良渚文化和齊家文化高等墓葬中隨葬玉料的情況推測，中國史前時代的精美玉器有可能是使用玉器的社會上層人員親自製作。

本研究依據三點來推測史前玉工的身分：

第一，根據神靈之物的專屬性和材料的珍貴性推測，與玉料接觸或者製作玉器的人一定是具有相當社會地位或為權威所親信的人，如此，巫覡就成為第一類可能的對象。

第二，從實用性的生產工具及生活用品製作層面出發，製作玉器的人最先可能是普遍的生產者，之後，治玉技藝的專門知識逐漸為少數人壟斷，隨即出現一批上層社會人士可以控制利用的專業生產者。另外，社會上層人士自己也可能就是治玉者。例如我們所稱的巫覡，《說文解字》釋為「在女曰巫，在男曰覡」。也就是說，巫者為女性，覡者為男性。從史料來看，商代歷史的文字記載包括甲骨卜辭、青銅器銘文，而這些基本出自巫者之手。玉作為行巫的工具，巫者一定掌握其中的密旨，而其他人既不會製作，也不懂得如何詮釋。楊伯達先生提出了重要的玉神器應當是由巫來琢製的觀點。這些玉神器由巫專用、持據，具有權力壟斷的意味。而從 T.K. 艾爾對象徵性物品的分析當中，我們不排除社會上層人員自己就是治玉者的可能性。

第三，玉器作為事神、通神之物，勢必記載神靈的話語、旨意及祭祀神靈的儀式和歷史事件。因而，其記述者一定是具備類似文書職能的記事人員。這類人可能在每個部族中都存在，也可能是有專門一個部族進行這種工作。這一點能在良渚文化神徽的主次形象中得到昭示。

以上三點推論，在本章「唯玉為葬」和「神徽與威權」部分將作進一步分析討論。

二、混沌至清晰：原初信仰到宗法的視覺角色轉變

史前先民的原邏輯思維造成其觀看與被看的方式與現今人們的邏輯思維、認知方式不同，這種原邏輯、集體表象使觀看者始終處於看與被看的混沌狀態。

最初，先民時刻處於一種看與被看的狀態。包含玉器在內，任何的物與

第三章　遠古傳統：從神人結體到宗法結構

人都是有靈、有生命的，既可以去觀看又可以被觀看。看，是崇拜者敬畏地看「神」「神物」以及溝通神人的「巫」者。被看，是先民認為自己處於為天神、地神、植物神、動物神等自然神所「監控」「看護」的角色。而「巫覡」這種身分的人在神與人溝通的情境中，本身就是看與被看的角色。史前先民在所與時刻中不僅擁有客體的映像並認為它是實在的，而且還希望或者害怕與這個客體相聯繫的東西，它們暗示著從這個東西裡面發出了某種確定的影響，或者這個東西受到了這種影響的作用。這種影響時而象徵神祕的力量，視客體與環境而定，但這種影響始終被史前先民認為是一種實在，而且是構成他們表象的一個主要部分。如果用一個詞來標記那些在不發達民族的智力活動中占有如此重要地位的集體表象的這一特性的話，那就是「神祕」。按最狹義的定義說，「神祕」這個術語含有對力量、影響和行為這些為感覺所不能分辨和覺察的但仍然是實在的東西的信仰，也就是說，先民周圍的實在本身就是神祕的。呂西安·列維-布留爾指出，在先民的集體表象中，每個存在物、每件東西、每種自然現象，都不是我們所認為的那樣。「對屬於圖騰社會的原始人來說，任何動物、任何植物、任何客體，即使像星球、太陽和月亮那樣的客體，都構成圖騰的一部分，都有它們自己的等和亞等。因此，每一個人都有他特殊的親族，他對自己的圖騰、等和亞等的組成者擁有權力；他對它們有義務，他與其他圖騰之間有一定的神祕關係」。

　　正因為集體表象下，一切存在著的東西都具有了神祕的屬性，而就這些神祕屬性的本質而言，要比我們靠感覺認識的那些屬性更加重要，由此，先民所持的思考方式與我們不同，也不像我們那樣，對存在物和客體的區別形成偌大的興趣。從這個意義上看，先民的思維經常會忽視這種我們所感興趣的區別。

　　從自然崇拜、圖騰崇拜的母系氏族社會到有階級屬性的父系氏族社會，看與被看者的角色，看與被看物的屬性，逐漸分立並清晰化。人的知覺具有

二、混沌至清晰：原初信仰到宗法的視覺角色轉變

社會屬性，這一點不僅僅列維-布留爾有所認識，包括塗爾幹、布爾迪厄這樣的社會學者更是多次強調。列維-布留爾認為，先民的知覺根本上是神祕的，這是因為「構成原始先民的任何知覺的必不可缺的因素的集體表象具有神祕的性質」。對布爾迪厄來說，結構主義符號學與塗爾幹的「集體表象」概念所存在的問題都帶有一種含著的共識理論（Theory of Consensus）。雖然布爾迪厄承認，「特定社會形式中的所有行動者都共享著一套基本的知覺框架」，但是他強調對立邏輯在符號系統中的區分作用。這種區分隨同原始思維的改變形成思維方式的轉變，導致人們理解世界與社會的方式也發生改變。布爾迪厄所堅持的基本觀點是：「符號區分的二元對立邏輯同時也決定我們理解社會世界的方式，它使得我們傾向於依據同一種的兩極邏輯來組成社會世界並因此而生產出社會區分與認知區分。這些認知區分透過製造二元對立的社會群體劃分與邏輯群體劃分、透過創造社會接納與社會排除的形式，傾向於同時生產社會的與邏輯的分類。這些區分成為我們知覺社會世界，並賦予它有意義的秩序的分類透鏡。」可以說，在中國，這種符號系統中真正意義上的二元區分形成於春秋戰國時期。這一時期，真正的權力形式在人與人，即「王—人」之間建構，而不像史前的「神—人」或者西周的「神（祖）—帝（王）—人」之間的建構。

人們的觀點往往具有片面性，即片面地認為先民總是把一切使他們的情感或者想像中的事物和某種神祕的力量、巫術特性以及某種類似靈魂或者生命本原的東西聯想起來。「不應當認為原始人是被萬物有靈的信仰堵塞了自己的知覺。這不是聯想的問題。客體和存在物的神祕屬性構成了那個在任何所與時刻都顯示出是複合的整體的原始人的表象的組成部分」。在沒有真正形成區分以前，先民的知覺仍保持著不可分化的統一。

對於良渚文化玉器後期出現的神徽元素簡化的問題，儘管也有學者從多視角探討過，但本研究認為，「簡化」是一種「區分」思維的形成或完善，它

第三章　遠古傳統：從神人結體到宗法結構

形成一種文化觀念上的分裂與延續，即認知的改變造成對傳統元素的革新，而革新很可能意味著當時的社會文化發生過巨大的變遷，社會主導價值觀發生過選擇性的轉變。同樣，區分和革新還意味著某些造型、紋飾原有神靈力量的消失或是反映出遭遇了某種外在力量的威脅而衍生出新的內容。列維-布留爾認為：「當對原型的知覺不再是神祕的時候，則它們的圖像也失去了神祕的屬性。這些圖像已經不再被認為是有生命的了，它們變成了我們認為的那種東西，亦即簡單的物質再現。」

因此，看與被看的角色逐漸在「區分」的力量與文化因素的共同作用下得到分化與確立，甚至可以說，直至西周時期，禮制的形成、宗法制度的文明才使玉器的生產製作者、使用者、擁有者在嚴格的社會等級序列中找到看與被看者的位置。這意味著，原初的、可逆的、同一的觀看方式已經轉變為不可逆的、有主觀意向的觀看方式，即王權逐步地顯化並打破了神權控制下的混沌與同一。

（一）生產與生活中的角色混同

先民們製作的日常使用的物品也有自己的神祕屬性，也會根據不同場合而變成有益的或者有害的東西。由此引申，這些物品的形狀中最微小的細部也具有意義，這意義有時還會是決定性的。但正是這種思維方式結合著神祕屬性，才使得我們所看到的上古玉器，甚至是夏、商、周玉器具有穩定的繼承性。先民會使用某些形狀來美化自己的產品、藝術品裝飾中最微小的細部，而且這種裝飾傳統非常穩定。國外學者在研究英屬圭亞那的印第安人的物品後發現，他們在製作某些物品方面表現出驚人的靈巧，「但他們從來不改進這些物品，而是準確地按照他們之前的歷代祖先那樣來製作這些物品」。也就是說，他們相信與形狀聯繫的物體的神祕屬性，相信那些可以靠一定的形狀來獲得的屬性，如果在這形狀中改變了哪怕是最小的細部，它的神祕屬性就不為人所控制了。此時，神靈屬性及信仰決定了製作者絕對意義上的模

二、混沌至清晰：原初信仰到宗法的視覺角色轉變

仿（仿造），他們不能改變或不敢改變固有的神祕意味的樣式，而嚴格地遵照這種形制傳統。玉器形制在西周宗法時期發生明顯的轉變，而由以上分析看來，其轉變不是突然的，而是經過了「神靈→神祖→人王」這樣一種信仰上的過渡，玉器原有的神祕屬性在這個過程中逐漸減退，人王的權力逐漸顯現，這使得玉器製作者解除了絕對意義上的遵從（仿造），而滲入了相對意義上的規整化、秩序化、制度化的「革新」。

1. 視者眼中的玉製生產工具

可以這樣說，在新石器時期，玉石是主要的耐用材料與生存、生活工具，作為工具的玉器顯然沒有必要添加多餘的修飾。器物上的孔一般是用來將器物固定在某種物體上以獲得力量，從而進行生產。器物的形制也因用途的增加而有所豐富，從粗笨的斧錛發展到工藝更加精細的鏃、紡輪等。當然，不可忽視的是，上古先民可能在製作玉石實用器物和工具的實踐活動中習得不同玉石材料、不同造型結構具有的不同特點，並借助這種習得的認知經驗賦予器物以意義。例如透過斧鑿可以增加劈砍的力量、趨避危險的力量，從而將「力量」的意義施加於巫覡或酋長、首領手中的法杖、神器之上。1992 年，內蒙古敖漢旗興隆窪聚落遺址出土的斧錛雖然屬於小型器，但其用途卻有兩類，一類因刃部有磨痕而被定為實用器，一類因通體拋光、精巧別緻、刃部無痕而被定為祭祀活動中的「神器」，用來驅邪。

從新石器時期到西周，玉石製品在生產生活中發生過重要作用，這也是它實用功能的體現。玉製實用工具從初創期到商代，不同地域、不同文化呈現出品類式樣逐漸豐富的面貌。（見表 3-2）然而到了周代，實用工具卻明顯減少。西周以前，主要的玉製生產工具（依出現頻次排列）為：斧（12）、錛（10）、鑿（10）、錐（7）、刀（7）、鏃（3）、紡輪（3）、鑽頭（2）、鐮（2）、矛（2）、匕（1）等。（見表 3-2）青銅等金屬工具出現之前，玉石在視者眼裡是獲取獵物、種植以及加工其他物品的有用物。人們透過自然中的生存實

第三章　遠古傳統：從神人結體到宗法結構

踐，認知玉石獨具的堅韌、平整、光潔等自然屬性。眾多玉石實用工具中，有些工具是依照玉石材料的自然形狀加工而成的，有些則是使用者精心設計製作的。

圖 3-2 出土的良渚文化玉斧與冠形器組合圖

　　從某種程度上來看，當生產工具脫離了原先的生產使用意義，逐漸被少數人壟斷並被賦予神性乃至宗教意義之後，這種材料的生產工具數量自然就會減少。我們可以發現，越來越多的玉石器成了神性之物和權力之物（見圖3-2），走向了象徵權力意志的一面。這也說明，金屬生產工具的出現等客觀技術的進步，使更耐用的生產工具取代了原有的玉石工具。但這並不是導致玉石工具實用功能減弱的唯一原因，可以說，是客觀技術條件和主觀價值選擇的共同作用促使了玉石工具脫離實用層面而進入象徵符號領域。

表 3-2 主要的玉石生產工具類別統計（新石器時期至西周）

		時間		主要玉石生產工具
初創期 （距今約 8000-7000 年）	南方	河姆渡文化玉器	距今 7000-5300 年	
	北方	查海玉器	西元前 6000 年	斧
		興隆洼玉器	西元前 6200-前 5400 年左右	斧、錛、鑿
成長期 （距今約 6000-5000 年）	南方	馬家浜文化玉器	距今約 6500-5500 年	
		崧澤文化玉器	距今 5900-5300 年	
		薛家崗文化玉器	距今 5200-5000 年	鏟
		北陰陽營文化玉器	距今 6000-5000 年	鏟
		凌家灘遺址玉器	距今約 5000	玉鏟、瑪瑙斧、羅絲紋石鑽頭
		大溪文化玉器	距今 5900-4600 年	刀
		石峽文化玉器	距今 6000-5000 年（早期） 距今 5000-4000 年（晚期）	
		屈家岭文化玉器	距今 5400-4400 年	鏟、錛
		石家河文化玉器	距今 4700-4400 年	刀、錛、鑿、斧、鑽頭、紡輪
	北方	大汶口文化玉器	距今 6300-4500 年	鏟、斧、刀、鑿、鏃
		紅山文化玉器	西元前 4000-前 3000 年	斧、刀
	中原	仰韶文化玉器	距今 6000-5000 年	斧、鏟、鑿、矛

67

成熟期 （距今約 5000-4000 年）	南方	良渚文化玉器	距今約 5300-4200 年	斧、鏟、鑿、杵、紡輪等
		卑南文化玉器	距今 3000 年	錛、矛、鑿、鏃
		圓山文化玉器	距今 2500 年	錛、鑿
	北方	龍山文化玉器	距今 4000-3500 年	斧、鏟、刀、鑿、錛、鐮等
	夏代		西元前 2070-前 1600 年	斧、鏟、鏃
	商代		西元前 1600-前 1046 年	鏟、斧、鑿、鋸、刀、槌、刻刀、鐮、錐形器、紡輪等
	周代（西周）		西元前 1046-前 770 年	斧、刀、鑿、鏟、匕等（生產工具明顯減少）

2. 視者眼中的神物

北方的大汶口文化玉器、紅山文化玉器、龍山文化玉器和南方的崧澤文化玉器、良渚文化玉器等，儘管選用不盡相同的玉石原料、製作技術，但卻蘊含著一種共同的、內在的力量：對神祖的信仰。

從生理學、心理學角度來看，玉石神物及其紋飾並不能假以我們現在的思維和觀看方式，對當時的情形作出臆斷性的解釋。一些玉石製品的造型樣式不僅僅適應著當時的思維方式、觀看方式，更是適應著當時的技術手段。我們不能忽視生理機能的原初特質，即這些玉器上的紋飾可能與古埃及及現今的原初民族文化中慣用的垂直投影、重疊等創作的形式律同出一轍。這些被製造出來的玉石神物，其造型和紋飾反映出相應時代的人們觀看時的心理。

二、混沌至清晰：原初信仰到宗法的視覺角色轉變

(1) 生命同一的混沌

先民們並不缺乏把握事物的經驗區別的能力，但是「在他關於自然與生命的概念中，所有這些區別都被一種更強烈的情感湮沒了：他深深地相信，有一種基本的不可磨滅的生命一體化（Solidarity of Life）溝通了多種多樣、形形色色的個別生命形式」。在圖騰崇拜中，那些先民不僅僅把自己看作某種動物的後代，在很多情況下，這種聯結被看成是一種同一性。因而，所有區別都被生命的統一性這種信仰所掩蓋。也就是說，一個人在他所生活的社會裡並沒有什麼突出的地位，「他是這個社會的一部分，但他在任何方面都不比任何其他成員更高，生命在其最低級的形式和最高級的形式中都具有同樣的宗教尊嚴。人與動物、動物與植物全部處在同一層次上」。而「生命的一體性和不間斷的統一性」原則不僅僅適用於「同時性秩序」，還適用於「連續性秩序」，從而使得一代又一代的人形成「一個獨一無二的不間斷的鏈條」。在這個鏈條上，「現在、過去、將來彼此混成一團而沒有任何明確的分界線」。

(2) 敬畏與崇拜

奧托曾說過：「神靈一類的東西總是包含著一個恐懼的成分：它既是一種令人神往的神祕（Mysterium Fascinosum），又是一種令人畏懼的神祕（Mysterium Tremendum）。」卡西爾認為，古老的格言「我出於恐懼而敬天畏神」（Primus in Orbe Deos Fecit Timor）說明，在最早的文明階段中，人就已經發現了一種新的力量，「靠著這種力量他能夠抵制和破除對死亡的畏懼」。那種「他對生命的堅固性、生命的不可征服、不可毀滅的統一性的堅定信念」，就是他與死亡相對抗的東西。圖騰崇拜也表達了這種對一切有生命存在物的共同體的堅定信念，這個共同體必須靠人的不斷努力、靠嚴格履行的巫術儀式和宗教儀式來維護與加強。因而，敬畏不但表現為我們今天無法準確釋讀的「怪誕」紋飾，還體現在玉石器中眾多「誇大」或「簡化」、「重複」或「省略」的形式當中。在「唯玉為葬」和「神徽與威權」部分將有具體

的解析。

(3) 供奉與保護

巫術（或魔法）提供給先民實施供奉行為或獲得保護的途徑。馬林諾夫斯基曾指出：「如果一項事務是危險的而其結局又是不確定的，那麼就總是會出現一套高度發展了的巫術以及與此相關的神話。」若不從哲學角度而是從現代人類學和人種學的角度來看，巫術（或魔法）與宗教之間有著極為密切的聯繫和十足的連續性。巫術（或魔法）與文明、政治、權力、歷史及文化微妙地聯繫在一起，「魔法的歷史是神話、曲解、真相、半真相和徹頭徹尾的謊言彼此緊密摻雜混合的產物」。

史前文化中，人們依賴自然神力，並認為在遵從、祭祀等供奉形式下，可以獲得神的護佑，因而人們自覺或不自覺地維繫著這種所謂的護佑關係。護佑，揭示著視者與被視者之間的關係。（見表3-3）

表3-3 視者與被視者的關係（史前至商周時期）

類型	兩者的關係	
A	神祖③↔先民	混沌時期（生命的同一與集體表現）
B	神祖↔巫覡↔先民	神權時期（神人結體，王權的萌芽期）
C	神祖↔權力階層↔先民	神權與王權共存時期（「君權天授」的天命觀）
D	神祖↔統治階層↔民眾	王權時期（王權的真正形成）
③神祖包含了自然神和祖宗		

表中A型，先民作為一個群落集體與神祖間構成理想化的神人溝通境界，具有母系氏族的特點。先民多是身處一種集體表象和生命同一的混沌狀態。因此，視者和被視者沒有嚴格意義上的區分，他們是互為同一的。

表中B型，巫覡是處於神權時期的社會角色。這個角色可能擁有萌芽狀態的王權、軍政以及知識權力。巫覡作為神祖與先民之間的溝通媒介，她（他）承擔著保護先民的責任，又有著供奉神祖的義務；而先民卻處於被保護

和去供奉神祖與巫覡的地位。在這種情況下，巫覡與先民同處於被神祖監視的角色，他們相信神靈會用玉神物及其上的「旋目」紋飾來觀察、知悉自己的行動。

表中 C 型，權力階層處於看與被看的角色，是神權與王權共存時期的特點。與 B 型中的巫覡不同的是，儘管權力階層逐漸從被神祖監看的被視角色中脫離出來，並成為神祖及先民之間的媒介，但此時，權力階層已開始具備獨立的力量，漸漸地不為神祖意志所左右，而具備了人王的意志。

表中 D 型，統治階層處於被看的角色，是王權形成時期的特點，也是宗法制度下的視與被視的關係。

（二）宗法制度下的被視者

如前所述，表中 D 型是王權形成時期的特點。民眾僅處於去尊視君王的「看」的角色，而統治階層的君王處於神祖護佑、施權、傳意和受民眾敬奉、遵從這樣一種共同監督的「被看」角色。

歷經 A → D 型的轉變，先民的肉眼再也無法自然地看待事物現象，由於受到宗教信仰等文化、社會屬性的影響，因此，他們的觀看和理解都已經過社會「分類透鏡」的過濾。

《禮記·玉藻》載，「天子諸侯之禮，故佩玉則備四聲，行步則有樂節，在車則有和、鸞。若大夫士，雖有佩玉，而其儀物則當有降殺矣」以及「君在不佩玉，左結佩，右設佩；居則設佩，朝則結佩」。這些佩玉、用玉製度作為宗法制度的反映，既是君王須遵守的行為規範，也是臣民評判君王德行的標準。從「觀看」角度解析「宗法制度下的被視者」，將在下文進行詳述。

三、神人結體與原始宗法之關聯

（一）神人結體

原初信仰由自然崇拜發展到圖騰崇拜。最初的自然崇拜中，並無神與人分立的概念，神與人是一體的。隨著從對神靈到祖宗的宗教信仰的演變，人的個體性逐漸顯現出來。從對自然神靈的原初信仰到商周之際的神祖崇拜，其歷史是漫長的。在這個過程中，神與人的分立並不十分明顯，但確實存在。這種分與不分模稜兩可的狀態，為玉器成為神人溝通的介質提供了前提。玉器作為遠古時期的人們重要的精神、物質文明載體，既是神人結體與宗法結構的必然產物，也是宗教信仰及宗法制度的物態表現。

第一，神人結體的基因是原初信仰。這表現在以下幾方面：

首先，神人結體的目的在於「神保護人」。恩斯特·卡西爾提出，「神話從一開始起就是潛在的宗教」。中國上古時代，甚至夏商時期的諸多人物、事件，都可從現存的神話記載中找到蹤跡。《山海經》中記載的一些神話人物，其特徵與玉器紋飾造型有著不可分割的聯繫。無論其中的形象是否可以圖騰來理解，它都反映出這些形象在人們頭腦中的印象和影響。在不可抗拒的自然力面前，先民依靠群落的集體力量來生存和生活。他們敬畏神靈的同時，又希望災難不要降臨在自己身上，自己不要被詛咒。在原邏輯思維狀態下，一些益助於先民的現象，會被理解為神的護佑。因而，神人結體所印證的「保護」是直接的，其效力是透過各種儀式推波助瀾的。

其次，神人結體意味著「神給人力量」。人對神有依靠的情感，希望神在危急的情況下能夠保護自己和族人，抑或賜予神聖的力量，而這種力量是神的意志力和活力。人們在自然界中尋找有神力的物（自然生物或玉石這種被認為有生命的非生物）。人類出於生物炫耀的本能，將意志力和存活力兩種力量集合在一起，使自己在自然界中具有更強大的生存力量、生產力量，從而

三、神人結體與原始宗法之關聯

在艱苦的自然環境裡更具適應性地生存繁衍。在《山海經》中如此這般獲得力量的神人結體形象不勝枚舉,如《山海經·西山經》中載:「凡西次二經之首……其十神者,皆人面而馬身。其七神皆人面牛身,四足而一臂。」又《山海經·北山經》中載:「凡北山經之首……其神皆人面蛇身。」馬與牛是與人類的生產生活密不可分的動物,而蛇的冬眠春動則使先民認定它是死而復生或生命不息的象徵。

最後,以前兩點為基礎,更為重要的是,「神必須有現實依託的載體」。雖然透過巫術施行的儀式可以將神具備的力量移化到人身上,然而將神力施加於人身上的過程,既可以是隱性進行的,又可以是顯性進行的。一些玉製器件,如玉琮、玉璧等,自然就成為顯性進行的敬拜儀式的實物載體。透過可見的方式,將玉石的自然屬性與人們信仰的神性形成互滲。

第二,由「神必須有現實依託的載體」發展形成的「物化神」「人化神」形象在玉器上有所表現。歷史進程中,氏族社會制度與結構本身的發展變化使得社會意識形態也產生變化,對人性自身觀照的「祖宗崇拜」漸漸在這個「化神」與「神化」的過程中萌發,與神靈崇拜一起並存。在自然物象的神化與「紋化」的表達之間,有著一種對應的關係,對物象進行紋化的過程是一個對物象神化的過程,而對物象的神化則是在對物象進行紋化的過程中完成的,即在人的觀照、思維和表述過程中,自然物象被神祕化了。良渚文化早、中、晚期玉器上的神人、獸面、鳥紋元素關係的變化即可說明此觀點,詳見後文的分析。

第三,對人性觀照的「祖宗崇拜」,經由夏商的祭天、祭帝行為而更加「顯性化」,直至西周徹底形成了天神與祖宗分立而祭的形式。考古發掘的出土品及卜辭記載也從一定程度上反映出商代仍具「神玉」色彩的信奉。神開始被賦予社會屬性,並出現祖宗神和黃帝一類的神人兼備的傳說人物形象,多記載為父系社會之時。但神權仍然無法超出本氏族或部落的範圍,這個時

期尚未形成統攝百神的「至上神」。夏王朝建立後，在多神之上便出現了百神之長，即「天」。君王作為天神在人間的代表，被賦予統治人間的權力，即所謂「君權天授」。卜辭記載了商代人們的崇拜類別，主要有天帝崇拜、自然崇拜、祖先崇拜三種。陳夢家認為，這和《周禮·大宗伯》所記周人的崇拜對象是一致的。天帝是掌管自然天象的主宰，人王（時王）不能直接向天帝求雨祈年，而是要透過先公先王和神祇向天帝表達求雨祈年的意願。天、天命、天子的觀念到了西周才出現，這是殷周宗教觀念最主要的分別。周代君王正是借用「天命轉移」和「君權天授」來建立和鞏固上層建築的宗法制度的。

（二）唯玉為葬

1. 神人結體的能者：巫

《說文解字·巫部》載：「巫，祝也，女能事無形（以）舞降神者也」，「覡，能齋肅事神明也，在男曰覡，在女曰巫」。這就表明「巫」和「覡」在社會角色上有著性別的區分，而楊伯達先生在《探討良渚文化瑤山玉神器分化及巫權調整》一文中首次提出，存在一個由巫權向覡權過渡轉變的時期。「巫」字本身又與「玉」有著緊密的關係，如《說文解字》指出，巫能以玉事神，故其字從玉。唐蘭先生還根據「詛楚文」，將甲骨文中作雙玉交叉的結構「」擬定為「巫」。這都說明了「玉」字與「巫」字、玉與巫、治玉與事神巫術之間的關係。

史前先民對圓夢師、先知者、預言家懷著尊敬和虔誠，因為這些像巫覡一樣的人主要和神靈、靈魂交往，即「與那些從各個方面包圍著他、決定著他的命運和在他的意識中占著比他的表象的經常可見和可觸的因素大得多的地位的不可見和不可觸的神祕力量的交往」。巫作為一種職業，更重要的是要溝通神人之間的聯繫，知天道而代神立言。古者巫、史同為領導民庶、輔翼君上的知識階層，巫以通人鬼之情，史以通君民之情，故巫、史既奉玉以徠

鬼雄，又主詔令禮文言事，玉帛、簡牘之屬即為上事君王、下慰庶黎的神奇之物。史官記事、計籌、進言、斷獄等都必須中正公平，鐵面無私，否則就違背了「執中者」所必具的神聖性與權威性，而一旦違背，必然引得天怒人怨，神譴鬼責，從而喪失其作為天人、神民、人鬼之間的「媒介者」「執中者」的職責與身分，進而喪失其靈性甚至生命。

巫透過巫術儀式來證明與神靈的溝通。巫術作為原始宗教的表現形式，也是踐行原初信仰的一門技術。巫術大致包括祈求巫術、詛咒巫術、驅趕巫術、比擬巫術、接觸巫術、禁忌巫術、占卜巫術和神判巫術幾種。據學者推測，在原始宗教發展的初期，各地普遍存在著一個個體巫術十分盛行的階段。在那個階段，許多人都能掌握巫的手段來與所信仰的神溝通並施以影響。眾巫相信只要懂得用適當的儀式和咒語來巧妙地控制、操縱這種非人的力量，就能繼續利用它。後來一些善於施巫的人開始為大眾利益而施巫，成為公共的巫師。當氏族的一切重大事物都要依賴巫師的施巫來決定的時候，巫師便獲得了氏族首領的身分和地位，並在更大的社會組織中形成占統治地位的巫覡階層。巫覡階層逐步專業化，以「通天地」的本領獲得更大的社會權力。楊伯達先生在《「巫—玉—神」整合模式論》一文中認為，紅山文化、良渚文化墓中所埋的大巫絕非一般事神的巫覡，而是神的現實代言人，她（他）們集一個部落聯盟或酋邦的政治、經濟、族群、軍事及事神五權於一身，是大巫或神巫。她（他）們是中國歷史上最早的智者群體和統治首領，也是「玉神物論」、玉神器和玉文化的創造者與推動者。紅山文化的「唯玉為葬」反映出巫覡至高無上的權力確已達到一個頂峰。

2. 神人溝通的媒介：玉

《越絕書》卷第十一《越絕外傳·記寶劍·第十三》記載了風鬍子與楚王的一段對話：「軒轅、神農、赫胥之時，以石為兵，斷樹木為宮室，死而龍藏，夫神聖主使然。至黃帝之時，以玉為兵，以伐樹木，為宮室、鑿地；夫玉亦

第三章　遠古傳統：從神人結體到宗法結構

神物也，又遇聖主使然，死而龍藏。禹穴之時，以銅為兵，以鑿伊闕、通龍門，決江導河，東注於東海，天下通平，治為宮室，豈非聖主之力哉？當此之時，作鐵兵，威服三軍，天下聞之，莫敢不服，此亦鐵兵之神，大王有聖德。」「夫玉亦神物也」，針對玉與神物的關係，楊伯達先生也作了三種解釋：1. 玉是神靈寄託的物體或外殼；2. 玉是神之享物，也就是供神靈吃的食物；3. 玉是通神之物。還有學者認為，不僅是玉斂葬的玉器可作為神之享物，就連其上的紋飾都有「吸引鬼神食玉」的功能。

　　由此可見，玉無論是寄託物、供享物，還是通神物，都是一種神人溝通的媒介。作為「古之巫書」的《山海經》記載了不少人們對玉石的認識，其中確實也包含了食玉的說法，如《山海經·西山經》中有黃帝與玉膏的傳說：「丹水出焉，西流注於稷澤，其中多白玉，是有玉膏，其原沸沸湯湯，黃帝是食是饗。是生玄玉。玉膏所出，以灌丹木。丹木五歲，五色乃清，五味乃馨。黃帝乃取峚山之玉榮，而投之鐘山之陽。瑾瑜之玉為良，堅粟精密，濁澤有而光。五色發作，以和柔剛。天地鬼神，是食是饗；君子服之，以御不祥。自峚山至於鐘山，四百六十里，其間盡澤也，是多奇鳥、怪獸、奇魚、皆異物焉。」

　　不僅如此，玉器作為祭祀眾山神靈的物，在《山海經》中多以珪、璧等形式出現，如「凡北次二經之首……其神皆蛇身人面。其祠……用一璧一珪，投而不糈」。除此之外，玉器作為權力象徵的物，在《山海經·西山經》中也有描述：「玉山，是西王母所居也。西王母其狀如人，豹尾虎齒而善嘯，蓬髮戴勝（玉勝），是司天之厲及五殘。」

　　巫覡透過各種儀式讓人們相信她（他）具有溝通神靈的能力，是天地神人的媒介。然而，僅僅具備這種溝通的能力是不夠的，還必須借助手中的法器和禮器，才能達到與神溝通的目的。這種法器或祭祀的禮器作為神聖之物，設有專門的人以特殊的方式進行掌管和保存。與此情況相似，巴魯耶人

三、神人結體與原始宗法之關聯

最重要的神聖之物是「克威瑪特尼」，它是一種由儀式主持人所珍藏的祭祀物件，只有在舉行儀式時才隆重地拿出來展示。莫里斯·古德利爾認為，「克威瑪特尼」並非一種處於純粹狀態的象徵，也不是去掉了所指的能指，而是充滿了所指的能指。「它充滿了意味，既體現又隱藏著社會關係的內容，宣告著應該支配社會的某種秩序，這種秩序統一和物質化在一個物件上」。也就是說，神人溝通的媒介所承載的社會訊息，不論是要著力表達的還是要刻意隱藏的，都體現在這種神聖之物上。它將社會關係的各種內容以一種外顯的形式表現出來，即把所有與社會內容相關的想像性的、象徵性的意義和「真實」的內容統一融合起來。作為一種文化性的物件，神人溝通的媒介「玉」把想像性的和真實性的社會因素凝聚、統一到一起，它比其他任何一般的物件都更為有效地表達出象徵意味。作為神物的玉器充滿了能指，它是當時社會的訊息表達中意味最為豐富、內容最為充實的話語集合。由這種不可轉讓、只能保存的贈神之物中可以清楚地看到，史前先民在表達自身以及自身與周圍世界的關係時，所投注的想像性、象徵性甚至真實性的要素。

紅山文化出土的大量玉器都與施巫通神、事神之術有關，尤其是勾雲形玉器。紅山文化勾雲形玉器的形態大體可分為五類。有學者認為，它可能是紅山先民舉行大型而隆重的儀式時使用的法器和神器。還有學者從勾雲形玉器的出土位置等情況分析，認為它與斧、鉞之類的權杖玉器有關聯和相似點，可能是早期神權與王權結合的一種體現。總之，關於紅山文化的勾雲形玉器、箍形器、三叉形器的範圍、造型寓意、使用功能等問題的研究成果較多，現將主要觀點整理如下。（見表3-4、3-5、3-6、3-7）

表 3-4 對勾雲形器造型的討論

序號	觀點
1	認為勾雲形器可能早於帶齒動物面紋玉飾，後者由前者發展而成②③④
2	認為可能由帶齒動玉面紋玉飾發展成勾雲形⑤⑥⑦

3	認為兩者應是不同的兩類玉器⑧
4	將勾雲形稱作「單勾式勾雲形」，帶齒動物玉面紋玉飾稱作「雙勾式勾雲形」兩者紋式都是「玉雕玫瑰」⑨

② Jenny F.So, "A Hongshan Jade Pendent in the Freer Gally of Art", *Orientation* 5 (1993), p.91.
③廖泱修：《中國最早的玉鳳—試論紅山文化「勾雲形玉配」之正名與演變》，《中國文物世界》1996 年第 132 卷，第 61—67 頁。
④劉國祥：《紅山文化與勾雲形玉器研究》，《考古》1998 年第 5 期，第 65-79 頁。
⑤李縉云：《談紅山文化饕餮紋玉珮飾》，《中國文物報》1993 年 4 月 25 日，第 3 版。
⑥吳棠海：《中華五千年文物集刊·玉器篇五》，科學出版社，1995。
⑦杜金鵬：《紅山文化系玉器》，《故宮文物月刊》1998 年第 5 期，第 50-64、81 頁。
⑧鄧淑蘋：《談談紅山系玉器》，《故宮文物月刊》1998 年第 9 期，第 70-96 頁。
⑨郭大順：《紅山文化勾雲形玉佩研究》，《故宮文物月刊》1996 年第 8 期，第 42-67 頁。

表 3-5 對勾雲形器功能及寓意的討論

序號	觀點
1	認為是龍的形象⑩
2	認為代表龜、鮭、鷹、鳥等動物形象⑪
3	認為是抽象的饕餮形象⑫
4	吸收仰韶文化的彩陶因素，代表一種玫瑰花圖案⑬
5	直接或間接承繼本地區興隆洼先民和趙寶溝先民崇拜鹿角、豬獠牙等實物形態的一種藝術化再現⑭

⑩ 杜金鵬：《紅山文化「勾雲形」類玉器探討》，《考古》1998 年第 5 期，第 50-64、81 頁。
⑪ 楊美莉：《新石器時代北方系環形玉器系列之一——勾雲形器》，《故宮文物月刊》1993 年第 6 期，第 82-91 頁。
⑫李縉云：《談紅山文化饕餮紋玉珮飾》，《中國文物報》1993 年 4 月 25 日，第 3 版。
⑬郭大順：《紅山文化勾雲形玉佩研究》，《考古》1998 年第 5 期，第 65-79 頁。
⑭劉國祥：《紅山文化與勾雲形玉器研究》，《考古》1998 年第 5 期，第 65-79 頁。

三、神人結體與原始宗法之關聯

表 3-6 對箍形器造型及功能的討論

序號	觀點
1	束髮用具①
2	鏟東西的用具，其原型是骨質器皿②
3	祭祀用器，造型可能仿自紅山陶質斜口器③

①李恭篤：《遼寧凌源縣三觀甸子城仔山遺址試掘報告》，《考古》1986 年第 6 期，第 497-510 頁。
②（日）林巳奈夫：《紅山文化出土的所謂馬蹄形玉箍》，伯驊節譯，《中國文物報》1990 年 5 月 10 日，第 3 版。
③劉國祥：《牛河梁玉器初步研究》，《文物》2000 年第 6 期，第 74-85 頁。

表 3-7 對三叉形器造型及功能的討論

序號	觀點
1	史前的巫具④
2	祭祀祖先的禮儀用具⑤
3	玉質梳背飾⑥

④ 許青林：《紅山文化玉三孔器為史前巫具考》，《中國文物報》1997 年 11 月 30 日，第 3 版。
⑤ 尤仁德：《紅山文化玉三孔器探研》，《故宮文物月刊》1998 年第 1 期，第 84-99 頁。
⑥ 楊晶：《良渚文化玉質梳背飾及其相關問題研究》，《文物》2002 年第 11 期。

綜合看來，紅山文化玉器從不同層面反映了玉與神靈之間的關係，玉或者象徵神靈，或者用來祭祀神靈，或者用來與神靈溝通，上祈民願、下傳神的旨意。眾多學者的觀點與解析都說明了玉器在遠古文化中的重要性，它是人們精神及觀念的物化外顯形式，是神人之間溝通的媒介。

（三）神徽與威權

1. 祖宗與神靈形同質異

良渚文化玉器上的「神徽」表現形式多樣、有繁有簡。有學者認為，良

第三章　遠古傳統：從神人結體到宗法結構

渚文化神徽至少分為三個發展階段：第一階段，是神人與獸面相對分離的階段。神人高高地凌駕於獸面之上，二者之間保持著一定的間距。

這種「從神人—獸面分離至相結合」的觀點，與另外一些學者的觀點既有相似之處也有矛盾之處。方向明在《瑤山的墓葬和出土玉器》一文中將墓葬級別和出土的玉琮作了分類與式的類比研究，並認為良渚玉器的紋飾結構演變大致經歷了龍首紋到神人獸面紋的發展過程，而且紋飾因器而異，因身分而異，有紋飾的玉器多出現在級別較高的墓葬中。

當然，觀察與分析的角度和手段不同，其揭示的結果與意義就會存在相異之處。但不可否認的是，神徽之中一直存在一種主題紋飾，本研究將這種主題紋飾界定為實質性傳統內容的傳達。

就實質性傳統內容的表達，本研究提出祖宗形象在神徽中具有重要的地位和意義，並結合各方材料對其進行不同的解釋。以良渚文化玉器的神徽為典例，這種以祖宗形象居首、神靈形象居次的紋飾反映了遠古玉文化傳統從神人結體到宗法玉製的轉變。即使歷史上的良渚文化發生過重大變遷，但其在與中原內陸及其他文化的傳播交流過程中形成的文化擴散、互滲等影響力卻不容否定和忽視。良渚文化社會發展的模式及某些文化因素很可能被北方及中原文化所認同並吸收、演變，從而形成中國歷史上三代玉器的文明景象。（見表3-8）

表3-8　對「神人—獸面」神徽圖像意義及功能的討論

序號	觀點
1	圖騰①
2	始祖像②
3	巫覡進行儀式、做法的景象③
4	生殖崇拜的圖像④⑤⑥

① 陳洪波認為,「獸面紋」的來源可能有兩種:「獸面紋」部族統一了良渚各地區,而將自己的部族圖騰作為整個酋邦的徽號;與鳥圖騰一樣,是遠古流傳下來的自然崇拜對象之一,但地位和影響力不如鳥崇拜。參見陳洪波:《從玉器紋飾看良渚文化宗教信仰中的兩類因素》,《南方文物》2006 年第 1 期。
馮其庸認為,神人與獸面一體,獸面是圖騰,產生保護和威懾的作用。參見馮其庸:《一個持續五千年的文化現象—良渚玉器上神人獸面圖形的內涵及其衍變》,載徐湖平主編:《東方文明之光—良渚文化發現 60 週年紀念文集(1936—1996)》,海南國際新聞出版中心,1996。
劉斌認為:這種「神人獸面」這是「圖騰(動物)神」的人格化、人形化。參見劉斌:《良渚文化玉琮初探》,《文物》1990 年第 2 期,第 32 頁。
② 杜金鵬認為,神人是良渚人的始祖像,而神獸是圖騰神,這是氏族宗教在酋邦階段的發展特點。參見杜金鵬:《關於大汶口文化與良渚文化的幾個問題》,《考古》1992 年第 10 期。
戴爾儉認為,洪山文化玦形器的主題其實是融合了多種動物特徵的「神獸」,表明紅山人的信仰處於動物崇拜較高級的階段;而良渚文化的神人獸面紋則是動物崇拜和祖先崇拜相結合的產物,已屬於現代宗教意義上的「神」。參見戴爾儉:《從神人族徽、聚落網路和文化關係看文明前夕的良渚酋邦》,載浙江省文物考古研究所編:《良渚文化研究》,科學出版社,1999,第 43 頁。另見戴爾儉:《從聚落中心到良渚酋邦》,《東南文化》1997 年第 3 期。
黃厚明認為,它是鳥、日、人三位一體的鳥祖形象。參見黃厚明:《中國東南沿海地區史前文化中的鳥形象研究》,天津人民美術出版社,2004。
③ 楊伯達先生認為,神徽與儺有關,而通常載儺進行的就是巫術儀式。參見楊伯達:《玉儺面考》,《中原文物》2004 年第 3 期。
④ 蕭兵:《良渚玉器「神人獸面紋」新解》,《東南文化》1992 年第 Z1 期。
⑤ 蘇雪林:《屈原論叢》,廣東書局,1973,第 236 頁。
⑥ 龔維英:《神話‧仙話‧佛話》,河北人民出版社,1986,第 2-3 頁。

(1) 祖宗形象在神徽中呈現主題紋飾

良渚文化玉器的神徽紋飾按類區分,大致包含了三種:人(神)、獸、鳥。第一,對紋飾中人的身分的幾種假設,如巫覡、神性化的人(戰神)、祖宗(生殖崇拜的男性與女性始祖)等。第二,對獸的屬性和角色也有推測,如虎、豬、龍、牛、鳥以及混合體等。第三,對鳥的揭示,在文獻基礎上也

不乏想像，如太陽神鳥、圖騰標記等。（見表 3-9、3-10、3-11）

表 3-9 對人（神）的討論

序號	觀點
1	巫覡①
2	神話性的人②，如戰神
3	祖宗（男祖③，女祖④）

① 楊伯達先生指出，神徽上是頭戴一件儺面、文身、雙肘彎曲的巫。參見楊伯達：〈巫—玉—神泛論〉，載楊伯達主編：《中國玉文化玉學論叢（三編）》，紫禁城出版社，2005，第 233 頁。

② 牟永抗認為，神徽是「戰神」的形象。參見牟永抗：《良渚玉器上神崇拜的探索》，載《慶祝蘇秉琦考古五十五年論文集》，文物出版社，1989，第 187 頁。蘇雪林認為，戰神位女性，「刑天」也可能是女性。參見蘇雪林：《屈原論叢》，廣東書局，1973，第 236 頁。

龔維英認為，刑天以乳維目，以臍為口，而口是女陰的諱飾，乳又是母性神祇的重要特徵，故刑天可能是女性，雙乳化雙目乃刻劃其環眼圓睜。參見龔維英：《神話·仙話·佛話》，河北人民出版社，1986，第 23 頁。

③ 趙國華認為，神徽首先是對「鳥」的神化。他企圖用所謂的「卵」崇拜說明神徽獸面之「眼」實兼為「鳥卵」或「睾丸」，它反映良渚先民以鳥為象徵的男根崇拜。參見趙國華：《生殖崇拜文化論》，中國社會科學出版社，1990，第 309-310 頁。

④ 蕭兵認為，良渚文化玉琮「神人獸面」展現的是女性崇拜。其中「獸目—乳房」、「牙口—陰門」代表母性崇拜。參見蕭兵：《良渚玉器「神人獸面紋」新解》，《東南文化》1992 年第 Z1 期。

學者蘇雪林和龔維英均持相似觀點。參見蘇雪林：《屈原論叢》，廣東書局，1973，第 236 頁。龔維英：《神話·仙話·佛話》，河北人民出版社，1986，第 2-3 頁。

表 3-10 對獸形的討論

序號	觀點
1	虎⑤⑥⑦⑧
2	豬⑨
3	牛⑩
4	鳥⑪

| 5 | 龍⑫ |
| 6 | 混合體⑬ |

⑤ 劉方復：良渚「神人獸面紋」析，《文物天地》1990 年第 2 期。
⑥ 張明華：《良渚玉符試探》，《文物》1990 年第 12 期。
⑦ 汪遵國：《良渚文化神像的辨析》，《中國文物報》1990 年第 12 期。
⑧ 馬承源：《商周青銅器紋飾綜術》，載上海博物館青銅器研究組編：《商周青銅器紋飾》，文物出版社，1984，第 29 頁。
⑨ 王大有認為，這是長江流域的豬部落及長江文化逐漸向北遷徙的結果，琮是豬部落祭祖的禮器。參見王大有：《龍鳳文化源流》，北京工藝美術出版社，1988，第 108-109 頁。
⑩ 殷志強認為，獸面似牛像豬。參見殷志強：《太湖地區史前玉器述略》，《史前研究》1986 年第 3 期，第 149 頁
⑪ 黃厚明認為，神徽的上部紋樣是人格化的鳥神形象，其意義指向等同於鳥祖；而下部紋樣是自然鳥神和日神的複合形象，其造型已融入人的因素。參見黃厚明：《商周青銅器紋樣的圖式與功能—以饕餮紋為中心》，載《清華大學博士後工作報告（結項）》，清華大學美術學院，2006，第 69 號。
⑫ 李學勤認為，這種龍的形象與紅山文化，「玉豬龍」的正面展開很相似。參見李學勤：《良渚文化玉器與饕餮紋的演變》，《東南文化》1991 年第 5 期。
⑬ 陸建方認為，這不是特定單一的圖騰動物，而是由多種動物混合而成的族徽，是部落的象徵。參見陸建方：《部落和良渚文化》，《東南文化》1991 年第 5 期。
岳洪彬和苗霞認為，它是多個單體的藝術形象以多層次的設計構想抽象組合而成的，是「雙關雕塑刻劃法」的藝術傑作。參見岳洪彬、苗霞：《良渚文化「玉琮王」雕紋新考》，《考古》1998 年第 8 期。

表 3-11 對鳥的討論

序號	觀點
1	圖騰始祖鳥①
2	太陽神鳥②

① 任式楠：《良渚文化圖像玉璧的探討》，載徐湖平主管：《東方文明之光—良渚文化發現 60 週年紀念文集（1936-1996）》，海南國際新聞出版中心，1996。
② 黃厚明：《商周青銅器紋樣的圖式與功能—以饕餮紋為中心》，載《清華大學博士後工作報告（結項）》，清華大學美術學院，2006。

第三章　遠古傳統：從神人結體到宗法結構

　　美國人類學家博厄斯指出，在我們研究原始藝術中紋樣的含義時，會發現它的含義多種多樣而且極不相同。「同一個部落裡，不同的人對同一紋樣的解釋不同，而不同部落卻存在著對某種解釋的較一致的傾向性」。另外，他還指出：「各種裝飾品的含義往往決定於佩戴者的社會地位或社會關係。」

　　這就是說，符號本身需要投入文化背景並進行情境分析才能為人們理解，其意義才具有真實性，而事實上，諸多推測都無法進行真正的歷史還原。博厄斯還曾提示過研究者，原初社會先民的思維方式與表達手段跟現代人完全不同，有時甚至完全相反。但所呈現出來的被物化、紋化的形式卻反映著先民再現現實的努力，從中我們亦能體察到精緻的技術細節。

　　首先，分析神徽圖像所表達的空間感。空間中具有象徵性或情感化了的物，在表現為圖形圖像時，就會產生形態上的大小差別。被誇大的某個物象或一個物的某部分形象，表達出人們對它的強調，突出了這個象徵符號的重要意義。這在埃及浮雕中很常見，人們在描繪國王等權威人物時，其身形往往要比其臣屬的身形比例誇大一倍或更多。

　　其次，遠古時期先民與現代人的認知觀察方式可能存在根本上的差別。在空間感與時間的表達上，他們傾向於將離自己距離最近的事物以大體量形式表現，而距離遠的則以縮小的體量表達。在透視畫法尚未出現之前，「垂直投影法」可能成為當時表達這一時空認知的主要手法。

　　總體來說，神徽式樣趨近於一種「表達符號」，它可能並不與人們對實物、情境的知覺概念一致。它是表達認知的，透過集體表象、「集體無意識」的知覺創造表現出來，它象徵著人們對自身存在時空世界之本質所作出的最深刻的洞察。

　　透過對中國史前至周代的習俗、科技、文學史料的考察，同時借鑑國外人類學家早期對美洲土著的考察資料與分析，本研究對良渚文化玉器神徽主題中的祖宗紋飾做出以下解釋：

三、神人結體與原始宗法之關聯

1. 神徽為先民對歷史事件的情境描述。
2. 神徽中有作為儀式服飾和道具的部分。
3. 神徽記述的形象是位英雄人物。

①儀式與歷史情境

神徽為先民對歷史事件的情境描述，而這個事件又是巫術或宗教儀式反覆演繹的主題。認為神徽中是「神—人」組合的大多數專家也都認可此「人」的身分為「巫（覡）」，而「巫（覡）」所進行的是一種「通天地」的「活動」或儀式。

「神徽」是因敬畏與頌揚而作的記錄。遠古時代，祀神、祭天、大戰前後、狩獵、耕種、大豐收之際必有歌舞，這是一種鼓舞人心、激勵感情的藝術手段。由此推測，「神徽」與記述這些樂舞祭祀慶祝的場面存在關聯。假若神徽記錄的是先民的神話，那麼「英雄神話」與「傳奇神話」中的記載就有著互證的可能。英雄神話記載了征服自然的英雄和部落之戰的英雄。如治水、抗旱的神話頌揚了與自然作鬥爭的英雄；黃帝戰蚩尤則是社會鬥爭的反映，描述了氏族社會部落之戰的英雄；還有刑天與帝爭神的神話，讚美了敢於鬥爭、不怕失敗的英雄。而「傳奇神話」記載的卻是那些我們無法從歷史和生活中還原的異人異物。如「羽民國」「長臂國」「厭火國」「奇肱國」「軒轅國」「聶耳國」，等等。狩獵文化中，自然環境對人們生存的威脅，出於占有資源及其他目的，再加上異族對本族的威脅也時有發生，而先民敬奉的英雄可能有著解除各種威脅的歷史事實，並在此事實基礎上被先民強化了其具備驅避、戰鬥的能力和護佑、降福的能力。

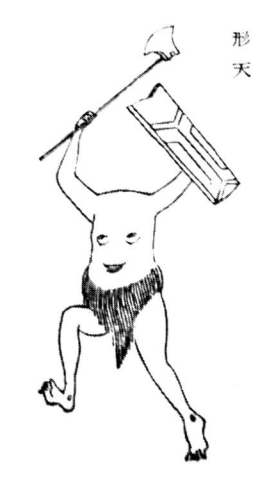

圖 3-3 《山海經》中描述的「刑天」圖

第三章　遠古傳統：從神人結體到宗法結構

《山海經·海外西經》載：「刑天與帝爭神。帝斷其首，葬之常羊之山。乃以乳為目，以臍為口，操干戚以舞。」學者張明華認為，其中的「干戚」是用「朱漆」漆過的桿和斧鉞狀物連接而成的兵器。（見圖3-3）此外，瑤山9號墓出土的「朱漆嵌玉高柄杯」；《山海經·南山經》中的「又東三百七十里，曰崑崙之山，其上多金玉，其下多青䨼。有木焉，其狀如穀，而赤理，其汁如漆，其味如飴，食者不飢，可以釋勞，其名曰白䓘，可以血玉」；以及「熊山是眾山的首領，祭祀他們要先獻上酒，然後用豬、牛、羊三牲全備的太牢禮，祀神的玉則用一塊璧。祭祀諸山山神，如果想禳災，就用持盾斧的干舞來驅妖逐邪；如果想祈福，就穿袍戴帽、手持美玉舞蹈來博得神的歡心」。以上出土品和文獻記載均暗示，「操干戚以舞」作為一種儀式或精神信仰的活動，很有可能在良渚文化中出現過。

另外，據史書記載，與良渚、龍山文化相近的夏代是一個崇尚鬼神、重視宗教祀典的國度，所以祭祀禮典也是國家政治生活的一項重要內容。透過祭祀，後世之人可以回顧歷史上曾經做過貢獻的偉人與先人的英雄事跡。因此，宗教祭典活動不僅僅是一種反映人們畏懼或迷信鬼神心態的活動，更多的是人們對前輩英烈征服自然、為人類創造幸福的追思活動。《國語·魯語上》記載，古代聖王制祀：「黃帝能成命百物，以明民共財，顓頊能修之，帝嚳能序三辰以固民，堯能單均刑法以儀民，舜勤民事而野死，鯀鄣洪水而殛死，禹能以德修鯀之功，契為司徒而民輯，冥勤其官而水死……故有虞氏禘黃帝而祖顓頊，郊堯而宗舜；夏後氏禘黃帝而祖顓頊，郊鯀而宗禹；商人禘舜而祖契，郊冥而宗湯；周人禘嚳而郊稷，祖文王而宗武王……」從中不難發現，在沒有文字記載的時期，作為最初的禮器，玉琮不但是象徵權力之物，很可能也是先民進行原始記事、頌德的載體。

②服飾與道具

以反山出土的良渚文化玉琮王的神徽（見圖3-4a）為典例推測：第一，

三、神人結體與原始宗法之關聯

其上部浮雕人面、戴冠均可能為儀式的服飾和「道具」（見圖3-4b）；第二，中間浮雕可能為獵祭的豬首掛飾，並將掛飾置於車、船類的交通、征戰工具上；第三，最下部線刻的下肢與鳥爪紋飾代表船體或車體的側面裝飾。

圖 3-4a 反山出土的良渚文化玉琮王神徽

圖 3-4b 北美洲黑腳族印第安人的一位身著「道具」的醫師形象

無論「神人」駕馭的是何種「車輛」（或掛豬頭或掛虎頭等獸頭），它始終憑藉與某種自然界神性力量的結合而表現出來。假定它記錄的是歷史上的一件大事（如戰勝某個部落、驅逐異族或怪獸等），就表明先民對神人權威與神力的敬重與祭拜。另外，假設這種交通工具或坐騎是模仿、借助、集結某種自然界的神力而製作，那麼駕馭行車或主持這個儀式活動的人一定是當時部落中身分地位最高的人或司職專權的人。

就神徽中的獸面而言，眾多學者探討了它與圖騰文化的聯繫。普遍認為，圖騰文化起源於母系氏族時代，如「象」圖騰轉化為後來的虞氏「媯」姓，「羊」圖騰轉化為炎帝之後的「姜」姓，「蛇」圖騰轉化為夏後氏的「姒」姓。聞一多先生在《伏羲考》中分析「圖騰演變」時，曾經指出三個階段：第一階段是「人的擬獸化」，是人裝扮成圖騰動物形象，屬於「全獸型」；第二階段為「獸的擬人化」，圖騰開始蛻變為人首獸身的始祖，是「半人半獸型」；第三階段「始祖的模樣變作全人型」了。神不一定是始祖，但始祖一定是神，

正是沿著這條發展線路而來的。隨著圖騰動物演化成人祖或天神，有關圖騰動物的神話也在隨之變化發展。一方面，它轉化為人祖或天神的神話；另一方面，原邏輯思維發生了轉變，人與獸、人與神有了區別，出現了更多人與動物分家或爭鬥的神話。《山海經》中出現了大量的熊、虎、豬、鳥、蛇、龍、馬、魚等動物的名稱，甚至人與動物結合為一體的名稱，有些可以視為圖騰名稱或是有限詞語和概念前提下記錄歷史活動的方式。《史記 五帝本紀》中也有關於黃帝時代，「熊、虎」等部落聯合征伐炎帝的記載，不排除為人馴化的熊虎作戰的可能性，但本研究更加傾向於認為，這些動物或神人結體的形象傳達了與部落標誌間的關係，遠古時期的圖騰之於部落，正如現今的國旗之於國家。

　　本研究認為，良渚文化神徽下部的獸面，很可能系獵祭的豬首掛飾，甚至是某個部族的象徵標誌。資料表明，中國最早的養豬習俗可以追溯到距今10000年—8000多年以前。廣西桂林甑皮岩發現的家豬骨骼是中國目前所知年代最早的家豬骨骼，它表明華南地區的養豬習俗在新石器早期之初業已出現。此外，河姆渡文化發現的家豬遺骨則表明長江流域地區至少在7000年前便已出現飼養家豬的習俗。不僅如此，河北磁山、河南裴李崗文化發現的家豬骨骼則標誌黃河流域尤其是中原地區大約在距今8000年—7000年前就發生了養豬的習俗。《禮記 月令》載「彘，水畜也」，而從商代甲骨文的「家」（見圖3-5a）「圂」（見圖3-5b）字形中也可發現豬與人們生產生活的密切關係。更多史料及出土品表明，商代的畜牧業、飼養業已具規模，且生產成就不可低估，這也導致諸多的動物玉器造型的產生，如豬、牛、狗、羊、雞、鴨、鵝、熊、鹿等家畜造型。而此時的象生形玉器主要還是作為殉葬品，即使是生前使用過的裝飾品也被貢作喪葬禮儀之用，反映出對神及祖、靈魂的祭拜。

三、神人結體與原始宗法之關聯

（家）　　　　　（囷）

　a①　　　　　　b②

① 中國社會科學院考古研究所編：《甲骨文編》（卷七·一七），中華書局，1965。
② 中國社會科學院考古研究所編：《甲骨文編》（卷六·九），中華書局，1965。

圖 3-5 「家」和「囷」

這從不同側面反映出，商代以前就可能存在著飼養業文化，而豬不僅為人類的生存、生活提供了重要的物質保障，在狩獵文化時期，它更可能代表著繁衍生存的能力和驅避、進攻的能力。故而，神人結體的儀式中，正是借助這種象徵力量來強化人的力量的。

③祖宗形象

神徽記述的這位英雄人物可能征服過其他氏族部落，他馳騁於叢林與河流之上，是為本氏族部落帶來食物衣物、教會部落成員生存方法及其他技巧並對他們進行教化的人物形象。本研究認為，他是祖宗形象的代表，反映了祖宗意識及祖宗崇拜的萌發。

從新石器時期至三代時期，人們的崇拜對象經歷了從崇拜神靈到崇拜祖宗的發展過程。當然，這一發展過程並非線性的、單純的，而是由不同地域文化（如北方紅山文化、南方良渚文化等）、不同自然物候、人為力量等因素形成的一種交叉的、互滲的文化影響模式。重要的是，其中保留著文化的相似性與實質性傳統的傳承。

總體上講，裝飾紋樣與玉器形制的變化反映出史前先民的信仰文化大致可劃分為三個階段，而這三個階段也是或先後或並行或交叉出現的，即「圖騰→圖騰與祖宗→祖宗」。考察這一變遷過程，主要是基於《山海經》《穆天子傳》等神話傳說文本，因此從文學角度出發，中國的神話大致經歷了：自

第三章　遠古傳統：從神人結體到宗法結構

然性神話→自然社會性神話→社會性神話三個階段。（見表 3-12）這些神話中的人物故事從另一個側面真實反映了史前至商周的歷史、社會、文化，這個問題還有待於學界更深一步的研究。

基於重要性原則，對祖宗形象的刻畫體現了工藝細緻、紋樣趨於統一的特點。一方面，出於原邏輯思維的認識，先民認為每一個細小的部分都可能代表某種力量和特定的意義，如果忽略了，就會遭致詛咒甚至是求助無效。另一方面，形象紋樣趨於一致性表達，反映了當時人們臆定的神祕屬性具有不可更改性和穩固的沿襲性。他們基本按照世傳的式樣來製作這些物品。當然，之後也發生了一些改變，如神祖形象的拆分以及一些形象的簡化等。在某種程度上來說，拆分與簡化就是使其更加抽象、更加具有純粹象徵性的做法。

表 3-12 從神靈崇拜到祖宗崇拜

		紅山文化	母系氏族（傳說中的「黃帝」時期）	女性祖先崇拜	玉豬龍為圖騰	自然性神話
神靈崇拜｜祖先崇拜	良渚文化		父系氏族（前期伴有母系氏族）	圖騰崇拜	鳥紋	
				祖先崇拜	神徽	
	夏		奴隸社會（前期伴有父系氏族）	祖先崇拜（伴有對女性祖先的崇拜）	神話與姓氏	
	商		奴隸社會（階級社會）	男性祖先崇拜	饕餮紋、獸紋，陶祖、石祖	
				神靈崇拜	上神、上帝	
	西周		奴隸社會（有完整貴族階級的社會）	男性祖先崇拜	天子祭地	社會性神話
				天神崇拜	祭天神	

三、神人結體與原始宗法之關聯

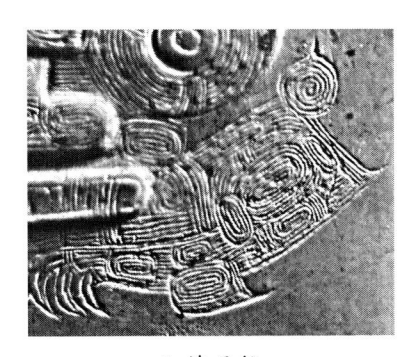

a 圓圈紋　　　　　　　　b 旋目紋
圖 3-6 良渚文化玉器上的圓圈紋和旋目紋

良渚文化玉器上出現最多的便是圓圈紋（見圖 3-6a）和旋目紋（見圖 3-6b）。如果不是從技術條件限制以及工藝方法來看，而是從知覺方式與認知觀念進行分析，就會發現先民在再現客觀事物與意義表達的過程中付諸的努力與情感。

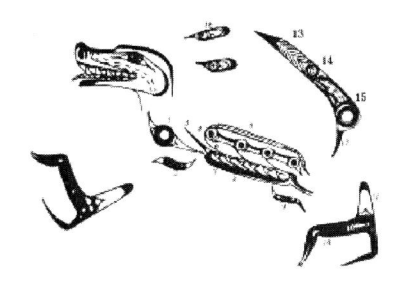

圖 3-7a 海達人所描述的 鷹翅膀上的眼睛　圖 3-7b 誇扣特爾人表現 狼時使用的紋樣因素

博厄斯在《原始藝術》中收錄了一幅鷹抓女人的圖像，鷹的整體形象相當寫實，但海達人在鷹的翅膀彎曲部位畫上了具有代表性的眼睛。（見圖 3-7a）這與良渚神徽彎臂之處的旋目紋類似。

本研究認為，那並非什麼眼睛，而是對肢體關節等彎曲和旋轉部位的描述。同樣的情況在博厄斯所舉例的其他圖式中也有表現，如「誇扣特爾人表現狼時使用的紋樣因素」中的第 13、14、15 部分。（見圖 3-7b）他解釋為第 13 部分的細線表示尾毛，第 14 部分可能是第二個尾關節，第 15 部分是有

毛的尾巴。這種旋目紋的意義在於它的活動能力,即它是運動的。而在無法明確表達運動這一概念和軌跡描述的情況下,先民選擇最有代表性的符號表達其意義。在此,我們也不能排除刻劃工藝的影響。工藝因素會使這些旋目紋具有雙重「運動」的意義,其一是為表現運動和速度的軌跡而進行的模仿,其二是工藝造成的渦旋線運動軌跡。

圖 3-8 海達人對海妖鼻子的描述

除此之外,圓圈紋與旋目紋還用來表示一個塊面的概念,如獸面的鼻孔和眼部。與此類似,博厄斯所描述的海達人的海妖圖案中對鼻子的描述也運用了這種表現方式。(見圖 3-8)

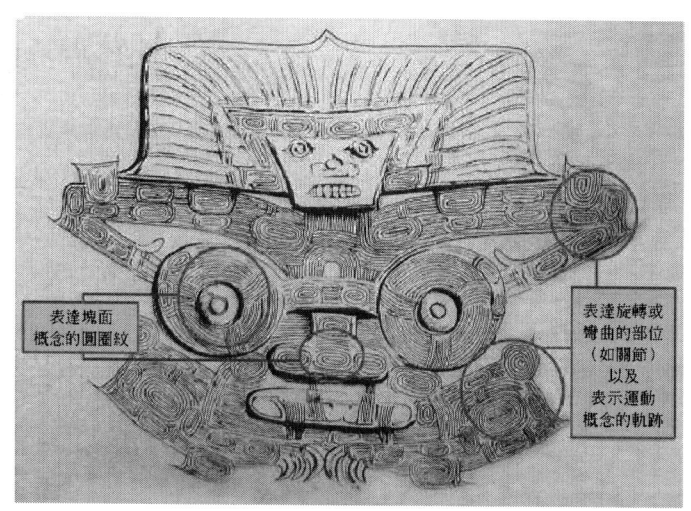

圖 3-9 良渚文化玉器神徽中的圓圈紋及旋目紋

另一種表現祖宗形象的方式便是對稱與拆分。良渚神徽中,佩戴面具的祖宗形象被拆分,這與下部未經拆分的獸面形象形成功能上的再次分化與強調。(見圖 3-9) 從文化學和民俗學的角度出發,拆分的意義較為難釋,而從

三、神人結體與原始宗法之關聯

原始藝術的造型律出發,這種拆分對稱的方法可能是為了適應器物形式功用的要求而有意進行的處理。

圖3-10 良渚文化玉器上的拆分 對稱形象(出土實物)

圖3-12 現代民俗剪紙藝術中的拆分構圖

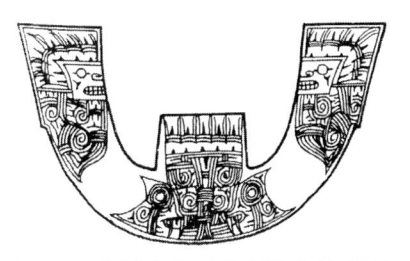

圖3-11 良渚文化玉山形飾上的 拆分對稱形象

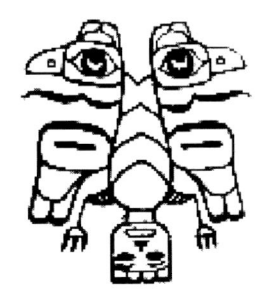

圖3-13a 海達人描繪的 形象中存有拆分對稱

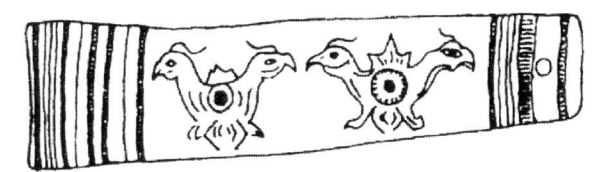

圖3-13b 河姆渡文化骨匕上的「雙鳥負日紋」

圖3-14 紅山文化玉齒形器(玉梳背)

第三章　遠古傳統：從神人結體到宗法結構

　　世界各地的史前藝術中，大都會出現一個圖像同時表達某物的兩個面或多個面的現象。良渚文化玉器的神徽中，則是透過左右兩邊側面相對稱的形式形成一個完整故事畫面，或是對物與情境完整狀態的描述。（見圖 3-10、3-11）而兩個側面對稱地組合構成一個整體，同時又有保持連接的共用形象，在現代民俗剪紙藝術中就有印證。（見圖 3-12）正如博厄斯所指出的那樣，一些容器和手鐲上的動物形象不能被視為立體的雕像，而應看成是表現變形或劈開的動物整體。有些動物形體，從嘴到尾尖全部切成兩半，頭尾兩處保持完整；有些動物從胸到背切開，展開後動物軀體的兩半在後背的中線結合（見圖 3-13）；有些動物的頭、肢體、脊背、尾部都能作為共用的連接形象。紅山文化玉器中的齒形器（玉梳背）就屬於將肢體拆分，在同一平面上表現整體形象的方式。（見圖 3-14）諸如此類的拆分現象，在《山海經》中更是不勝枚舉，其中對多頭一身、多眼一頭、多臂一體的神靈或怪物的描述，莫不受這種原初知覺方式的影響。我們可以推測，記載這些神話傳說的人，可能所處的是一個巫術繁榮的、圖騰神徽眾多的時代，由於我們已經無法窺見《山海經》最初的圖像文本，所以這些經受千年傳統文化的洗禮而留傳至今的、為人們反覆描繪的、創新改造的「神人」圖像與文字，卻成了現代人無法明釋、頗有學術爭議的神人形象。（見圖 3-15a、b、c、d、e、f、g）

　　對良渚文化玉器不同器物中神徽的組合和分離紋飾的統計表明：第一，完整的神徽多出現在琮（王）、璧（王）、鉞（王）、冠狀器（梳背）、璜等玉器上；第二，簡化的、不完整的神徽多出現在琮、璧、鉞、錐形器、項鍊、三叉形器、半圓形飾件、鐲、牌、柄形器、帶鉤、管等玉器上。神性之物、權力之物作為當時上層社會獨占的資源財產，表徵著社會群體的身分差別。楊伯達先生根據良渚文化瑤山墓葬出土的玉器類別、形制推論，不同器形、紋飾的玉器是巫和覡身分權力區分的重要標誌。因功能而產生的紋飾差別，

三、神人結體與原始宗法之關聯

a   b   c

d   e

d   e

圖 3-15 《山海經》描述的多首一身和神人結體的形象

第三章 遠古傳統：從神人結體到宗法結構

須待進一步的分析與研究，並非本研究討論的重點。然而，我們應該看到，無論是神徽細部的描述還是對稱拆分形象，不過是用不同手段突出神靈崇拜的地位不如祖宗崇拜的事實。祖宗形象作為神徽的主題紋飾，對商周青銅器紋飾的影響也不容忽視。其形制經歷了繁簡、減增的變化過程，並將其中的實質性內容傳承下來，融入新的觀念、認識、文化，為其他姊妹藝術所吸納且有所創新。

（2）神靈形象居次位及史前文化交流

神靈形象居次位，從某種程度上反映了人們對祖宗的崇拜已勝過對遠古神靈的崇拜，而且權力也從神權逐漸走向王權。哲學家休謨說：「人類有一種普遍的傾向，就是認為所有存在物都像他們自己一樣，於是他們就把自己意識到的親密而又熟悉的特質轉嫁到所有的對象上。」由於遠古先民相信其他萬物跟自己一樣，於是出現了「人化物論」的思想。在他們看來，世界似乎是有靈性的，萬物似乎是與人類一樣的生物。最初的圖騰神話中的圖騰是能生人的自然物，即人化物，如「玄鳥生商」，而被神化了的人性成為智慧與力量的象徵。遠古時期，鳥經常被看作是有靈性的，它可以替天帝管理地上的土壇，它可以驅怪降魔，它可以救人於危難，它的出現帶來和平。

圖 3-16 良渚文化玉器上帶有特殊鳥紋的神徽

良渚文化玉器玉鉞王及玉冠狀飾上帶有特殊的鳥紋（見圖 3-16），考慮

三、神人結體與原始宗法之關聯

文化變遷因素、圖騰崇拜與祖宗崇拜的關係,以及遠古敘事與歷史描述的方式,本研究作出三種推測:其一,可能是始創者的徽記;其二,可能是某一部族的嫡系後代神祖的標誌;其三,可能是戰勝過這個部族而得到嘉賞的記錄。

有關「玄鳥生商」的神話,較早記載在《詩·商頌·玄鳥》《離騷》《天問》《呂氏春秋·音初》《史記·殷本紀》中。《詩·商頌·玄鳥》云:「天命玄鳥,降而生商。」而《史記·殷本紀》記載更詳:「殷契,母曰簡狄,有娀氏之女,為帝嚳次妃。三人行浴,見玄鳥墮其卵,簡狄取吞之,因孕生契。」《山海經·大荒東經》載:「有人曰王亥,兩手操鳥,方食其頭。王亥托於有易、河伯僕牛。」其中的「王亥」,經王國維等專家考釋,應是甲骨文記載的商人高祖「亥」。鳥與商代神祖的神話、傳說,也進一步證實了神靈崇拜、祖宗崇拜在遠古先民精神生活中的重要性。

也有學者發現,良渚文化的玉器紋樣和陶器紋樣是完全不同的,後者多為飛鳥人紋像。我們是否可以認為,這種不同是每個部族有著不同的族徽,抑或是他們已有的生活品、祭祀品的製作分工的表現?抑或是不同部族之間物品交流的徽記?

良渚文化玉器上的神徽以及其他紋飾不僅僅代表著長江中下游史前的部落文明,還應當反映出良渚文化與中原及其他地緣部落之間的文化交流。比如商貿、經濟、婚配、戰爭、遷徙等自然和非自然的因素引起的文化互浸與傳播。許多部落共存,一個部落為另一個部落所征服,抑或是某種舶來的技術、工具、原料為其所利用,而《山海經》中眾多的地理、生物名稱及描述,很可能是當時共存的不同部落文化的標誌與代表。幾千年前的物候與今日我們看到的狀況存在或多或少的差異,人們在關注良渚文化興衰的過程時也意識到良渚文化時期太湖流域的古環境情況,古環境的變化對文化變遷及興衰造成一定的影響作用。由此看來,在自然物種豐富、水陸交通允許的條件

下,理當不能排除史前文化之間的廣泛交流與傳播。不同歷史時期,文化傳播與交流固然存在,《尚書·禹貢》中亦有不少的相關記載,如商族和周族在先公先王時期曾是被夏王朝分封的異姓諸侯國族,商王國以後來居上的大國聚落取代了夏王國。除此之外,近些年來出現的一些資料也表明,良渚文化時期存在著需待進一步研究的聚落文明。

2. 威權與職能分化

威權是「神權」與「對氏族管理權力」等權力的集結,而對氏族部落的管理及領導逐步促使後來的王權形成。T.K.厄爾提出,抽象意識形態要「物化」為可見、可觸的形式才能發揮其功能,而他又將物化形式大致地分為——舉行公共儀式(Public Ceremonial Events)、建設公共建築和人工建築與自然地貌結合的人文景觀(Public Monuments and Landscapes)以及製作象徵性物品(Symbolic Objects)。李新偉認為,紅山文化社會上層利用了以上三種物化方式:牛河梁遺址群是明確的宗教性建築群,各類建築與自然地貌結合又共同構成了對紅山社會具有神聖意義的人文景觀;紅山文化玉器是紅山社會最重要的象徵性物品;而宗教儀式可能就在壇、塚、廟和第一號地點「女神廟」北部的大平台上舉行。何宏波則從考古材料分析得出史前玉禮已有形成和發展的判斷,並認為紅山文化的玉禮形成最早。從出土墓葬來看,紅山文化的積石塚墓依位置、規模、結構、隨葬品種類和數量等,已呈現為五個等級。紅山文化的巫覡階層已經分化成較為明顯的等級。而這種分化在某種程度上也代表著紅山文化社會的分化和分層。同樣地,良渚文化出土的玉琮、玉鉞、玉璧、玉璜等玉器也象徵墓主人在當時社會中的不同身分與地位,部族的權力階層和顯貴人物集物質財富權力、宗教信仰權力和軍政管制權力於一身,凌駕於部族的一般成員之上,形成特殊階層。這些玉神物的分化甚至還表明了巫權向覡權過渡轉化的過程。

厄爾認為,製作象徵性物品是最有效的物化意識形態的方式。與其他兩

三、神人結體與原始宗法之關聯

種物化形式相比,象徵性物品具有體積小、便於攜帶的特點,這使得其成為顯示個人地位、標誌階層身分的最佳標識物,也成為不同社會階層和不同社會集團進行意識形態交流時的最重要媒介,具有意識形態領域「貨幣」的功能,標識著社會的威權。因而,維持對玉的控制,是紅山玉器的擁有者——被安葬在積石塚下的紅山社會上層控制整個紅山社會的重要手段。西方研究者認為,建立社會上層之間的「交流網」(Exchange Network)是前國家複雜社會中統治階層的重要領導策略。在交流網中流通的不是一般的日常生活用品,而是只有社會上層才能擁有的物品(Elite Goods)和神祕知識。在對美國密西西比河流域的酋邦社會的經典研究中,皮布里斯指出,密西西比酋邦社會中物品的價值由兩種「距離」決定:一是社會距離(Social Distance),即越是只有上層才能使用的、與大眾的「社會距離」越遠的物品價值越高;二是地理距離(Geographic Distance),即越是本地難以生產的,需要用來自遠方的材料、技術、理念製作的物品價值越高。因此,誰擁有上層交流網,誰就成為特殊的階層,從而施行威權。

對良渚文化墓葬的研究發現,墓葬規模大小、營建環境明顯地劃分為不同等級。不同墓葬等級的墓主,其社會地位、身分及生前的權力範疇明顯有所差異。此外,不同等級墓葬出土的玉器品種以及玉質也有所不同,各種跡象表明:玉質等級與墓葬等級相關;玉器數量與墓葬等級相關;玉器品種與墓主性別、身分相關。楊伯達先生認為,史前巫玉的品類、功能、名稱更應細分為屬女性的巫玉和屬男性的覡玉。良渚文化玉器與大墓、祭壇、中心聚落存在必然的聯繫,其社會也存在較為嚴格的等級之分。何宏波認為,良渚文化墓地代表了三個不同的用玉等級,且與紅山文化巫覡占絕對統治地位不同,良渚文化中的世俗權力和神權是緊密結合在一起的。在良渚文化大墓中,象徵行政、軍事權威的玉鉞往往和象徵神權的琮、璧、冠狀飾等共出。良渚文化所顯示的規模化農業及其生產方式是東方式群居社會的基本特質,

此後，中國的社會結構和社會意識很大程度上被這種基本特質所規定。良渚文化所反映的精神文化以玉器為主要的物質表徵，良渚文化玉隨葬品亦表明良渚文化社會不僅有了社會分工，而且有了社會分層。掌握玉器的上層社會控制著各項具體權力，建立了完整的社會禮儀制度並具備完善的社會意識形態。可以說，這一禮儀制度開創了中國宗法政治的先河，並成為中國歷史的基本線索。

四、宗法玉製：宗法結構的產物

三代時期的用玉，首先承接了新石器晚期的用玉習慣，但在宗法社會的情勢下，玉的製作與使用有了更為強烈、嚴謹的規範和意義。下面以西周宗法結構下的玉文化為研討中心，並將這種社會結構中的玉文化及其制度概括指稱為「宗法玉製」。

已有對宗法社會性質的研究表明，每一個經歷了父系家長制的民族都曾施行過宗法制度，中國也不例外。但殷商時期的宗法制度並沒有發展成為國家機構和政治制度的基本體制，而是停留在低級狀態。殷周之際，把這種早期狀態、根據血緣關係確立的父權宗法制度改造成為國家機構和政治制度的基本體制，是一次重大的社會制度變遷。王國維提出的周人不同於殷人的三項制度，即立子立嫡之制、廟數之制、同姓不婚之制，殷人其實也都實行過。可是周人不同於殷人的，就在於用這三項制度「綱紀天下」，把它們轉變為奴隸制國家的根本大法，從而成為「發達的奴隸制國家」。周人根據立子立嫡之制規定了統治權力的分配，確立了君臣上下的名分等級制度；根據廟數之制確立了大宗小宗的隸屬關係，有次序地排列了祖宗神的地位和祭祀的等級，使祖先崇拜的宗教為鞏固現實的名分等級制度服務；根據同姓不婚之制把異姓的貴族聯為甥舅，利用婚姻關係來加強統治階級政治上的團結。因此，周人所建立的奴隸制在各個方面都貫穿著強烈的宗法精神，是一種發達

四、宗法玉製：宗法結構的產物

的宗法奴隸制。

　　西周時期形成的宗法社會有其特殊性。有學者將西周時期的宗法制度稱為「原始宗法制度」。之所以稱其為原始宗法制度，是因為周代的宗法制度是直接從原始的父系氏族家長制發展而來的。透過宗法分封形成了自天子至士庶的金字塔式的宗法等級關係，並憑藉宗法上的尊尊親親、尊祖敬宗、孝悌思想鞏固著整個貴族階級的統治地位。西周宗法分封形態的獨特性、宗統與君統合一的穩固性及其對於社會生產生活的滲透性，為整個中國歷史乃至世界古代歷史所僅見。

　　原始宗法制度在西周時期最為完善。以天子、諸侯、卿大夫、士庶組成的金字塔結構體現出西周嚴密的等級秩序。維繫分封制、井田制和嚴密的金字塔等級秩序並使之具有連續性與穩定性的核心，為嫡長子世襲制，而大宗與小宗穿引牽連並緊密加固著這種尊尊親親的宗法關係，反映了自天子至士庶的金字塔等級結構。（見圖 3-17）

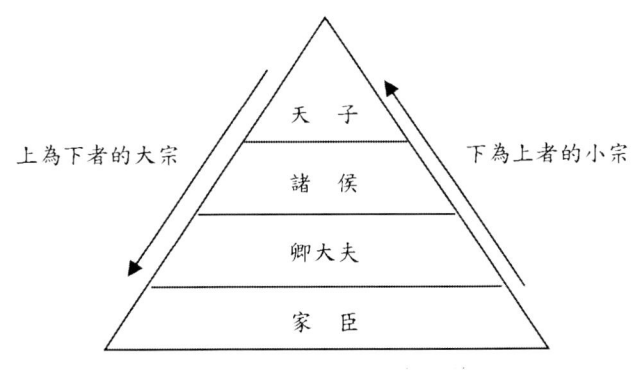

圖 3-17 自天子至士庶的金字塔等級結構

　　這種宗法制度在本質上屬於氏族紐結，自然血緣關係不僅用來確定人們的社會關係，而且把社會中的人緊緊捆綁在一起，限制他們社會關係的發展。每個社會成員根據無可更改的自然血緣關係被固定地編制在宗族之中，宗族成為社會結構的基本單位。宗族既是人們進行社會活動的範圍，又是人

第三章　遠古傳統：從神人結體到宗法結構

們不可踰越的界限。正如氏族社會的人脫離其所屬氏族會陷入絕境一樣，在奴隸制宗法結構中，個人脫離他的宗族意味著脫離一個身分群體、脫離一種社會關係。這樣一來，自然血緣關係就像原始宗法結構下迷障在人們面前的一道帷幕，人們無法透過這道帷幕看清真實客觀的社會關係。也正因為這樣，人們傾向於將自己所處的社會關係看作是由自然血緣關係所規定的不可抗拒的命運，而這種自然血緣關係又受某種更大的、無法揭示的神祕力量所支配。因此，西周時期的玉文化傳統並未脫離遠古時期「神權」的影響及「神性」的關係。相反地，它是將「神性」這層隱性化了的原初信仰潛移默化到天子實施王權的控制力中，並以「王權神授」（「君權天授」）的「天命轉移」觀為掩飾，合情合理地進行君王的宗法統治。

　　西周時期，宗法制度體現的天神崇拜和祖宗崇拜的關係發生了重要轉變。一方面，原始神靈的神性逐漸減弱，並為人王服務。另一方面，祖宗崇拜下的人王權力逐漸增強。從相關的出土玉器中可以發現，與夏商相比，此時以「六器」為代表的祭祀用玉的相對比重明顯降低，而為時政所用之「玉瑞」，無論是命玉、摯玉、節玉還是佩玉，在種類與規模上都遠遠超過祭祀用玉。玉石被賦予了更多、更豐富的社會屬性。

　　宗法玉製，是指西周時期符合宗法結構的玉器製作、使用及管理制度。以「制」治玉，確保了在一定的約束條件下，對玉器進行的最大可能的製作與創造。宗法制度下的用玉、治玉突出表現在以下兩個方面：

　　第一，從用玉角度看，玉器納入宗法體系，並成為反映宗法社會生活與宗法政治制度的重要內容和表現形式之一。這一關係決定著玉器的功用及品類範圍。

　　第二，從治玉角度看，玉石自身及其製作存在嚴密的類宗法結構。這反映在它的材質、造型、數量、工藝諸方面。

　　本研究認為，從玉器本身到它所反映的社會政治制度，都突出了西周玉

四、宗法玉製：宗法結構的產物

文化傳統所具有的尊親明信、禮化制式和唯德理想三個特徵。

（一）尊親明信

客觀地講，西周時期的玉器繁榮離不開兩方面因素：一方面，私有制的產生刺激了社會上層階級為維護強化其意識形態而形成的用玉需要；另一方面，技術的進步，尤其是金屬工具、成型設備的發展趨於成熟化以及制度化的管理，使以滿足貴族階層需要為目的的生產成為可能。

周滅商之後，西周統治階層為了鞏固自己的新統治，必須撫卹殷遺民。由於「傳統」對人的行為具有規範作用和道德感召力，周人利用「傳統」具有的這一特質來贏得殷人的支持從而使其服從自己的統治。作為客觀事實，治玉工匠技藝本身的繼承具有時空延傳性，殷周之際，政治制度變遷巨大，而其影響並非短期之內就有廣泛深入的波及，人的觀念改變具有時間上的滯後性。因而，大批工匠在治玉過程中勢必將其慣有的技藝風格與文化因素承傳下來。從這一角度來看，西周並未重新生造出一種玉文化傳統。那些殷人甚至夏人曾使用的傳統玉器，只是在新的時期被賦予了新的意義。新的意義便是讓用玉傳統納入西周宗法的尊尊親親之中，從而明君王之信、明賓禮之信、明行政之信、明為己之信。所謂「信」就是道德範疇的信任、憑信，而西周之後，各思想流派亦對「信」作了不同解釋。但確鑿的一點是，歷經上古、夏、商，「信」已從「神—人」之間的信任發展為「王—人」之間的信任。周人的道德觀念從屬於他們的政治制度，而嫡長子繼承製的主要內容就是確立父權和兄權。孝道為確立父權服務，悌道為確立兄權服務。這種父慈、子孝、兄友、弟恭的宗法道德從親親出發達到尊尊的目的，造成一種父尊子卑、嫡長子身分高於餘子之上的政治格局。在此格局之下，財產和權力繼承保持一定的穩定性，且為等級森嚴而組織嚴密的統治體系服務。道德從屬於政治，而同時又使政治具有道德的色彩，這種將政治和道德融為一體的思想特徵，是由西周原始宗法結構的根本性質所規定的。

第三章　遠古傳統：從神人結體到宗法結構

西周在繼承夏商用玉傳統的基礎上，根據自己的需要把用途進一步系統化、明確化。這突出表現在自天子至士的享玉命數之等級和遵從之禮束方面。根據《周禮·春官·宗伯第三》「典命」部分及《周禮·秋官·司寇第五》「大行人」部分的相關內容總結出的宗法制度規定的命玉、享玉之數（見表 3-13）可知：公、侯伯、子男本身朝覲、聘問天子與其臣朝覲、聘問天子的命玉數存在明顯的等級差別，如「公朝天子、享王后命玉為九數」，而「公之臣聘天子、享王后命玉為七數」。公、侯伯、子男之臣朝覲、聘問天子要比公、侯伯、子男本身的命玉數級低一等。還可以看出，公、侯伯、子男之間自相聘、相朝與其臣聘天子、享王后的命玉數同級。天子與諸侯、諸侯與諸侯之間的關係尊卑有序，其各自之命數等級實行自上而下的禮制是《周禮》制度體系的精髓，是示以明信的前提，也是西周原始宗法統治典型的社會特徵。

表 3-13 宗法制度規定的命玉、享玉之數

命數	身分			禮束	
九	上公			公朝天子、享王后	公自相聘、相朝
八		王之三公		公之臣聘天子、享王后	
七	侯伯			侯伯爵天子、享王后	
六	王之卿			侯伯之臣天子、享王后	侯伯自相聘、相朝
五			子男	子男朝天子、享王后	
四	王之大夫	公之孤		子男之臣聘天子、享王后	子男自相聘、相朝
三		公之卿			
二		公之大夫	子男之孤		
一		公之士	子男之大夫		

據《周禮》中與玉相關的文獻記載可知，諸侯及王臣中三公以上身分的貴族在賓主相見時，賓送主人的重要見面禮物是玉；諸侯以下，「以禽作六

四、宗法玉製：宗法結構的產物

摯，以等諸臣：孤執皮帛，卿執羔，大夫執雁，士執雉，庶人執鶩，工商執雞」。「摯玉」為孤、卿、大夫、士、庶、工商所不可享用之物，一方面證明了「玉瑞」的尊崇地位；另一方面，作為表達誠信之意的「摯玉」，僅限於諸侯及更高級別的貴族賓禮相贈，從而說明了示以德性的「玉信」還是限定在一定的上流社會之間的「明信之物」。

據此可知，「摯玉」作為見面禮，屬於一種具有政治及社交意義的「禮物」。《周禮·秋官·司寇第五》「小行人」載：「合六幣：圭以馬，璋以皮，璧以帛，琮以錦，琥以繡，璜以黼。此六物者，以和諸侯之好故。」可見，摯玉主要為「圭、璋、璧、琮、琥、璜」六種。執摯玉作為見面儀禮，既表示對對方的敬重與誠意，又意味著彼此間關係的建立和鞏固。作為賞賜的玉器在金文中亦可知悉，「」「玕」就屬這類玉名。饋贈禮物與購買商品不同，饋贈建立在「信」「義」的基礎上，同時又以獲取社會肯定的道德評價為內在前提，而這種被肯定的道德評價表現為符合尊親之道的行為操守。中國傳統文化中的視君為父、視師為父、視兄為父，不正是君尊臣卑、父尊子卑、兄尊弟卑的尊親孝悌之道的映射嗎？周代君臣關係以及學生求學於老師關係的維繫，皆透過「委質」（質，通「摯」「贄」）的方式來實現。與君可稱「委質為臣」，與師之「委質」恰如《史記·仲尼弟子列傳》所載：「孔子設禮，稍誘子路，子路後儒服委質，因門人而請為弟子。」當然，饋贈、賓禮之物的收受方式以及場合要與賓主身分相對應，體現出一定的尊卑、貴賤之別。賓禮、饋贈既是尊尊之舉，又表現出親親之義。透過玉器這種宗法禮儀符號，向施禮對象傳達出敬重與自身誠信的「信」「義」訊息。

（二）禮化制式

《周禮》對玉石製品作了玉瑞和玉器的分類，這是中國歷史上第一次大規模地、自覺地對玉石製品按功能、性質進行的分類，這次分類在玉文化傳統發展過程中具有重要的轉折性意義。它從文化學的立場出發，結合上層意

第三章　遠古傳統：從神人結體到宗法結構

識形態的需要，將具有自然屬性的玉石加工成滿足上層意識形態需要的人工製品，從而使玉石脫離史前的工具、兵器等實用器屬性，徹底地被賦予了社會意義。

《周禮》所指的玉器被限定為祭祀和喪葬之用，且用於神、祖、鬼與人等各種場合儀式中。狹義層面的玉器，即玉禮器，主要繼承史前至殷商傳世的璧、琮、璜、圭、璋、琥之形類，其中璧、琮、圭、璋為玉禮器之大宗。《周禮·春官·宗伯第三》載：「以玉作六器，以禮天地四方：以蒼璧禮天，以黃琮禮地，以青圭禮東方，以赤璋禮南方，以白琥禮西方，以玄璜禮北方。皆有牲幣，各放其器之色。」即指出了玉禮器的形制與功用。圖3-19是根據《周禮·春官·宗伯第三》「大宗伯」部分與《周禮·冬官·考工記》「玉人之事」部分記載的六器內容所歸總的「玉器」種類、命名及功用。

表 3-14 以六器為核心的「玉器」種類、命名及功用

修飾		功用及位置	喪葬器	六器	祭祀器	功用
有隆起的修飾　絲帶穿過其間	打眼	斂屍、在背（天）	駔璧	璧	蒼璧	禮天
	打眼	斂屍、在腹（地）（駔琮七寸，鼻寸有半寸，天子以為權）（駔琮五寸，宗候以為權）	駔琮	琮	黃琮	禮地
		斂屍、在左（東）	駔圭	圭	青圭	禮東方
		斂屍、在首（北）	駔璋	璋	赤璋	禮南方
		斂屍、在右（西）	駔琥	琥	白琥	禮西方
		斂屍、在足（南）	駔璜	璜	玄璜	禮北方

四、宗法玉製：宗法結構的產物

待查	六器的組合	圭璧	祀日月星辰（璧徑六寸，上刻五寸之圭）
		四圭有邸	祀天，禮上帝（一璧生四圭，圭長尺二寸）
		二圭有邸	祀地，旅四望（琮六寸，圭五寸）
		璋邸射	祀山川，贈賓客（素功）

由表 3-14 可知，西周在玉禮器方面主要採取繼承方式。史前至西周，琮、璧所象徵的意義越來越具有特指性、明確性。「六器」中的「璧」意指「天」，無論是祭祀的「蒼璧」還是喪葬的「馴璧」，均一致強調指向「天」，而「天」又是「百神之長」的「天」，是授命君權的「天」，它給予「天子」在人間的代言權和管理權。因而，象徵「天」的玉璧就理所應當地成為「六器」中的「大宗」。琮、圭、璋、琥、璜，其種類與形制遵從相應的五色、五位，相應生成大宗、小宗權重的等級規範。

與以「六器」為典例的「玉器」相較，「玉瑞」從真正意義上成就了西周玉文化的發展與盛況。「玉瑞」通常為天子、王公、諸侯等貴族階層享用，供其朝覲、聘問、施命、饋贈之用，用於貴族間的社會政治生活之中，表身分、明等級、致功用。

《周禮·春官·宗伯第三》載：「以玉作六瑞，以等邦國：王執鎮圭，公執桓圭，侯執信圭，伯執躬圭，子執穀璧，男執蒲璧。」事實上，透過對《周禮》中與玉相關的文獻內容的分析可知，符合玉瑞意義的並不限於「六瑞」的狹義範圍。（見表 3-15）

表 3-15 中灰色區域的「鎮圭」「桓圭」「信圭」「躬圭」「穀璧」「蒲璧」為《周禮》所明示的「六瑞」，但「穀璧」「蒲璧」不在等級「圭」的尺寸範圍

107

內，原因之一可能是和《周禮》等級排列系統化的思想有關。若按照尺寸依次遞減的原則，五寸之圭只相當於十釐米，不及一般人的手掌之長，而若是直徑十釐米的璧，實際情況下會更方便捧持。原因之二可能是和《周禮》依據字義和儒家理想而硬派用途的編著思想有關。

表 3-15 《周禮》所載玉瑞的種類、功能、形狀尺寸及裝飾

玉瑞種類			功能	形狀尺寸	裝飾
圭	大圭		天子守之，或用於朝日	長三尺，寬三寸，杼上終葵首	繅五采五就，中必
	鎮圭	王執	用於朝覲會同 諸侯相見 天子鎮圭或用於朝日	長尺二寸，寬三寸，厚一寸，頂上辦削成鈍角	繅五采五就，中必
	桓圭	公執		長九寸	繅三采三就
	信圭	侯執		長七寸	繅三采三就
	躬圭	伯執		長七寸	繅三采三就
	珍圭		徵守，恤凶荒	不詳	不詳
	穀圭		和難，天子聘女	長七寸	刻有五穀圖紋
	琬圭		治德，結好	長九寸，上端半圓	有繅
	琰圭		易行，除慝	長九寸，上端尖銳	—
	璪圭		覜聘	八寸、六寸、四寸遞減	繅二采一就
璋	牙璋		起軍旅，治兵守	七寸長，射二寸，厚寸	銳出邊緣，呈鋸齒狀
	中璋		起軍旅，治兵守	七寸長，射二寸，厚寸	銳出邊緣，呈鋸齒狀
	大璋		諸侯聘女	長七寸	—
	璪璋		覜聘	八寸、六寸、四寸遞減	繅二采再就
璧	穀璧	子執	朝覲會同 諸侯相見	直徑五寸	同上，刻穀紋
	蒲璧	男執		直徑五寸	同上，刻蒲紋
	璪璧		覜聘	八寸、六寸、四寸遞減	繅二采一就

四、宗法玉製：宗法結構的產物

琮	大琮	內鎮	十有二寸，射四寸，厚寸	
	瑑琮	覜聘	八寸、六寸、四寸遞減	璪二采一就
琥		覜聘	不詳	—
璜		覜聘	不詳	—
瑁	天子見諸侯，合符		四方見方，下部一寸半掏空呈鈍角	—

由此可見：玉瑞是先以「種」命名功用，明確享用級別，如命玉、摯玉、節玉、佩玉；再以「形」和「數」來區分級別；若還需進一步劃分級別，便採用不同的裝飾手段，如刻紋、綬帶等。此時的裝飾雖說是為了迎合禮化的制式，但也在一定程度上滿足了社會政治生活中身分、地位及實際用途的識別需要。

透過對「玉器」和「玉瑞」的分析可知：玉禮器與玉瑞最大的區別在於，玉禮器不甚講究尺寸、大小及形飾等級，而重在色彩和擺放的方位。喪葬玉與祭祀玉中，琮、璧的象徵屬性並未改變，而是獲得了強化，其種類和形制也嚴格遵從宗法體系的等級規定進行了分類和命名。尤其是對璧與天、琮與

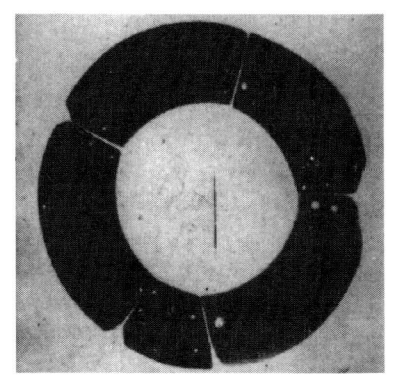

圖 3-18 史前至商代常見的雙璜 或三璜合一環的玉器摹圖

圖 3-19 故宮博物院所藏的 雙璜式合璧

109

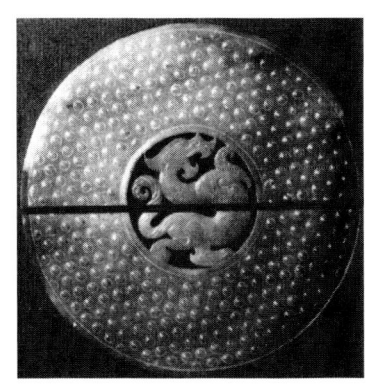

110　第三章　遠古傳統：從神人結體到宗法結構

地的關係的詮釋，至今都影響著中國文化學、考古學領域的傳統認知。

《周禮》所載的佩玉製度則從另一層面揭示了西周時期琢玉手工業的規範化、模式化甚至批量化生產的狀況。為增強特定場合的身分識別性，治玉追求統一制式，在某種程度上這又表明對玉材更加合理的使用。分封制度，或者說宗法結構，在禮化制式的應用中無一例外地反映出來。類似當下的機械化標準件生產，西周的治玉匠人依據一定的科學原理，透過對材料切片、平面化的加工、雕飾來形成組佩形式，以分三六九等，最終形成西周特色的科學設計方法。西周繼承了史前的「對璜合一」「三璜合一」（見圖3-18）的傳統形制，並基於此，發展其製作規模、規範其種類制式，為後世創作提供了範本。如故宮博物院所藏的一件戰國合璧，就是將一塊完整的玉璧從中間橫切而成兩件玉璜形器（見圖3-19），並由此推製出理想的「對璜合一璧、環、瑗」及「三璜合一璧、環、瑗」的制式。（見圖3-20）西周這種金字塔式的宗法社會結構等級，在治玉與玉器形制中形成相應的律例縮影。（見圖3-21、3-22）

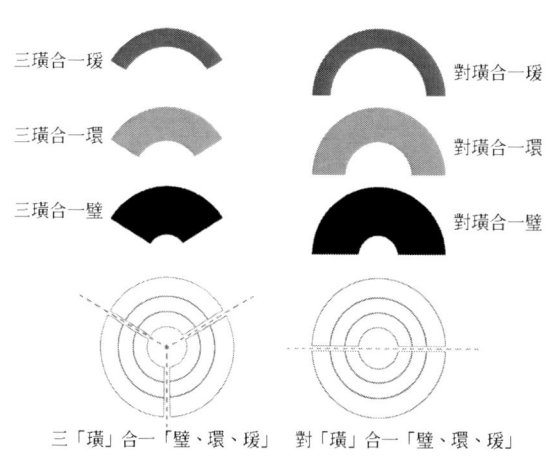

圖3-20 理想的對璜或三璜合一璧、環、瑗之形制

四、宗法玉製：宗法結構的產物

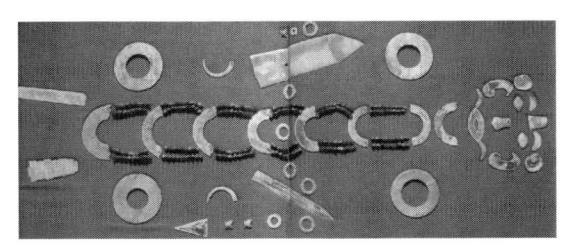

圖 3-21 西周佩玉中璜的層級制式

圖 3-22 楚國組佩中的璜制與瑗制層級

　　從社會學的角度來看，禮之本質是一種特殊的制度化形態，是在互惠原則和禮樂教化的基礎上形成的關係秩序，它使社會中的人際關係具有持續性。這種「關係秩序」很容易關聯到「分形」（Fractals）式的「複雜化」（Complexification），「統治公式」透過極其簡單的非線性過程（交涉、議論和合意）的反覆以及向各組成部分的反饋，而呈現出無限豐富的變形。

　　換句話說，這種具有「分形」特點的宗法意識形態及宗法社會組織結構滲透到了作為手工行業的玉器製作領域中。它不僅使治玉的料、人、工具組合遵從宗法結構的分工與管理，更使玉石製品嚴格地符合這個構成邏輯。

　　本研究中，圖 3-17 是圖 3-23 的元結構，以元結構為基本，形成各諸侯國分封治邦的形式，具有自相似的複製與建構能力。「Ⅰ」為「Ⅱ」的構成單元，「Ⅱ」為「Ⅲ」的構成單元。與此類似，井田制分形結構（見圖 3-24）是以「井」為單元所構成的「四井為邑，四邑為丘，四丘為甸，四甸為縣，四

縣為都」的自相似結構。

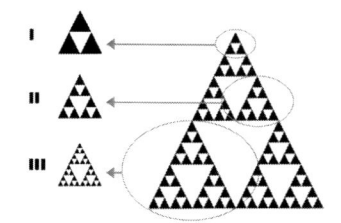

圖 3-23 具有分形金字塔特點的分封制宗法結構（基於 Sierpinski 金字塔的分形模型）

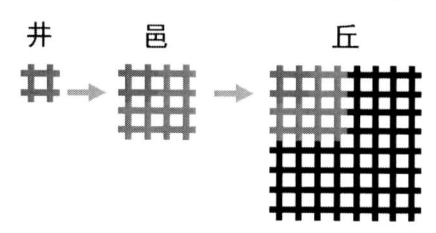

圖 3-24 西周「四井為邑、四邑為丘」的井田制分形結構

　　當然，從「分形」機制的角度來分析西周玉器的製作或許會招致非議，但本研究只想借此方法證明：一、西周玉器從種類到形制均強烈體現著金字塔式宗法結構的精神；二、西周琢玉手工業具有一定的標準化生產特點；三、這種既反映在社會結構上又反映在玉石工藝品中的自相似性，使工匠的技藝傳承、知識體系、作坊形式、管理方式、工種劃分等對後世的社會制度以及玉文化傳統形成了廣泛而深遠的影響。

　　總之，「宗法玉製」是中國傳統社會以及現當代玉文化形成唯「宗」傳統的重要原因之一。

（三）唯德理想

　　安東尼奧・葛蘭西曾認為，當一個階級統治其他階級時，使一種制度得以維護的機制就叫做霸權。這種形式的權力並不是簡單地由經濟或政治的統治所支撐的，而是靠勸說附屬的社會集團接受由統治階級所褒揚的文化和道德體系——這些似乎是普遍有效的和深植於人性的價值觀——而發展的。

四、宗法玉製：宗法結構的產物

事實上，只要統治階級將他們的世界觀轉換為社會秩序並使其成為大眾的常識，他們就可以斷言自己的權威是令人信服的。

君主的權力來源於作為百神之長的「天神」的賜予，這個思想從夏商王朝沿襲而來。然而，君主還應承擔君主的職責的思想卻是周人首次提出的，它反映出周人在治理國家方面自覺性的提高。雖然殷人和周人都認為君權神授，而殷商時期是以神權理論為依據的專制思想，卻未對君主所掌握的權力作任何限制，因而君主也就沒有什麼必須依從的客觀化的行為準則。但是西周時期不同，統治階級從維護宗法奴隸制的根本利益出發，規定了君主有作君以治理人民和作師以教化人民兩項職責。由此，君主不得不透過加強道德上的修養來自覺履行這兩項職責。君主在不具有客觀法律約束的條件下，只能完全依賴其個人主觀的道德責任感。因此，西周時期特別重視宣揚君主的內心修養。正是這種崇「德」、敬「德」的思想，為後來的儒家所繼承發展，儒家所強調的「德」「仁」主張對中國傳統社會產生了深遠的影響。至於宣揚內心修養，其本質無異於葛蘭西所說的「透過接受由統治階級所褒揚的文化和道德體系而將世界觀轉換為社會秩序」。周代在天命神學影響下已形成「王—人」之間的信任。在玉文化中，信任主要表現為兩方面：一是玉瑞以憑信；二是「佩玉」以修養德性之觀念的萌發。尤其是後者的出現，是春秋戰國以及後世各代玉德觀念得以形成和發展的深厚歷史積澱。

作為身分憑證、命令憑信的玉瑞有「珍圭、穀圭、琬圭、琰圭、牙璋、大璋、中璋」等。這些有符節意義的玉瑞可獲得行政許可、施命等事務活動的權力，其性質猶如現今的證件、許可證、介紹信，具有明確的符號指示性。

作為德性操行的佩玉，其產生、發展與西周的禮樂文化緊密相關。然而出土的西周玉器中可確鑿考證的、完全符合《周禮》記載的禮化佩飾卻較少。因而本研究認為，佩玉代表德性操行僅是萌發於西周。在這個萌發階段，德

第三章 遠古傳統：從神人結體到宗法結構

行依然服從於政治統治，單件佩及組佩中一定形制、規格、色彩象徵宗法體系中不同的社會身分。以此來觀察特定場合下對方的身分、用意，並確定相應的禮束儀式（或者說這種佩帶又是侷限地應用於一定的禮儀程式）。從符號的意義看，佩玉在西周時期尚屬極少數貴族階層體現權力的物質資本和符號資本。

儘管周人崇「德」、敬「德」，但是西周時期，「唯德是輔」可能僅作為一種「理想形態」存在，直至春秋戰國才有實質性的發展。然而，即使是春秋戰國時期，「君子比德於玉」「君子無故，玉不去身」「君子必佩玉」的比德觀念有所發展，其具體內涵也隨後在歷代王朝的更迭中發生變化，特別是隋唐科舉制的產生，使中國傳統社會繼秦統一中國之後又出現明顯的社會結構變遷。這一變遷導致原來藉以「比德」的「佩玉」從象徵美好高貴的德行中抽離出來，有的純粹作為官位等級的象徵而存在，有的因統治階層內部的群體變化而成為裝飾、文玩之物。由此，玉與君子、比德與操行的意義發生了新的衍化。

第四章
古典傳統：權力意志與比德理念

第四章　古典傳統：權力意志與比德理念

　　自春秋至明清，中國在延續、變化的遠古玉文化傳統基礎上形成了權力意志與比德理念的古典傳統，其社會政治基礎是封建君主專制的結構體系。統治階層世代維繫的穩固的社會政治結構使玉器承載的權力意志也呈現為結構化的表述，亦成為一種權勢話語。

　　本研究從社會學角度解析玉文化中的權力形式及其表現。因而，「權力」意味著行動者在一個社會關係中可以排除抗拒以貫徹其意志的機會。韋伯認為，權力的概念在社會學上是無定形的，「一個人所有的可想像特質與所有可能的環境組合都可以讓他置於一個能夠貫徹自己意志的情境之中」。

　　在中國等級分明的傳統社會，玉文化體系中的雅與俗、貴與賤、尊與卑等二元對立關係的概念與符號表徵文化的合法化與文化的統治都是依據對比性實踐而形成的。不同群體與階級的生活方式，只有在特定的場域裡、相互的關係中進行詮釋才具有意義。本章採用社會學結構關係性方法，從玉文化古典傳統的社會背景出發，分析在權勢話語動態穩定的基本結構內，發生的權勢話語轉移，形成的權勢話語表達等問題。

一、權勢話語：權力意志的結構形式

（一）權勢話語的構成基礎

　　中國兩千多年的「傳統社會」中，王朝的更迭發生了十幾次，但在王朝的不斷更替中，其結構、制度框架和文化象徵符號卻保持著很強的連續性。當然，連續中顯現著變化。在此我們將從傳承玉文化傳統的不同身分群體來分析這種連續與變化的原因與過程。不同身分群體，從社會結構來看，包括由皇帝、統治階層、民眾構成的統治與被統治階級關係；從社會分工來看，則是指在玉石原料及物品的生產、加工、占有、享用過程中，由手工勞動者、職業官僚、士紳、商賈等人形成的社會關係。

首先，權勢話語的構成基礎是穩定的。其次，士紳對皇權的依附性不斷增強，意味著皇權更為集中、獨立。最後，進入科層制後，總體性的權力分化，使統治階級、被統治階級中不同身分群體的人也具有一定範圍內有限度的權力，而像職業官僚、士紳、商賈及手工業者等群體表述話語的權力形式與內容又有所差異。

1. 穩定的傳統社會構成

玉文化的古典傳統建基於總體穩定的社會結構背景。當然，穩定是相對的，自春秋至明清，社會結構不是沒有發生變遷，而是變遷的類型具有特殊性。以色列學者艾森斯塔德將歷史上的社會與政治變遷劃分為三種類型：總體性變遷、適應性變遷和邊際性變遷。中國歷史上從秦統一中國至明清的社會變遷形式主要屬於適應性變遷和邊際性變遷。中國兩千多年的傳統社會中，常態情況下的變遷以適應性變遷為典型；而在王朝更替時期，由農民起義、分合之變、他族入侵等引起的變遷則主要屬於邊際性變遷。這也表明，中國社會在明清以前的封建、科層體制中未曾發生過顛覆根本的總體性變遷。正是因為缺乏了總體性變遷，以適應性變遷與邊際性變遷為主的社會變遷形式為保持玉文化的傳統創造了客觀優良的滋養環境，使得一些實質性的傳統被自覺地繼承下來。

2. 依附性權勢關係

皇權的集中、獨立致使中國傳統社會中的官僚、士紳對皇權的依附性逐漸增強。統治階級是社會範疇的概念，貴族與士紳是統治階級的內部構成。嚴格意義上的貴族只有在秦漢統一之前才存在，而到了秦漢至清的傳統社會中，貴族群體構成的力量發生重大改變。中國傳統社會中的典型士紳，或者透過科舉考試獲取功名，或者其家族成員擔任過政府職務，或者作為地主而擁有一定的土地與權勢。在與最高皇權的關係上，貴族與士紳存在一定的區別。貴族，尤其是大貴族不完全隸屬於皇權，且在很大程度上與王權形成分

庭抗禮；相較之下，士紳卻依賴皇權的保護，紳權與皇權形成一種微妙的共生關係。由此，在這種關係之下，社會等級結構也富有彈性變化，社會力量的構成與對比也內在地發生著變化。

可以說，中國傳統社會中的士紳對皇權的依賴，實際上是對皇權制度的依賴，並非對某一個王朝或皇室的依賴，士紳與皇權的利益之間也存在一致和矛盾。由士紳領導的、推翻某個王朝的做法不過是改變了皇權的具體擁有者，而原來的皇權制度往往依舊沿襲。依附性的權勢關係亦表明，在清亡以前中國並沒有發生社會與政治的總體性變遷。

3. 權力分化與權勢消長

為了研究玉器反映的權力意志，並弄清楚表徵權力的資本占有構成，本研究將春秋戰國的封建制與秦漢至清的科層制視為研究玉文化古典傳統延續性的整體背景，並重點剖析玉文化傳統中資本占有的結構，即社會結構中的階級構成、社會群體的身分轉化及其與最高統治皇權的關係。從封建制時期以貴族為核心的統治集團，到科層制時期以帝國官僚士紳為代表的統治階層，其權力關係發生著本質的變化。秦漢以後的中國傳統社會是一種「準科層」社會，也就是說科層化的政權較為發達。科舉制對於維護大一統皇權的意義，首先在於它撇開血緣、門第、出身、家世等先賦性因素，而將學問這種成就取向的因素作為官員錄用的來源及其背景與構成；其次，科舉考試的基本內容是維護大一統皇權的正統儒家經典，這使得科考者在獲取功名前就接受了全方位的效忠於皇權制度的教育和洗禮；最後，學問不像血緣與門第那樣，易於世襲化。由科舉途徑獲得功名身分，形成了一個有穩定製度性來源的社會群體，即士紳集團。所以，科舉制的推行不僅改變了職業官僚與皇權的關係，還使中國傳統社會中的統治階級的構成發生本質上的變化。

作為傳統社會結構中的統治階級，貴族與士紳的力量有所消長：貴族的力量在秦統一之後呈現不斷下降直至消亡的趨勢，而士紳則經歷了一個形

一、權勢話語：權力意志的結構形式

成、發展並最終取代貴族成為統治階級主要構成力量的過程。春秋戰國到秦統一可以看作是消長趨勢中，貴族力量走向衰落並失去統治地位的關鍵時期。（見表4-1）

表4-1 秦統一前後統治階級的權力屬性

權力持據者	秦統一以前（領主制）	秦至清（地主制）
皇帝	政治統治權、土地所有權（權力合二為一）	政治統治權、土地所有權（集中政治統治權，轉移實際治理權）
貴族	政治統治權、土地所有權（權力合二為一）	權力分離
仕紳、職業官僚	—	土地所有權（掌握實際治理權）

權力的分化使士紳在最高統治者與民眾之間的作用逐漸重要起來。自秦漢以來，中國雖然形成了一套相當發達和完善的集權化行政科層系統，但這種集權型的政治卻是建立由在小農經濟所形成的分散的經濟社會結構基礎上的。士紳儘管沒有改變分散的經濟社會結構，但卻在分散的經濟社會結構與集權型政權之間建立了一條使二者能有機聯繫起來的紐帶。它在官府與民眾之間建立起一種緩衝，在國家—士紳、士紳—民眾的社會結構中，士紳既是媒介也是緩衝，並保證了金字塔型傳統社會的穩定地存在。

在先秦時期，由於貴族是集主權（統治權）、實際治理權和非正式影響力於一身的總體性統治集團，國家與民間統治精英之間的界限是很難區分的。但在秦統一中國並建立起科層式的集權體制之後，這種總體性權力經歷了一次根本性的分化過程。學者孫立平認為，這種分化按照以下三條路線進行。（見表4-2）

表 4-2 總體性權力的分化

總體性權力	統治權→皇權
	實際治理權→職業官僚
	非正式影響力→貴族與仕紳

換句話說，統治權集中到皇帝手中，形成皇權；實際治理權集中到職業官僚系統手中；非正式影響力則先是轉移到貴族—地主集團手中，而後轉移到士紳—地主集團手中。更具體來講，以宋代為界，中國傳統社會又可劃分為前後兩期。如圖 4-1 所示，進入宋代前期，貴族—地主集團仍是民間統治精英的主要組成部分；在兩宋中後期，士紳—地主集團則取代貴族—地主集團而成為民間統治精英的主體，並成為支配基層社會生活的主要力量。

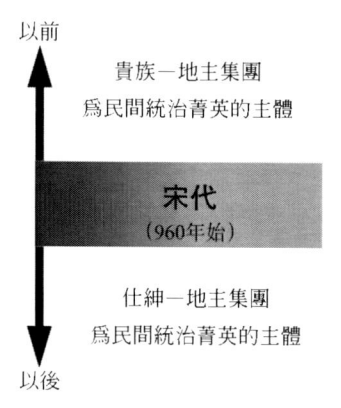

```
              ↑ 以前
       貴族—地主集團
       為民間統治菁英的主體

        ┌─────────────┐
        │    宋代      │
        │ (960年始)    │
        └─────────────┘

       仕紳—地主集團
       為民間統治菁英的主體
              ↓ 以後
```

圖 4-1 民間統治精英主體構成的變化

總之，從某種意義上講，正是科層制促使中國傳統社會形成兩個分離的系統：一個是由皇帝、職業官僚系統組成的政治系統，一個是由民間統治精英和民眾構成的社會系統。這兩個系統之間既相互聯繫又具獨立性。社會系統的正常運轉依賴於政治系統的維護，民間統治精英要依賴於國家在軍事上和法律上的保護。反之，政治系統要從社會系統中抽取必要的資源，職業官僚系統也需要從社會系統中補充其成員。兩個系統在結構和功能方面的分化

一、權勢話語：權力意志的結構形式

是相當清楚的，這也解釋了為何兩千年來的王朝更迭所摧毀的只是帝國的政治系統，而民間統治精英與民眾這層社會結構卻始終穩定地保留下來了。可以說，正是借助於這一穩定保留的社會系統，新王朝的國家體制才能快速地得以複製和重建。

（二）權勢話語的轉移

權勢話語的轉移既反映在資源與商品的空間轉移上，又體現在從贈與到保存這樣一種文化現象方面。

1. 資源與商品的空間轉移

在中國傳統社會中，權勢話語一方面透過對玉石資源的控制來表現，另一方面又透過對符號形式的玉石貨品的占有來實現。這兩類轉移主要由政治因素的驅使造成。

在中國傳統社會漫長的王朝統治中，對資源的控制一直是權力爭奪的主題。統治者不但要以一定的物質經濟實力作為保障，還要透過占有勞動力的勞動價值來不斷地積累並確立自身的統治地位。

正是在實現控制並實施占有的過程中，扯動了資源與商品的空間流動關係，並牽帶著在行經的路線、地域（地理）範圍內形成了與玉石相關的文化現象。在漫長的傳統社會歷史中，權勢話語的持據者隨傳統社會的更迭與變遷也發生群體構成上的變化（分化）。持據者的文化身分轉變逐漸成為權勢話語轉移的誘因。原本憑藉強勢掠奪而占有資源與商品的方式和遠古遺留的禮物饋贈方式，隨著社會結構的制度化和系統化，更主要的是依賴於社會關係，形成了既採取強勢掠奪來占有玉石資源和商品，又依賴附庸國進貢與友邦的饋贈和商貿行為來占有。這兩種轉移形式都極具政治意味，是統治階級意志的反映。

政治權力以及政權中心的變更，不但是「玉石之路」遷徙的主導因素，

第四章　古典傳統：權力意志與比德理念

而且是造成相關沿途地區的玉石經濟或繁榮或衰退的必然因素。在玉器為權力階層，尤其是「金字塔」上端的統治集團所占據和享有的情況下，其針對的「消費群體」是單一的、固定的，因而玉石資源與工藝品的終端流向也是十分明確的，即指向「金字塔」社會結構的最上端。古代的玉石加工作坊之所以多設在政治中心或經濟貿易繁榮的地區，是因為政治中心、經濟中心意味著它也是人口相對集中、財富相對集中的地區。權勢話語的持據者透過政治手段和經濟貿易手段，來實現自身財富的集中並獲得群體的擁戴，這也是表徵其經濟地位與社會政治地位的有效手段之一。與此相較，進貢與賜賞玉石原料和玉器本質上也促進了文化的傳播與交流。

　　由三代的「玉石之路」可知，隨著王朝的更迭，政治中心的轉移，玉石運輸、進貢路線也發生了相應的變化。儘管中心會有所轉移，但一度繁榮的加工地和商貿流通地則會有一定程度的保留。這種玉路帶有地域特徵，類似於考古學的文化區域，經過幾千年的溝通往來，由小道變成通途，並逐漸形成了幾個文化區域通用的玉石幹線，最終成為中國性的玉石、絲綢、珍寶和其他物資的運輸線。楊伯達先生認為，「玉石之路」是遠古最早的商路，它打通了區域阻隔，構成區域性乃至中國性的「玉石之路」網路。比如，翡翠就是「雲玉之路」上的主要貨品。明清時期，通緬的古道眾多，而至今可見的騰越古道則證明了除向中原進貢玉石之外，地方上採用、實施玉石交易的繁榮歷史。騰沖一度成為「南方絲綢之路」上的重要驛站。

　　一方面，物質生活總是鑲嵌在由社會與文化構成的。另一方面，經濟不能自主地表達自己，而必須被轉化為符號形式。因而，既存在著經濟的權力、物質的權力，也存在著「符號權力」，積累經濟資本的同時也是在積累符號資本。歷代的貢玉管道是多元化的，並非完全來自和田一地。例如，歷史悠久的「夷玉之路」「鬼玉之路」「珍玉之路」「雲玉（翡翠）之路」等也經常向朝廷貢玉。早在春秋戰國時期（西元前 770 年—西元前 476 年），和

一、權勢話語：權力意志的結構形式

田玉還曾傳到遙遠的西南邊疆，雲南江川李家山古墓出土的玉鐲、玉耳環等飾件，經鑒定也系和田玉製成。《隋書·突厥傳》載，遠在漠北的都藍可汗曾遣其母弟褥但特勤向隋文帝獻於闐玉杖，可見在廣闊的大草原上，突厥人亦把和田玉作為珍寶，隆重地貢獻給中央朝廷。15世紀初葉，克拉維約（Klariyo）奉西班牙國王之命到中亞撒馬爾罕訪問，據他親身所見：「自中國境運來世界上最華美的絲織品，其中有一種為純絲所織者，質地最佳；自和田運來寶玉、瑪瑙、珠貨以及各樣珍貴首飾。和田所產之貨，其極名貴者皆可求之於撒馬爾罕市上。和田之琢玉鑲嵌之工匠，手藝精巧，為世界任何地方所不及。」說明當時運往中亞市場的和田玉器，工藝之精巧是其他地方無法比肩的。進貢也是一種贈與形式，它在社會的建構及經濟資本的累積方面起著不容忽視的作用。

2. 從贈與到保存

從贈與到保存既構成權勢話語的轉移，也是影響玉器品類的社會因素。贈與的對象從神，到他人，到自己；用玉也從祭祀、喪葬的神聖之玉向現世人的佩飾、實用、陳設、收藏品轉移。

(1) 贈與

從贈與到保存也表明了，作為進貢或禮物形態的玉器發展成為可以透過貿易而得到其保存價值（經濟價值）的商品之物。秦統一中國前，便開始「崑山之玉」「和氏璧」「明月之珠」等玉器的收藏。西漢時期，玉器作為重要的貨寶為商賈們爭相購藏，成為積聚財富的手段，促進了玉器藝術品的發展。另外，唐代以後開始出現較多的仿古玉，一方面是託古思幽，另一方面則是為了牟取暴利，也為古玉收藏帶來了際遇。

透過贈與和保存達到財富積累，進貢和賞賜無疑也是一種建立社會關係的資本。與玉文化的現代傳統不同，中國傳統社會的玉石製品頻繁地出沒於進貢、賜賞和商貿活動中，而現代社會中的玉石製品卻主要出現在市場的流

第四章　古典傳統：權力意志與比德理念

通環節。

我們可以大致描述一下玉器作為禮物贈與的存在形式：

首先是縱向向上的贈與，即向神、向王或向社會地位高於施贈者的贈與。向王室進貢或向社會地位高於自身者的贈與，以真實的物來獲取實際利益為前提。

其次是橫向性的贈與，贈與的雙方大致處於交際平等的地位，其不僅表現為中國傳統社會中君子之間、士紳之間、民眾之間的玉石物品的贈與，還表現在其他方國之間，或方國與中國交往的贈與方面。《國語·晉語二》載有晉公子夷吾以「黃金四十鎰，白玉之珩六雙」送秦公子縶。此外，明代皇室使用的玉帶，也常作為禮物賜賞給外國使節。《大明會典》卷一一一《給賜》載：「渤尼國……永樂六年，王來朝，給冠帶、襲衣，王子襲封，還國，賜金鑲玉帶一條。」

最後是縱向向下的贈與，即恩賜、施惠、嘉賞等。這是中國傳統社會中帝王賜予臣屬的常見行為。明代劉若愚的《明宮史》中記載了太監受賜玉帶的情況：「自太監而上，方敢穿鬥牛補。再加升，則膝襴之飛魚也，鬥牛也，蟒服也。再升，則受賞也。特升，方賜玉帶，冬則光素，夏則玲瓏，三月、九月，則頂妝玉帶也。」

玉器作為社會資本，必然地反映在禮物饋贈方面。它既勾畫出饋贈的社會關係，又折射出人與人、人與社會間構成的「信」與「德」、「義」與「利」。如《詩經·鄭風·女曰雞鳴》載：「知子之來之，雜佩以贈之」；又如《周禮》所載，國與國之間的交往、君與臣之間的聘問，甚至聘賢、聘女以及其他禮節性的饋贈，均以玉為禮物。《荀子·大略》載：「聘人以珪，問士以璧，召人以瑗，絕人以玦，反絕以環。」表 4-3 和表 4-4 統計了部分清代和田玉與翡翠的進貢賞賜情況：

表 4-3 清代時期中緬賞貢的部分情況

時間	類別	具體內容
清乾隆十六年（1751年）	賜賞	乾隆皇帝賜給緬甸國王刻有皇帝御書「瑞輯西琛」的青白玉玩具六個等
清乾隆五十三年（1788年）	進貢	緬甸國王入貢之物有：嵌寶石金塔，嵌紅寶石、藍寶石象牙絲冠，紅藍寶石金手箍，金箔象牙，紅白檀香等
	賜賞	乾隆皇帝賜給緬甸國王玉器、琺瑯器個六件等
清乾隆五十五年（1790年）	進貢	緬甸國王遣使慶賀萬壽節並請賜封號，進貢長壽佛一個、萬佛經一本等
	賜賞	乾隆皇帝頒領敕書，准許兩國開關互市，准其十年進貢一次。特賜緬甸國王三次：第一次為玉佛、玉如意、金鑲玉享各一件；第二次為御書扇子兩把，茶葉兩瓶；第三次為內庫緞二十疋、玉器六件、石硯一個等
	進貢	緬甸國王上表謝恩，又進貢白石佛像、吉祥寶樹、象牙、孔雀屏等
	賜賞	乾隆皇帝照例賞賜緬甸國王御筆「福」字，賜玉佛、玉如意各一件
清乾隆五十七年（1792年）	進貢	緬甸國王遣使謝恩，進貢玉石佛像、孔雀屏等
清乾隆五十八年（1793年）	進貢	緬甸國王進貢緬石長壽佛、金葉佛經、鑲寶石頂朝盔等
清乾隆六十年（1795年）	進貢	緬甸國王進貢緬石長壽佛一尊、貝葉緬字經一部等
	賜賞	乾隆皇帝在熱河賞賜緬甸國王金針表、玉佛、如意、玉朝珠等
清嘉慶五年（1800年）	進貢	緬甸國王進貢長壽佛一尊、象牙三個等
	賜賞	嘉慶皇帝賜緬甸國王錦緞、宮綢等
清道光四年（1824年）	進貢	緬甸國王進貢壽福三尊、紅寶石手箍、鴨青寶石手箍、水綠玉子、小紅寶石等
	賜賞	道光皇帝賜緬甸國王敕書一道、各種錦緞等

清道光十三年 （1833年）	進貢	緬甸國王進貢長壽佛三尊、紅寶石手箍一對、藍寶石手箍一對、玉石兩塊等
	賜賞	道光皇帝賜緬甸國王敕書文綺，賞使辰采布等
清道光二十三年 （1843年）	進貢	緬甸國王進貢長壽聖佛三尊等
	賜賞	道光皇帝賜緬甸國王敕書文綺，賞使辰采布等
清咸豐三年 （1853年）	進貢	緬甸國王進貢長壽聖佛三尊、紅寶石手箍兩道、玉石兩塊等
	賜賞	咸豐皇帝賜緬甸國王敕書一道及錦、紗、宮綢等
清光緒元年 （1875年）	進貢	緬甸國王進貢長壽佛一尊、紅寶石手箍兩道、玉石兩塊等
	賜賞	道光皇帝賜緬甸國王敕書文綺，賞使辰采布等

表4-4 清嘉慶十二年（1807年）葉爾羌、和田進貢玉石情況

材質	葉爾羌	和田
白玉	六十六（塊）	一百七十五（塊）
白玉子	二十（個）	九十三（個）
蔥白玉	一百一十四（塊）	一百三十六（塊）
蔥白玉子	二十（個）	四十四（個）
青白玉	兩百三十三（塊）	一百三十二（塊）
青白玉子	四十八（個）	四十一（個）
青花玉	五十（塊）	一百三十二（塊）
青花玉子	七（個）	二十四（個）
青玉	四百九十四（塊）	八十三（塊）
青玉子	五十四（個）	二十六（個）

　　從這些賜賞進貢的禮單呈文中可以看出，玉石一直作為至高無上的貴重贈品往來於西南、西北與中原地區之間。

　　無論是哪種贈與形式，都從不同程度反映出作為禮物贈送的玉石可以標示自己在與某個人、某個群體競爭中存在的價值。為皇帝的進貢，一方面也反映著官僚吏紳之間為「忠」為「利」的競爭。聘師、聘女等聘儀中的玉器禮

物又體現出同階層間的競爭,作為賞賜的玉器禮物,更是在接受層面反映出收受禮物的官僚吏紳標榜自己身分與地位的競爭。另外,在社會關係中,以相對的身分進行禮物收受,其表達的權勢話語透過對方的弱勢地位而反襯出自己的強勢地位。表述身分、地位話語的權力在經濟與社會資本構成的張力中發生著交換轉移。

(2) 保存

一般來說,接收玉器者或將玉器禮物保存,或將其再次贈與。接收者不僅接受了讚許、祝福、恩澤,更是接受了禮物中隱藏的、不可交換的意義,即禮物互動過程中建立的社會關係與潛在的人情事理。在禮物交換行為中,行動者不是作為互惠原則的有意識的甚或無意的遵奉者,而是作為透過時間作出回應的策略,參與禮物交換的社會互動。行動者是否遵循規範或規定的儀式,取決於他們的利益。

關於「從贈送到保存」的具體表達形式及其在社會不同場域中的表述與意義,則將在「比德符號」與「透鏡觀看」部分著重論述。

(三) 權勢話語的表達

權勢話語的表達,首先需要具備合法化的條件;其次,要以一定的狀態形式存在或憑藉一定的載體表現出來。

1. 合法化的符號體系

權力的實施需要合法性。符號資本是一種特定的權力形式,它並不是被看作權力,而是被看作對承認、服從或其他服務的合法要求。

(1) 璽印為權

戰國時期,玉器在統治階級的政治生活中具有十分特殊的地位。卞和向楚王獻玉璞、和氏璧與完璧歸趙、秦始皇與傳國玉璽等故事,均發生在這個權力紛爭、勢力割據、文化多元的歷史背景之下。權力的、地位的占據與鞏

第四章　古典傳統：權力意志與比德理念

固在這個時期尤為重要，而玉器作為權力象徵，成為國家重器，被賦予了特殊的政治意義。同時，這種約定俗成的統治階層意志和制度的標識物在王權的推動下，被載入章法典籍，並被納入國家合法化的符號體系當中。

《周禮》中關於「璽」的記載表明，它最初並不是代表至高皇權的符號，而是「貨賄」的憑信。《周禮·地官·司市》載「凡通貨賄，以璽節出入之」。《周禮·地官·掌節》載：「門關用符節，貨賄用璽節，道路用旌節。」鄭玄注曰：「璽節者，今之印章也。」《周禮·秋官·職金》載：「掌凡金玉、錫石、丹青之戒令。受其入征者，辨其物之媺惡與其數量，楬而璽之。」鄭玄注曰：「璽者，印也。」

玉璽和玉印是國家行政力量的合法化符號最集中的體現。玉印既代表認可，如公文批示、準奏之後的印；又代表服從，如「皇帝奉天之寶」，即對最高權力的服從。玉璽和玉印作為符號資本的權力形式，透過統治階層內部的規定和被統治階層的認可與服從，而實現權力的合法化。當然，由統治階層內部規定的符號體系，早在西周至春秋時期就已形成制度化的文本，如《周禮》中的多處記載都體現了體系化、秩序化、制度化的治玉、用玉特點。而與玉璽、玉印起初的功能類似，《周禮》中實行行政管理多用符節意義的玉瑞，則是以珍圭、谷圭、琬圭、琰圭、牙璋、大璋、中璋等為代表，並透過這些作為身分憑證、命令憑信的玉瑞獲得行政許可、施命等事務活動的權力。

總的來說，玉璽和玉印的歷史大致經歷了由「璽印不分」到「稱璽為寶」「璽印有別」的過程。戰國以前，無論是官印還是私印，都稱為璽，《古玉圖考》中考證性地記載了私人收藏的玉印：「右漢玉私印二十鈕，關中出土者十，得之都門者一，徐翰卿訪購得之者九；中有五鈕為華亭張氏舊藏，均已編入十六金符齋印存矣。」（見圖4-4）

一、權勢話語：權力意志的結構形式

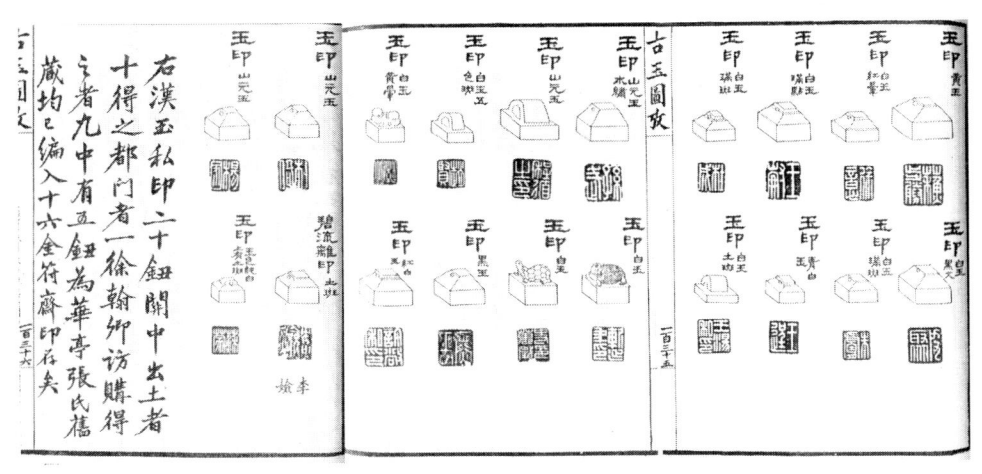

圖 4-4 《古玉圖考》中的玉印

　　秦統一六國後，規定皇帝的印專稱為璽，璽區別於印成為國家最高權力旨意與命令的憑信，只有皇帝專享，而且其功能也不單一。除了「正名」的「受命璽」（後又稱「傳國玉璽」）外，還有彰功顯德、律紀明政的各種「寶璽」，如清代御府印中的「敬天親民之寶」「垂訓之寶」「敕正萬民之寶」等。需要指出的是，有些印和璽的劃分並不十分清晰。狹義地講，「璽」所代表的權力級別更高，在玉「印」之上。從史書記載關於璽印材質和品類的享用級別來看，珍稀者多為玉質璽寶，無論是傳說中的傳國璽、仿製傳國璽，還是歷代帝王自制的璽寶，均為皇權至高者所持有。而玉「印」則是先在後、妃、官宦、士人之中較多使用，後來為一些古玩收藏者和文人雅士所持有。

　　總體上講，戰國玉璽印與西周符節意義的圭璋在權力表達的功用方面屬於同功異形的象徵物。另外，璽印與圭璋的本質不同，璽印使用者的身分更加具有確定性，唯獨歷代傳國璽或受命璽具有「君權神授」的意旨內涵。受命璽、傳國璽、神璽、鎮國璽均為歷朝歷代帝王正名、正宗所用，代表了最高統治的權力意志，以及合「天道」、合法化地去繼續執行這種權力。其他寶璽（如自制的璽寶），均為君王（後）實施王權的印證。從中不難發現有根據

129

第四章　古典傳統：權力意志與比德理念

統治者自身需要而自制的「傳國璽」或其他類寶璽，它們所傳達出的「信」既有上天神諭與人間君王之間的信守，也有君王與臣子百姓之間的信守。

　　璽中至尊當屬秦始皇始制的傳國璽，它是歷代帝王改朝換代的「正名」符號。史書記載、歷史傳說及文人研究對傳國璽的考證大致分為兩種觀點：一種認為傳國璽為和氏璧製成；一種認為傳國璽為藍田玉製成。學者王春雲在科學實驗的基礎上，又透過文獻考證得出結論：「和氏璧版本最早刻於秦王政二十六年（西元前221年），刻文為『受命於天，既壽永昌』，顏色為青碧色，但於秦王政二十八年（西元前219年）丟失於洞庭湖湖底，而後在秦王政三十六年為人以同樣的材料、同樣的形制和同樣的刻文所重新仿刻並獻回；而藍田玉版本刻於丟失和氏璧版本的秦王政二十八年，刻文為『受天之命，皇帝壽昌』，顏色為白色，這一版本於是年取代丟失的和氏璧版本而取得正統的和有效的傳國璽地位。於是在代秦而立的後秦時代，歷史記載中最先出現的是藍田玉版本的傳國璽，大約直到兩漢之後的魏晉時代，和氏璧版本的傳國璽才開始為皇權所重視。自此開始及之後，兩個版本的傳國璽都為歷代王朝所使用，直到在五代後唐末年的一次改朝換代的歷史事件中一起毀滅為止。」如此看來，五代後唐之後有關贗璽、疑璽歷史記載頗多混雜的情況，也不乏出於「正名」的原因。（見附錄A）

　　歷史上關於贗璽、疑璽的文獻記載與民間傳說，進一步將君權天授的諭旨「神化」。其中，關於傳國璽之重新現世及進獻時君的過程，總是被眾多的民間傳說描述得撲朔迷離的。如蕭子顯的《南齊書·祥瑞》載：

　　嵩高山，升明三年四月，滎陽人尹午於山東南澗見天雨石，墜地石開，有璽在其中，方三寸。其文曰：「戊丁之人與道俱，肅然入草應天符。」又曰：「皇帝興運。」午奉璽詣雍州刺史蕭赤斧，赤斧表獻之。

　　建元九年，村民張慶宣瓦作屋，又於屋間見光照內外，慶宣疑之，以告孔休先，乃共發視，獲玉璽一鈕，璧方八分，上有鼻，文曰「帝真」。

一、權勢話語：權力意志的結構形式

永明二年正月，冠軍將軍周普孫於石頭北廂將堂見地有異光照城堞，往獲玉璽一鈕，方七分，文曰「明玄君」。十一月，虜國民齊祥歸入靈丘關，聞殷然有聲，仰視之，見山側有紫氣如雲，眾鳥迴翔其間。祥往氣所，獲璽方寸四分，獸鈕，文曰「坤維聖帝永昌」。送與虜太后師道人惠度，欲獻虜主。惠度睹其文，竊謂「當今衣冠正朔，在於齊國」。遂附道人惠藏送京師，因羽林監崔士亮獻之。

以璽正名，即擁有前代的傳國璽（受命璽）是順應「天道」和「天理」的名正言順的象徵。故而，這些地下出土的寶璽對統治者具有特殊的「正名」意義。得到神璽、受命璽的君王，便是得到了天賜的旨意讓其代天統治世間民眾，是順應「天道」和「天理」的做法，且要廣告天下人知其「順天者昌」的權力理念，如《宋史·輿服六》中就有這樣的記述：

紹聖三年，咸陽縣民段義得古玉印，自言於河南鄉劉銀村修舍，掘地得之，有光照室。四年，上之，詔禮部、御史臺以下參驗。元符元年三月，翰林學士承旨蔡京及講議官十三員奏：「按所獻玉璽，色綠如藍，溫潤而澤，其文曰『受命於天，既壽永昌』。其背螭鈕五盤，鈕間有小竅，用以貫組。又得玉螭首一，白如膏，亦溫潤，其背亦螭鈕五盤，鈕間亦有貫組小竅，其面無文，與璽大小相合。篆文工作，皆非近世所為。臣等以歷代正史考之，璽之文曰『皇帝壽昌』者，晉璽也；曰『受命於天』者，後魏璽也；『有德者昌』，唐璽也；『唯德允昌』，後晉璽也；則『既壽永昌』者，秦璽可知。今得璽於咸陽，其玉乃藍田之色，其篆與李斯小篆體合。飾以龍鳳鳥魚，乃蟲書鳥跡之法，於今所傳古書，莫可比擬，非漢以後所作明矣。今陛下嗣守祖宗大寶，而神璽自出，其文曰『受命於天，既壽永昌』，則天之所畀，烏可忽哉？漢、晉以來，得寶鼎瑞物，猶告廟改元，肆眚上壽，況傳國之器乎？其緣寶法物禮儀，乞下所屬施行。」

然而，既有施權者，必有服從者。臣子與百姓認為，一些偶然現象背後

131

第四章　古典傳統：權力意志與比德理念

蘊藏著某種冥冥之中的天意，於是將定命、受命的玉璽神化、威權化。這種做法在某種程度上講，就是「順應天意」的必然選擇。《宋史·輿服六》就記載了制寶璽後，詔差官奏告天地、宗廟、祖稷時，百官稱賀的情形：

　　政和七年，從於闐得大玉逾二尺，色如截肪。徽宗又制一寶，赤螭鈕，文曰「範圍天地，幽贊神明，保合太和，萬壽無疆」。篆以魚蟲，製作之工，幾於秦璽。其寶九寸，檢亦如之，號曰「定命寶」。合前八寶為九，詔以九寶為稱，以定命寶為首。且曰：「八寶者，國之神器；至於定命寶，乃我所自制也。」於是，應行導排設，定命與受命、天子寶在左，鎮國與皇帝寶在右。又詔：「鎮國、受命寶與天子、皇帝之寶，其數有八，蓋非乾元用九之數。比得寶玉於異哉，受定命之符於神霄，乃以『範圍天地，幽贊神明，保合太和，萬壽無疆』為文。卜雲其吉，篆以蟲魚，縱廣之制，其寸亦九，號曰定命寶。來年元日祗受。」又詔差官奏告天地、宗廟、祖稷。八年正月一日，御大慶殿，受定命寶，百僚稱賀。其後京城之難，諸寶俱失之，唯大宋受命之寶與定命寶獨存，蓋天意也。

圖 4-6a 傳世文獻中的蟲魚篆　　　圖 4-6b 孫建中模仿的蟲魚篆

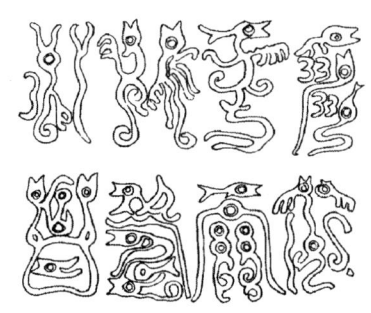

玉璽本身的內容、安置、使用以及行使場合等，都被人為地賦予了明確的禮儀約束和規定。

首先，就傳國璽的內容而言，文獻記載是秦始皇命宰相李斯書篆，而後又讓孫壽篆刻成蟲魚篆。（見圖 4-6a）然而，目前尚無法確證傳國璽上的篆

一、權勢話語：權力意志的結構形式

文是否為李斯所書篆體。孫建中先生將傳國璽及眾多仿摹傳國璽上的蟲魚篆體進行放大素描後（見圖4-6b）發現，蟲魚篆這一古文字體的造型特徵是「魚龍鳳鳥的頭，無一向下」，可以說，這種頭部向天的造型暗示著一種至尊、至貴、至高無上、「受命於天」的皇權意志。

其次，作為王權象徵的玉璽，其裝飾、包裝、放置與供奉等都有一套嚴格而完整、不可踰越的禮儀規定。《宋史·輿服六》載：「寶用玉，篆文，廣四寸九分，厚一寸二分。填以金盤龍鈕，系以暈錦大綬，赤小綬，連玉環；玉檢高七寸，廣二寸四分，厚四分；玉鬥方二寸四分，厚一寸二分：皆飾以紅錦，金裝，裹以紅錦，加紅羅泥金夾帊，納於小盝。盝以金裝，內設金床，暈錦褥，飾以雜色玻璃、碧鈿石、珊瑚、金精石、瑪瑙。又盝二重，皆裝以金，覆以紅羅繡帊，載以腰輿及行馬，並飾以金。又有香爐、寶子、香匙、灰匙、火箸、燭臺、燭刀，皆以金為之，是所謂緣寶法物也。」

再次，傳國璽本是天子傳器，應世代傳襲。據傳自936年，後唐廢帝李從珂攜帶其登玄武樓自焚之後，便下落不明了。傳國璽遺失之後，歷代帝王為了證明自己「君權天授」的合法性，便開始自制寶璽、改制寶璽以「正名」並使其傳承。《宋史·輿服六》載：「翰林學士王珪等奏曰：『受命寶者，猶昔傳國璽也，宜為天子傳器，不當改作。古者藏先王衣服於廟寢，至於平生器玩，則前世既不皆納於方中，亦不盡陳於陵寢。謂今宜從省約，以稱先帝恭儉之實。』」這說明傳國璽或受命璽的特殊作用和意義決定了它是一種權力象徵意味濃厚的合法化符號。它代表獨尊，因而具有唯一性；它代表集權，因而具有最高權威性。

最後，透過儀禮、制度形式來加強「神璽自出」的神諭意義，從而將君王獲得、利用璽印行使權力合法化。璽是權力意志的符號，而傳國璽、神璽更是最高權力意志的符號，如《宋史·輿服六》載：「詔禮部、太常寺按故事詳定以聞。禮官言：五月朔，故事當大朝會，宜就行受寶之禮。依上尊號寶

第四章　古典傳統：權力意志與比德理念

冊儀，有司豫制緣寶法物，並寶進入。俟降出，權於寶堂安奉。前三日，差官奏告天地、宗廟、社稷。前一日，帝齋於內殿。翌日，御大慶殿，降坐受寶，群臣上壽稱賀。先期，又詔龍圖、天章閣贊治平元年耀州所獻受命寶玉檢，赴都堂參議。詔以五月朔受傳國寶，命章惇書玉檢，以『天授傳國受命之寶』為文。」

除了傳國璽、受命璽之外，「乘輿六璽」在君王的政治生活中也扮演了重要的角色。秦始皇始創「乘輿六璽」制度，以配合中央集權的統治需要。既有傳國璽又有「乘輿六璽」，不但使「君權天授」合法化，還使君王在世間統治的權力具體化。從玉璽的用途中不難發現，傳國璽、受命璽、神璽、鎮國璽通常用來封禪禮神或鎮國，一般是藏而不用的；君王使用的「六璽」「八寶」等，通常具有「以報王公書」「以勞王公」「以召王公」「以報四夷書」「以勞四夷」「以召兵四夷」等作用。自唐稱「璽」為「寶」之後，歷代君王或「寶璽」並稱，或稱「寶」而棄「璽」。宋、元時期承襲唐代，仍稱為「寶」，而明代有「寶」或「寶璽」並稱的情況。清代前期也一直稱「寶」，直到乾隆十一年（1746年）才改稱「御寶」。漢代，「乘輿六璽」沿用秦制，一直用於皇帝的政治事務。在隋、唐、宋的典籍中都有關於「乘輿六璽」或「八璽」的明確記載，《唐六典》載：「符寶郎掌天子八寶，其一曰神寶，其二曰受命寶……又別有六寶，一曰皇帝行寶，二曰皇帝之寶，三曰皇帝信寶，四曰天子行寶，五曰天子之寶，六曰天子信寶。此六寶因文為名，並白玉螭虎鈕。歷代相傳，亡則補之。」至清代，「六寶」成為皇帝的日常用寶，如「命德之寶」「欽文之寶」「表彰經史之寶」等。隨著御寶的數量逐漸增多，其功用也逐步細化。

值得一提的是，合法化的符號制度令使用璽印之人有了專屬的署名權力，「皇帝」「天子」「太后」等印文，正是符號性的署名。就「正名」而言，其在中國傳統社會的政治生活中的意義是舉足輕重的。自宋明以來，璽印的

尺寸、質地、色澤、裝飾等都有明文規定，且數量及各種實際功能也逐漸增多，分類也逐漸明晰。僅清代皇室的御寶便有 35 枚之多。

　　從上述璽印的歷史發展與沿革過程來看，玉璽的使用者主要是帝王君主。金璽、銀璽、銅璽則分別由不同身分地位的人根據禮儀制度和規定所持據。歷代禮制有文本規定，用玉、享玉製度中的玉有著居於其他材質之上的特殊地位。玉璽之所以具有逾於金、銀、銅璽之上的至高地位，緣於玉器具有的歷史價值、文化價值、經濟價值、藝術價值。其堅韌、稀有、尊貴、神聖的特點也符合古人心中天子、君王的特點。因此，它的使用具有限定性和規範性。統治階級神聖不可侵犯的權力與傳國玉璽的至尊、至寶相比附，確立了這種特定的符號。衛宏《漢舊儀》載：「秦以前，民皆佩綬，以金、銀、銅、犀、象為方寸璽，各服所好。自秦以來，天子獨稱璽，又以玉，群臣莫敢用也。」從這個意義上說，璽印也標示著社會等級屬性。但是，在科舉制度形成之後，玉璽、玉印逐漸擴展到士紳官僚與文人雅士（或知識分子）的群體當中，他們或出於收藏，或出於把玩，從而對符號體系的「合法」結構進行了重整。如果說起初的玉璽、玉印是君王獨有的、排他的、象徵權力意志的合法化符號的話，那麼明清時期，隨著玉印使用範圍的逐漸泛化，玉印在施令、許可等傳統政治意味的基礎上又衍生出了更為普遍的、象徵個體逸致的、人性化的署名標識意義。

（2）冠服以儀

　　此外，冠服體系中的佩玉形制組合也為統治階級提供了維護權力的手段，為社會群體的排列提供了區別與等級標準，並使被統治階級在觀念上認可、接受這種區分，使等級排列合法化。因此，合法化的符號體系主要發揮了政治統治的功能。表 4-5 是歷代史書中關於冠服制度的記載情況。

表 4-5 古典時期關於歷代冠服制度的史書記載

名稱
《晉書》卷二十五《志第十五・輿服》
《南齊書》《志第九・輿服》
《唐書》卷二十四《志第十・輿服》
《遼史》卷五十六《志第二十五・儀衛志二》
《宋史》卷一五一《志第一百四・輿服三》
《宋史》卷一五三《志第一百六・輿服五》
《明史》卷六十六《志第四十二・輿服二》
《明史》卷六十七《志第四十三・輿服三》
《清史稿》卷一百三《志第七十八・輿服二》

　　以洪武年間的文武官朝服為例，一品至九品，以冠上梁數來顯示等級差別。「公冠八梁，加籠巾貂蟬，立筆五折，四柱，香草五段，前後玉蟬。侯七梁，籠巾貂蟬，立筆四折，四柱，香草四段，前後金蟬。伯七梁，籠巾貂蟬，立筆二折，四柱，香草二段，前後玳瑁蟬。俱插雉尾。駙馬與侯同，不用雉尾。」其中，「一品，冠七梁，不用籠巾貂蟬，革帶與佩俱玉，綬用黃、綠、赤、紫織成雲鳳四色花錦，下結青絲網，玉綬環二。二品，六梁，革帶，綬環犀，餘同一品。三品，五梁，革帶金，佩玉，綬用黃、綠、赤、紫織成雲鶴花錦，下結青絲網，金綬環二。四品，四梁，革帶金，佩藥玉，餘同三品。五品，三梁，革帶銀，鈒花，佩藥玉，綬用黃、綠、赤、紫織成盤鵰花錦，下結青絲網，銀鍍金綬環二。一品至五品，笏俱像牙。六品、七品，二梁，革帶銀，佩藥玉，綬用黃、綠、赤織成練鵲三色花錦，下結青絲網，銀綬環二。獨御史服獬廌。八品、九品，一梁，革帶烏角，佩藥玉，綬用黃、綠織成鸂鶒二色花錦，下結青絲網，銅綬環二。六品至九品，笏俱槐木。其武官應直守衛者，別有服色。雜職未入流品者，大朝賀、進表行禮止用公服。」到了嘉靖八年（1529年），更定了朝服制度：「梁冠如舊式，上

一、權勢話語：權力意志的結構形式

衣赤羅青緣，長過腰指七寸，毋掩下裳。中單白紗青緣。下裳七幅，前三後四，每幅三襞積，赤羅青緣。蔽膝綴革帶。綬，各從品級花樣。革帶之後佩綬，系而掩之。其環亦各從品級，用玉犀金銀銅，不以織於綬。大帶表裡俱素，唯兩耳及下垂緣綠，又以青組約之。革帶俱如舊式。珮玉一如《詩傳》之制，去雙滴及二珩。其三品以上玉，四品以下藥玉，及襪履俱如舊式。」可以說，嚴格的用玉製度自《周禮》始制，後代或沿用舊制，或形成不同程度的新制，但其本質屬性從未變化，體現著權力階層維護鞏固社會等級秩序結構的意志。

　　本研究探討了以具有權力屬性的璽印和冠服飾玉為代表的玉器合法化的符號體系。而這一合法化符號體系的制定者或符號的生產者、設計者對體系的正常運作發揮了重要作用。從最高統治者到士紳階級，他們共同促成社會群體的排列與等級區分。科層制伊始，以士紳為主的階層有大量的知識群體，他們給玉器比附上「仁」「德」「潔」「勇」等德行，在玉器的審美文化以及玉器藝術風格的形成過程中都充當過符號生產者（更確切地說，是符號設計者）的角色。比如在玉璽、玉印上刻銘文，在剛卯上刻關邪護體的文字，在玉璧上鏤雕祈福吉語，玉器文房陳設品的出現，花鳥、人物、山水寫實的藝術創作風格等，均與這些符號生產者緊密相關。不僅如此，傳統社會的知識分子還興起了金石學，並透過對玉器文化歷史的研究，將仿古玉器推向一個發展高峰。受社會價值思潮與個人價值觀的影響，這一群體還自覺不自覺地規定、製造著諸多的二元對立符號，如「有德與無德」「精緻與粗劣」「高雅與低俗」「真與偽」等。

　　由此可見，符號系統不僅作為統治工具發揮作用，還提供認知與整合的功能。占支配地位的符號系統為統治集團提供整合功能，為社會群體的排列提供區別與等級標準，同時還透過鼓勵被統治者接受現存的社會區分等級而把社會的等級排列合法化。

第四章　古典傳統：權力意志與比德理念

2. 權勢話語的存在狀態

中國傳統社會的玉文化傳統是承前啟後的過渡，其前是承「神人結體與宗法結構」的遠古傳統，其後是啟「大眾消費與時尚意象」的現代傳統。本研究將傳統社會時期的玉文化總體特徵概括為「權力意志與比德理念」的古典傳統。事實上，中國玉文化在傳統社會時期既具有豐富、複雜、交融的特性，又保持著穩定的傳承。古典傳統在繼承遠古傳統的基礎上，其神性出現了減弱和轉移，王權的統治則為古典傳統的千年傳承提供了必要的、穩定的保障體系。在金字塔式的傳統社會結構中，權勢話語不僅僅為權貴階層持有，傳統社會的玉匠也是保持工藝傳承、具有技藝話語權的主要群體，然而他們的話語權相對有限。宋元以來出現的行業祖師爺只是一次特殊典型的話語權轉換，最具規模和根本性的玉匠話語權轉變出現在現當代。下面將透過對玉文化資本的分析，探討中國傳統社會玉文化繼承中用物者、造物者的話語權問題。

(1) 以文化資本為特性的話語權

權勢話語的存在狀態是動態而非靜態的。因為建立這一話語結構的人、制度與符號物始終處於社會文化變遷之中。布爾迪厄將權力資本分為經濟資本（貨幣與財產）、文化資本（文化商品與服務）、社會資本（熟人與關係）、符號資本（合法性）等。其中，文化資本是以一種身體化的特殊狀態存在的。在高度分化的社會，「文化資本是某種形式的權力資本」。事實證明，在中國傳統社會時期，這種文化資本的權力形式同樣明顯且具體。

一、權勢話語：權力意志的結構形式

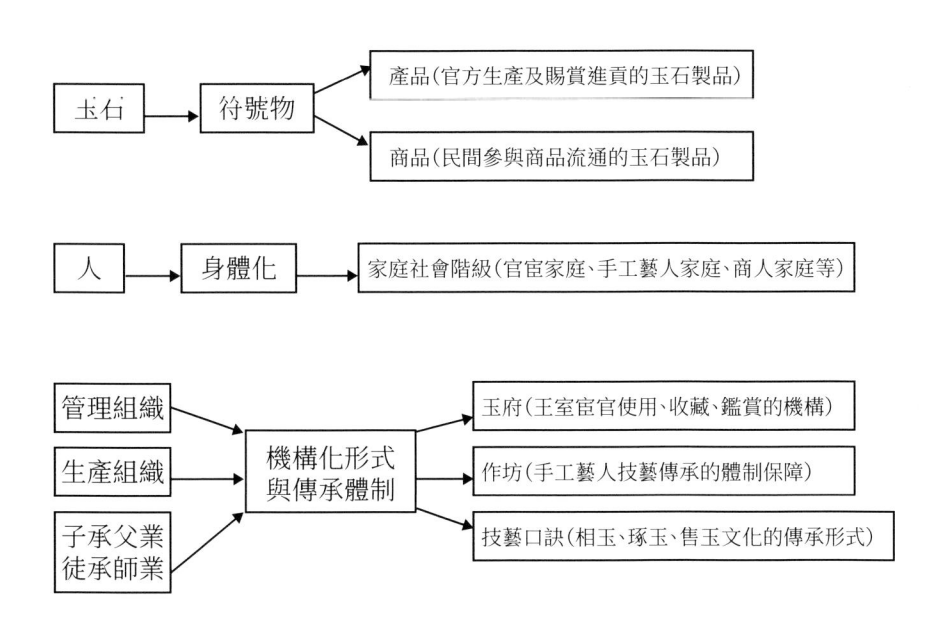

```
玉石 → 符號物 → 產品(官方生產及賜賞進貢的玉石製品)
              → 商品(民間參與商品流通的玉石製品)

人 → 身體化 → 家庭社會階級(官宦家庭、手工藝人家庭、商人家庭等)

管理組織 ┐
生產組織 ┼→ 機構化形式 → 玉府(王室宦官使用、收藏、鑑賞的機構)
子承父業 ┘  與傳承體制  → 作坊(手工藝人技藝傳承的體制保障)
徒承師業              → 技藝口訣(相玉、琢玉、售玉文化的傳承形式)
```

圖 4-7 中國傳統社會玉文化資本的存在狀態

　　布爾迪厄認為，文化資本有三種存在狀態：具體的符號物、身體化形式以及機構體制。與之相對應，中國傳統社會玉文化資本的存在狀態可參見圖 4-7。但從玉石藝術品的享有、技藝知識的教化與傳承來看，中國傳統社會的玉文化資本大致有兩種存在狀態：

　　其一，透過教化，令「君子比德於玉」的操行形成由經典儒化培育而獲得話語權的途徑。這種「君子比德於玉」的操行又被個體透過社會化而加以內化，並構成欣賞與理解玉文化傳統的框架。由於被教化的個體代表著「需要」為主的利益群體，所以他們還可能持據權勢話語的物質資本。因而，這裡的文化資本以符號物和身體化的形式存在。

　　其二，玉匠在官方或民間作坊為機構的體系下傳承技藝，文化資本表現為以機構化的形式存在的工匠制度。

(2) 話語權的場域與空間：多元的社會分工與特定的社會資本

在中國傳統社會，玉器的設計與製作通常是分立的，做設計的人大都諳熟製作，而製作的人不一定會設計。像劃活，就是設計者在玉石原料上直接用線條勾畫創作的藝術形象，而歷史上從事劃活的設計者多半是國畫師。傳統琢玉工藝的流程主要包括：相玉→（畫稿）→劃活→出坯→精雕→成型→拋光，每一道工序都由不同的工匠（藝人）來完成。與此相應，不同工種所掌握的琢玉技藝和口傳祕訣也有所不同。隨著琢玉工序的逐漸增多，玉匠的分工也進一步得到細化，做山籽雕的不做爐瓶，做人物的不做花卉獸鳥。這種細化了的分工一方面使技藝話語權分散到不同工匠（藝人）那裡，在一定歷史條件下，它是利於玉文化傳承的。另一方面，過於細化的分工在一定程度上不利於技藝傳承的延續性與連接性。為了避免因社會變遷而造成的技藝中斷或失傳，工藝領域逐漸出現了「知識壟斷」現象，即工匠（藝人）獲得了精通工藝始終的「技藝壟斷」本領。這就使得傳統社會形成了既有細化分工模式又有「技藝壟斷」模式的專業技藝話語權。

玉業祕訣是玉業人士在相玉、琢玉、售玉場域所具有的話語權。離開這些場域，便可能失去話語權威。陳氏家傳的相玉訣《業玉祕訣》是陳廷昌先生積多年經驗寫成，並由其重孫陳祖梁獻出。其內容涉及相玉、琢玉、售玉等方面。

大凡看玉宜重複，場口砂發審在初。氣色精神並發生，看實緩緩講價目。
裂多底嫩不必看，亮化水頭方可辦。砂發燥手音如鈴，兼潔白霧莫讓人。
顏色調陽綠成蘽，或是滿綠帶子穩。水色高超不帶裂，添價速買莫遲延。
有綠有裂價須廉，綠多正價也無嫌。零碎小玉不可買，莊頭必須逾十砒。
欲求亮水霧必白，白鹽砂中多可得。水酒黃霧化水止，亮化都從皮薄始。
用火烤玉宜無裂，有裂生烤底可見。勿論何玉當先磨，磨既成樣勿再琢。
思索定要貪場好，水高霧好砂必老。不然還是原著賣，俗言玉是混人寶。

慷慨賣去勿猶疑，賣悔無妨守悔遲。隨機賣去真高手，切莫抱價自固執。

從來經紀一搶風，乘與買來轉與松。一切買賣占先著，管保財源如江河。

另外，「捏指帶成」的交易方式也僅限於騰越邊境的翡翠原石交易場域，在商店、商場等現代化銷售場域中，便不具能指與所指。

翡翠交易涉及的金額不是幾元幾十元，而是成百上千萬元。為了避免第三者信口褒貶，干擾生意的成交，故採取捏手指的方式表達。交易雙方以長袖、長衫或布巾將右手罩住，互捏手指。從拇指起，一個手指表示「1」，兩個手指表示「2」，三個為「3」，四個為「4」，五個為「5」，大拇指與小指呈羊角形為「6」，小指彎曲為「7」，大拇指與食指呈牛角形為「8」，食指彎曲為「9」，將五個手指捏兩次為「10」，大單位百、千、萬則以口頭表示。是否成交則以點頭或搖頭表示。「帶成」是行業中的慣例。買賣雙方在成交前協商，這個玉石賣給你，但賣方要帶 3 成，即占 3/10，今後玉石解漲解虧，都負 3/10 的權責；另一種帶成的情況是買一件玉石，價值較大，三萬、五萬，買方則邀約同行好友拼成，這種成一是互相關照，一是凡帶有成股者，均對玉石的質地要作出精闢而又比較準確的判斷和見解，拼股雙方對進購的這個玉石都要負相應的權責。

近現代，北京著名的琢玉藝人潘秉衡從師傅那裡習得許多琢玉口訣，例如在鑒定薄胎器皿的視覺效果時，需要遵守的傳統標準是「遠看造型、近看花紋」。

布爾迪厄認為，社會資本的主要代表是熟人與關係，不同社會階層具有不同的文化資本話語權。話語權構築的空間絕非物理空間，而是社會學意義上的空間，它包括製作、使用、消費等空間關係。這些空間層面的話語權表徵著社會資本，即人際與社會關係。例如，玉石的進貢與賞賜在地理學空間上描繪出由中心發散開來的圖景，事實上表明了物資、權力向政治經濟中心聚攏的文化現象。再如，冠服制度對於用玉場合、層級的明確規定，使得某

個特定社會階層形成共同的消費趨向,《晉書》載「貴人、夫人、貴嬪是為三夫人……佩於闐玉」,而「諸王太妃、妃、諸長公主、公主……佩山玄玉」。在傳統禮制制度下,同樣層級的社會關係中,為了保持特有的人際關係和穩定的社會結構,不同的人能夠持據相同的話語權力,而正因為這些人具有相同的話語權,又將他們劃歸為一類社會學意義上的空間人群,可謂「物以類聚,人以群分」,無論其所處的地理位置如何,只要其身分地位符合禮制規定的分類等級,就能享有相應級別的話語權力,這就促成跨地理「空間」的社會關係。

(3) 話語權的分立

①用物者的話語權,即「玉德」文化需要群體的話語權

統治階級透過占有文化資本來表達其強勢的權力。他們不僅具有玉石藝術品的享有權,還持有「尊貴的」「高尚的」「優雅的」「有德的」等符號的解釋權,並以自己的操行標榜出民眾崇敬、學習的典範。他們製造著社會上對於貴德、貴富文化的需要,同時又帶動著更多的迎合其趣味志向的投意者,從而將一種主導性權力牢牢掌握在自己手中。社會規範存在於每個個體的意識中,而不是被看作是一種難以達到的理想或強制性的命令。一些人類學家常常把人類的行為闡釋為受規範或規則支配的,而布爾迪厄認為,行為模式在包含基本要素「時間」的前提下,是出於一定利益的,因而是一種策略性的行為。玉的佩戴,在行走時發出的聲響,都是一種策略性的需要和表現。例如,玉作為飾品,在主喪之時不能佩戴,正所謂「凡帶必有佩玉,唯喪否」,也說明為何「君子無故,玉不去身」。佩玉的形制必須合乎禮制規定:「佩玉上橫曰珩,下系三組,貫以蠙珠。中組之半,貫一大珠,曰瑀,末縣一玉,兩端皆銳,曰沖牙;兩旁組半,各縣一玉,長博而方,曰琚,其末各縣一玉,如半璧而內向,曰璜。又以兩組貫珠,上系珩兩端,交貫於瑀,而下系於兩璜,行則沖牙觸璜而有聲也。」

一、權勢話語：權力意志的結構形式

玉的聲響與禮樂之制密切相關，佩玉四聲，亦必其大小、長短、厚薄之不同。《周禮·大司樂》載：「『函鐘為宮』之屬，皆不可用商，說者謂商有殺伐之意，故不用。此佩玉有徵、角、宮、羽而無商，蓋佩玉所以養德，故亦無取乎殺伐之義也。中規，言其圓。其身周折俯仰，故佩玉之璜觸沖牙而鳴鏘然也。」

進一步來說，統治階級內部的不同身分群體在文化資本方面持據的權力有所不同。實行科舉制度之後，原先不具備皇親貴族血緣關係的士庶，可以憑藉受教育的管道，透過自身後天的習得獲得官爵並對文化知識形成掌控。由此，他們持據了後天習得的話語權力。在獲取功名的過程中，這些人需要經受儒家教化的洗禮，他們需要遵循怎樣的行為標準和道德標準，均可以在經典之中習得，恰如「君子之養其心，非徒恃乎鸞、和、佩玉，而所以消其匪僻，而導其和平者，此亦有助焉爾……天子諸侯之禮，故佩玉則備四聲，行步則有樂節，在車則有和、鸞。若大夫士，雖有佩玉，而其儀物則當有降殺矣」。不但如此，《禮記·玉藻》還說「君在不佩玉，左結佩，右設佩；居則設佩，朝則結佩」。而這被認為是士大夫必行之禮。「君在」，是指「君出視朝時」；「結佩」，是指「結其兩璜於綬而使不得鳴」。「君在不佩玉」而且「非全不佩」，都必須「結其左而設其右」。所謂「君子與玉比德，結其左」者，是表示他的德不能、不敢「擬於君」。這也揭示了為何「居則佩玉，左右皆設」，而「朝則結佩，結其左也」。

正是這種價值追求與教化機構的存在，使得原本經典的「君子以玉比德」的價值觀念變得世俗化。比德符號傳達一種「君子」形象及與之相符的文化意義，其地位身分象徵、道德品評標準皆為世人所認同。科層製為人們後天獲得文化資本創造了追求平等、晉升為「君子」身分和等級的條件，在促使社會分工細化和階層身分細化的同時，也在不斷地僭越原有的層級關係。

以上探討的是製造「玉德」文化需要的群體所持據的文化權力，但對於

滿足這種需要的生產者來說，其對文化權力的擁有表現為另一種狀態。對於傳承琢玉手工技藝而言，這些玉匠（生產者）在符號製作與技藝持據方面的話語權力，較上層社會的消費群體更為明顯。

②造物者的話語權，即玉匠的話語權

黑格爾曾這樣分析主人、奴隸與物之間的關係：「主人透過奴隸間接地與物發生關係……主人把奴隸放在物與他自己之間，這樣一來，他就只把他自己與物的非獨立性相結合，而予以盡情享受；但是他把對物的獨立性一面讓給奴隸，讓奴隸對物予以加工改造。」由此可見，「造物者（奴隸）在人身關係上是受支配的，但在造物的意義上，在人與物的關係上，則是主動的設計者、創造者、加工者」。

中國歷史上的琢玉工匠既是傳承技藝的「資本家」，又是技術複製的「勞動者」。作為傳統技藝的持有者，中國傳統社會結構給予了他們相對穩定的需求與保障，從而使玉文化的製作傳統得以完整延續。作為「資本家」，他們對玉文化具有解釋權，而那些技藝非凡的琢玉藝人不但受到上層社會的青睞和追捧，甚至還可以將自己的名號刻於作品之上，從而具有標榜身分與品牌的特權。而這一特權背後依然連帶著複雜的熟人與社會關係。如，清代雲南騰越就出現過一批以設計製作者的姓氏來命名的商舖品牌。（見表4-6）

表4-6 清代一些騰越翡翠中的品牌玉器

名玉名稱	時間
綺羅（尹家）玉	嘉慶
段家玉	同治
振坤玉	宣統
玉家玉	同治——光緒
馬家玉	光緒
官四玉	清末

一、權勢話語：權力意志的結構形式

　　作為一些技術複製的「勞動者」，如清宮廷造辦處玉作雖然聚集了不少琢玉高手，但很難突破約限而創作出新穎精彩的玉雕藝術品的原因，既包括來自皇帝旨意與權力的施壓，更包括來自對自身技術資本的保持以及對集權制度與利益的服從，因而無法像明清聞名的蘇州專諸巷的手工藝人那樣，真正地開發自身的創作力以表現個性逸致。

　　琢玉技藝通常依靠子承父業的方式傳承，一些絕技世代相傳而且祕不外宣。工匠與藝人作為工藝傳承的主體，是玉文化實質性傳統傳承的中樞。儘管王朝的更迭會影響玉石工藝的風格發生不同程度的變化，但藝人與工匠卻能保持較強的技術穩定性，使得從祖上或前代承襲而來的技藝風格不會輕易改變。如秦國立國不足十五年而亡，其間並沒有充分的條件培育出琢玉大師，掌握技藝的人多數仍是戰國時期的玉匠，故琢玉業基本保持前代的風格。但是，工匠群體在文化變遷中也具有一定的空間流動性。以五代十國時期和宋、遼、金、夏時期為例，由於工匠能夠生產製作滿足統治階級消費、反映統治階級意志的玉石工藝品，他們勢必成為一個王朝需要保留的中堅力量，而地域和政權的分立又使得工匠群體因皇室的需要而被徵調、移徙。

　　工匠和藝人持有技藝話語權，時間上的繼承與空間上的流動使他們將不同地域、朝代、民族的技藝特色傳播、滲化，從而形成新的玉文化特色。但新特色的形成週期往往很長，這就從一個側面說明即使在中國傳統社會急遽動盪的王朝更迭時期，玉文化傳統仍然鮮有強烈的變化。

　　首先，文化變遷的影響往往具有滯後性。

　　其次，玉文化傳統中，技藝傳承者的知識系統是穩固的，加之對尊親傳授技藝的「尊」「信」情懷，使得琢玉技藝傳承中形成濃重的唯「神」、唯「宗」的宗法現象。換句話說，史前先民對玉石物件形制及紋飾不容丁點改動，且每一個細部都被賦予了神的屬性和象徵意義，到了傳統社會，徒承師藝、徒遵師囑的做法難道就不能理解為一種性質相似而傳承形式不同的尊「神」敬

「神」的傳統嗎？總之，技藝傳承的宗法性一方面成為玉匠不敢突破創新的限制因素，另一方面又構成琢玉技藝中的實質性傳統傳承的重要前提。

最後，玉石工藝品需求對象所處的社會結構是相對穩定的，這是玉文化古典傳統最大的背景特徵。除王室之外，士紳官僚作為國家與民眾間的紐帶，其社會結構也呈現出極強的穩定性。需求者為了滿足自身的符號需要，必須生產這種權力符號，也就勢必營造相關的機構，由此形成官方與民間的琢玉機構。官方與民間琢玉機構在某種程度上又是生產製作者具有不同文化資本的顯現。前者由王室賦予技藝話語權，後者由以士紳為代表的統治階層和民眾賦予話語權，因而前者的技藝更加符合規範與制度性的表述結構。後者因為主要在民間習慣性話語的基礎上進行表達，所以更加習俗化、地方化，玉石製品的形制、寓意也相對自由，而地方化與習俗化也是玉石製品形成南北東西風格流派的重要原因之一。

雖然工匠在技藝文化體系中具有主動性，然而話語權一旦轉移到了工匠手中就會發生兩種情況：一是作為宮廷玉匠，他們將不可違命地保持傳統正宗，且不為謀取私利，進行一種不計時間、不計成本的製作；二是導致經典的世俗化。從某種程度上說，工匠是專業文化資本的持據者，具體表現為他們擁有的技藝與習得的知識，然而工匠對專業文化資本的持據卻是為統治階級服務的。也正因為這樣，統治階級擁有了多重意義上的文化資本。因而，古典時期的玉文化傳統中，統治階級仍然是最具有權勢話語的集團。

(4) 話語權的轉換：經典的世俗化

作為民間玉業，作坊的林立，手工藝人的湧現，一方面代表其時治玉行業的興盛，但另一方面，為謀取利益，仿古做沁、粗製濫造時有發生，這些工匠不是民間玉匠的全部，但由於手藝活是他們養家餬口、興家立業的生存手段，所以他們現實地製造了可供大眾消費的物品。一些學者認為，宋—明時期已產生「民玉」現象，這又何嘗不是現代消費文化在古典時期的存在形

一、權勢話語：權力意志的結構形式

態？生活在傳統社會的人們，對器物的模仿、複製是出於本能的、對秩序的維護，這種秩序是三代奠定下來的宗法結構，是集權與科層結合併形成穩定統治的基礎。正如西周時期在宗法玉製中反映出的社會分層結構一樣，一種自相似的結構與複製能力在中國傳統社會各個領域範疇存在著。就崇尚仿古之風來說，仿古玉題材以及製作技藝的複製模仿也有世傳，從另一種視角來看即屬於唯「宗」、尊「宗」的做法。玉匠自覺不自覺地遵守著這種秩序，使得玉文化傳統能夠世代傳承發展。

另外，傳統延續的另一種方式便是透過世俗的教化。也就是說，傳統經典要麼以抗拒世俗的姿態存留，要麼以世俗教化的手段傳承。經典的、反映君王權力意志的玉器製品及官方與民間作坊體制何以在民間擴展並形成世俗化的琢玉行業？這涉及話語權的轉換問題。民間傳說奉丘處機為玉器行業的祖師爺，在某種意義上看，就是將史前神聖無比的資本，即一種只有巫覡或專職技藝人員才能擁有的文化資本，轉換為世俗和平凡的但又有特殊藝能的民間玉匠能夠持有的資本。轉換、衍變了的話語權及專業文化資本逐漸成為一個民間行業的權力形式，治玉技藝被教化成一種以生存能力為前提的社會生活手段，非遠古時期及傳統社會前期崇神祭祀的宗教政治生活手段。可以說，中國傳統社會的民間行業組織為了自身的生存利益，為了保護行規和經營原則，而設立了以「行業祖師」為代表的崇祖形式。在「正統」「正宗」的傳統社會中，只有借助祖師爺被賦予的神聖、正宗屬性來形成行會，才能成為社會承認的組織存在。「行業祖師」既是行業者的精神寄託，又可以透過這種尊師祭祖的神聖化方式提高本行業的聲望與地位。從某種意義上講，以「正統」「正宗」為可靠保障，不但強化了這門工藝在統治階層與民間大眾中的認可，還促進了這種傳統技藝在歷史中的穩定傳承。

《周禮‧冬官‧考工記》對手工藝人的概括是：「知者創物，巧者述之，守之世，謂之工。百工之事，皆聖人之作也。」《尚書‧洪範》所謂「於事無不

147

第四章　古典傳統：權力意志與比德理念

通謂之聖」，都指出聖人乃把握諸事規律而通曉諸事的人。可見，這裡的聖人就是掌握技藝話語權的智慧之人。他是造物的設計者、絕密知識的掌握者，他從事的創物工作的性質不同於「工」。「工」是唯宗的「守之世」者，即製作玉石工藝品的工匠。玉器行業的祖師爺、被玉器手工藝人頂禮的「白玉真人」丘處機道長，被後人描述為有特殊設計才能的聖人。

(1) 北方的玉器行業，是有一個祖師爺的，人們尊稱他為「丘祖」。這位丘祖他叫丘處機，是個道士，道號「長春」，本來是山東人，小時候家道貧寒，繼承父業，擔個書挑兒，走鄉串戶，賣點兒書啊，紙墨筆硯啊，度日也很艱難。後來當了道士，四處雲游，學了不少本事，特別是琢玉的手藝。他到過河南、四川、陝西、甘肅，最遠到過新疆，在出產和田玉的山裡頭探玉、相玉，眼光、學問、手藝，樣樣兒都是了不起的。他從西北又千辛萬苦地來到北京，就在離這兒不遠的白雲觀住下了⋯⋯傳說，元太祖成吉思汗聞長春道人的大名後，召其進宮請他做玉件，他做的香瓜和玉瓶令成吉思汗讚歎不已。成吉思汗後封長春道人為「白玉大士」。

(2) 另一種說法對這個長春道人有點不敬，說是：成吉思汗賜給長春道人一隻玉杯。有一次御駕親臨白雲觀，卻不見他使用這個玉杯，問他何故，長春道人卻說御賜的聖物不敢使用，只能頂在頭上。成吉思汗適才發現其頭頂玉杯，玉杯上打了一個便於固定的眼兒，扣在纂兒上，用簪子一別，當成了道冠。成吉思汗一高興便說：「噢，頂天立地，你是玉業之長了！」這兩種說法不知孰真孰假。自那以後，長春道人就成了北京玉器行業的祖師爺，人稱「丘祖」。四處化緣的道士，只要能背下來水凳兒歌訣的，必是白雲觀出來的，玉器藝人都要好好地待承。每逢正月十九，是丘祖的生日，都到白雲觀去拜祖師爺。九月初三是丘祖升天的日子，又都到琉璃廠沙土園的

一、權勢話語：權力意志的結構形式

長春會館去聚會，那兒供奉著丘祖的塑像。

(3) 還有一種說法：丘處機原名邱左，得道成仙後經常為百姓做好事。有一天元太祖為公主辦嫁妝，從中國各地招來了上百位有名的玉石工匠，送進了上林院，並傳旨要他們在一個月內雕磨出一萬件玉器珍品，以作公主的大婚之用，若拖延誤工，到期不能完成，當格殺勿論。這一任務並非朝夕之事，也絕非工匠能力所及。丘處機為解救工匠，便上奏皇上說，這萬件玉器由他一人製作，請皇上放回玉行的匠人，免去州縣貢品。他在元太祖面前伸手捏出一隻玉麒麟後，皇上便答應其要求。之後，丘處機到民間傳授玉器技藝。傳說每當有人學會一件玉器的做法，宮中就會少一件玉器，這樣，宮中的萬件玉器陸續回到了民間。從那以後，民間玉器行業就奉丘處機為「丘祖」。北京每年農曆正月十九丘祖生日的這天，玉器行業的匠人們都會來白雲觀供奉，也叫「燕九節」。

看了對丘處機的描述，我們自然會追問：為何有長達萬年歷史的玉文化，其行業祖師爺卻與生活在金代的人物發生了密切的關聯？從歷史及社會文化背景來看，丘處機被治玉行業的手藝人奉為祖師爺的說法主要集中出現在金、宋、元時期，當時的玉器行業狀況與頂禮祖師爺的需要可能恰好相符合。

首先，宋代，玉器發展走向民間，市井繁榮促使民間作坊增加，行業與行業之間的競爭、行業內的競爭都不可避免，而具有祖師爺可以在一定意義上提升本行業的聲望和地位。

第二，宋代民玉的確有著繁盛的發展，但宋金、宋元的歷史戰亂在某種程度上破壞了玉器手工行業的完整性和繁榮景象。在社會文化發生急遽變遷的情況下，玉器行業頂禮祖師爺，並形成一系列相關的傳說，就成為保護行業、行業存留的手段之一。

第四章　古典傳統：權力意志與比德理念

第三，這些關於玉器行業祖師爺的傳說，成為一種歷史的印記，具有歷史的行業或手藝能夠為眾人認可而繼續存在。丘處機處於特殊的社會歷史背景之下，還具有特殊的經歷與身分，他成為玉器行業的歷史性代表人物，不但為這門技藝、這一行業增添了諸多的歷史文化價值，還提高了經典世俗化時期琢玉手藝人的社會地位。

二、比德符號：價值觀念的詮釋

玉與中國傳統的「德」有著不解之緣。歷史上，它代表過修身以具德的個體教化，又代表過德治以安邦的社會意義上的教化，這些都是以玉比德的實質性內容。「比德」即借用一系列能指的形態指示出所指的內容與意義。所謂能指，既指玉石材質等自然屬性，又是佩飾、陳設品、收藏研究之用的具體玉石製品形態。中國傳統的白玉材料針對有「德」觀念的表述已被賦予了歷史文化的限定性，達到了非「白玉」（尤其是羊脂白玉）不能「比德」的地步。能指的形態中，佩飾的比德範疇實現了由王室禮制化向民間習俗化的擴展。明代和田白玉的廣泛運用，使比德的概念在市井文人階層中擴展開來。同時，集合市井「求太平」「福子孫」「祈升官」「祝發財」「佑長壽」等民俗文化，以及仿玉的石製飾件和仿古製品，使與品德比附的玉石符號融入了多元的價值意義。自宋代以來的陳設品、收藏品以及用於金石研究的玉器等，卻屬於與佩飾用玉不同的比德符號，這些玉器側重從文玩志趣、託古思幽等方面展現出文人雅士的君子生活和情操。

（一）比德價值觀念的歷史發展及意義

不同的歷史時期、不同的統治階級內部結構、不同的身分群體在建立價值觀問題上相異甚多。特定歷史時期下的社會，存在一個共同的社會價值體系，這個價值體系形成國家的核心價值觀念，是指向同一、一致性的。然而

二、比德符號：價值觀念的詮釋

個體在建立自己的價值觀時是各向異性的，有些可能與社會的總體價值觀形成衝突，有些則相融合。因而，社會中不同身分群體的價值取向會受其所處的階級地位、知識系統、利益關係等因素的影響。

玉石的自然屬性以及歷史繼承的社會屬性，恰恰使這一客體滿足了主體的需要，從而成為比附德行及社會教化的載體。歷史文化變遷必然導致不同時期的主體需要會在一定程度上形成和發展。利用客體屬性滿足主體需要這一價值關係，主體也會自覺地認識自己的需要，掌控自己的需要，創造自己的需要，實現自己的需要。君子不僅僅利用不同形制玉飾的佩帶來表現自己操行的合「禮」，還透過與行步時玉石發出的聲響、不同玉石的色澤及功用方面的比附創造出合「禮」的需要。譬如遠古時期，用作耳飾的玉玦以及作為佩飾的玉璧，到了春秋戰國時期，因主體需要而形成新的意義和價值。當時，君侯以玦為信，表示關係「決絕」和意見的「決斷」，而玉璧又成為決裂之後求和復好的信物。後來，這種決與玦、合與璧相比附的需要發展為君子獨善其身的需要，君子腰際佩玦表示善決斷的品性，佩玉璧則表示品德的美好。可見，比德反映的價值觀念本身就是動態而非靜態的。在玉石的客體屬性滿足主體需要的過程中，不同時期、不同意義的社會文化實踐可能會消解它原有的價值意義，但同時也可能會使它不斷地萌發出新的內涵。

「比德」和中國傳統文化的價值觀念有著必然聯繫，從西周時期「唯德是輔」的理想到春秋戰國時期比德理念的真正形成及其對後世各代的影響作用，是在漫長的歷史過程中得以豐富和發展的。因而，比德作為一種廣義的價值評判標準，反映了在不同歷史時期，圍繞人生、人性甚至具體到個人的言談舉止等形成的思想與觀念，是一種繼承性的、實質性的中國玉文化傳統。

狹義的比德，僅以春秋戰國時期的「君子比德」為代表，反映出這一特殊歷史時期的玉文化傳統特點。在這一時期，各流派的思想家圍繞利與義、

第四章　古典傳統：權力意志與比德理念

德與力、貴與賤、得民心與得天下等問題，引發了空前的學術爭鳴。玉石作為比附人們品德的價值評價要素出現在各家學派的主張中，尤為突出的是孔、孟、荀的儒家體系。儘管其他各家，如法家、墨家、道家對其也有評說，但多是符合自己思想主張的言論內容。

春秋戰國時期，不同社會階層、群體從自身利益和需要出發，確定自己的價值取向，提出自己的價值觀念，社會上由此形成了激烈的價值衝突。由於非禮之舉、僭越之事、篡奪之風屢見不鮮，天人之辨、群己之辨、義利之辨、德力之辨遂成為當時價值觀念矛盾衝突的主要內容。

儒家以仁義道德為價值取向，體現在理想人格的塑造和理想社會的設計上，也就是主張形成「君子」「聖人」的人格和「仁政」「德治」的社會。這一價值理論體系是西周「敬德」價值觀念的進一步發展，它表明了儒家希望在「禮崩樂壞」的時代恢復西周時期的價值精神，以此來拯救社會，重整價值秩序。而「以玉比德」逐漸凸現出儒尊、唯宗的地位，從而在衝突中確立了一個主要的價值朝向。自西漢起，人們將「尚白」觀念與儒家「仁」學相提並論，這不但提高了人們色彩審美的文化品位，更增強了白玉比附的社會道德品性。《春秋繁露‧執贄》「君子比之玉，玉潤而不汙，是仁而至清潔也。潔白如素，而不受汙，玉美備者，故公侯以為贄」的記載，正是儒德的印證。

墨家把「為公」「利民」作為最高的價值取向，認為功利是其他一切價值的基礎和核心，制約著其他價值的存在及作用。以孔子為代表的儒家重道德而輕體力勞動，以墨子為代表的墨家強調主體的勞動價值，由此形成兩種權勢話語的存在狀態：占有勞動價值之人，持道德，從而比德於玉，成為擁有多重文化資本的君子；創造勞動價值的人，持手藝，成為專業文化資本的持有者。從另一角度來看，正是階級分工及上層社會對手工業勞動者的輕視，才促使手工業成長的環境維持了一定的封閉性和獨立性，為治玉傳統的延傳提供了相對穩固的保障。

二、比德符號：價值觀念的詮釋

　　道家將玉德理念比附到神仙聖人的身上以及由他們構築的虛幻世界之中。百姓常言的「玉皇大帝」是道教最高的權力者，神靈仙道的居所是「玉京」「玉清」「瑤池」「玉樓」「玉闕」，跟隨他們的侍者是「玉郎」「玉女」，他們服食的是「天地之精」，即所謂「結積堅固，是以不朽。金、玉、珠者，天地之精也。服之，與天地相畢」。不僅如此，就連天上宮闕中的動物、植物，如「玉兔」「玉蟾」「玉樹」等也被比附了玉之不朽的「神性」和純潔清靜的意義。由於道家的價值觀是作為儒、墨、法的對立面出現的，它反映的文化心態比較複雜，既帶有強烈的批判精神，又有著看盡塵俗的消極態度。但總體上講，道家脫離了塵俗中用玉禮制的束縛，而將關注的重點投向主體自身（身體）和自然的存在狀態。與身體的聯繫還反映在玉的養生功能上，無論是佩戴以調養、護生還是服食「玉膏」，似乎也潛合著某種交感原理。這種自然意義上的和諧觀念是遠古彌留的「神性傳統」的延續，也是玉石與儒、釋、道三家文化形成緊密關聯的基礎之一。

　　法家思想雖與儒家、墨家、道家、名家等均存在某種淵源關係，但宗旨不同，它是一種權力價值觀。法家討論的價值問題，重在政治領域，其具體內涵為君主的權力。君主權力處於中心地位，它決定和制約著「法」與「術」，其價值層次為：君←勢（權）←法←術，這是一種權力價值系統。玉石器物不同於金銀一類的物品，玉石伊始就經過原始宗教文化的洗禮，故而凝結著更深厚的人文精神層面的意義。比附權力的玉德觀，在玉璽、玉印等器物得到充分的體現。玉璽、玉印扮演了權力理念的角色，表現了權力價值系統中的至高權力，它反映出統治階級的意識形態。不但如此，對玉石原料物質資本的占有與控制也是法家權力價值所推崇的。權力代表著君主在人間的最高價值，因權力賦予他能夠統治臣民、占有資本。所以，法家推崇的權力是君主自身地位的保障，也是其威嚴統治的基石與控制力量的源泉，正如《韓非子·八經》所謂「勢者，勝眾之資也」。

第四章　古典傳統：權力意志與比德理念

　　以孔子及後學孟子、荀子為代表的儒家哲學實現了由天帝鬼神向人事的重大轉折，促成了人與神的分離，實現了主體意識的自覺。儒家學說重在探討人生價值問題，基本建立起人生價值理論體系。孔子把「仁」作為一種內在規定性，使其成為人生價值的核心理念，並把「成仁」作為最高的人生價值目標，突出「為仁由己」的主體自覺能動性的發揮。但是孔子所理解的主體只是孤立的道德化的主體，這種主體的行為主要是某種意義的個人的道德行為，而不是社會行為。作為社會整體行為的統一，往往是以犧牲掉個體特性為代價的。

　　由此，君子比德於玉，一方面把限定在「心所欲不踰矩」範圍內的德行視為有「禮」，並以「仁」「禮」為前提總結出了「十一德」的道德價值評判標準。（見表 4-7、4-8）從某種程度上說，這是教化比德的主體透過犧牲個體特性來維持社會整體行為的統一，「十一德」「九德」「七德」「六德」「五德」是嚮導社會價值的力量，它提供了君子群體身分認同的途徑，是正統的社會價值標準，甚至也是無可選擇的。另一方面，對「貴玉賤珉」的探討，以及「仁、義、潔、勇、智」等德行的二分對立的認知結構與社會結構（見圖 4-9）的提出，又形成一種個體內在的規範，而這一規範卻是具有「策略」性的社會群體形成身分區分的標誌，它是可選擇的。也就是說，傳統社會的個體既要淡化、犧牲自己的個體特性來強調社會群體（實為統治階層意志）的特徵，又要應不同社會等級區分來要求自己做出策略性的行為，以區別和強化自己的群體身分與地位等級。如此一來，個體價值與社會價值之間的矛盾形成了比德內涵擴展的張力，這種張力致使隋唐科舉之後及至宋—明，崇玉、用玉、藏玉之風在民間玉文化中的興盛繁榮。以玉比德，在這種張力之下也擴及文人士大夫等更廣的社會群體範圍。

二、比德符號：價值觀念的詮釋

表 4-7 以玉比德的「十一德」「九德」「七德」「六德」「五德」說

名稱	內容	出處	成書時間
十一德	「敢問君子貴玉而賤珉者何也？為玉之寡而珉之多與？」孔子曰：「非為珉之多，故賤之也；玉之寡，故貴之也。夫昔者君子比德於玉焉：溫潤而澤，仁也；縝密以栗，知也；廉而不劌，義也；垂之如隊，禮也；叩之，其聲清越以長，其終則詘然，樂也；瑕不掩瑜，瑜不掩瑕，忠也；孚尹旁達，信也；氣如白虹，天也；精神見於山川，地也；圭璋特達，德也，天下莫不貴者，道也。」	仁、知（智）、義、禮、樂、忠、信、天、地、德、道	《禮記·聘義第四十八》	西漢
九德	夫玉之所貴者，九德出焉。夫玉溫潤以澤，仁也；鄰以理者，知也；堅而不蹙，義也；廉而不劌，行也；鮮而不垢，潔也；折而不撓，勇也；瑕適皆見，精也；茂華光澤，並通而不相陵，容也；叩之，其音清摶徹遠，純而不殽，辭也。是以人主貴之，藏以為寶，剖以為符瑞，九德出焉。	仁、知（智）、義、行、潔、勇、精、容、辭	《管子·水地》	戰國〈戰國至秦漢〉
七德	溫潤而澤，仁也；栗而哩，知也；堅剛而不屈，義也；廉而不劌，行也；折而不撓，勇也；瑕適並見，情也；扣之，其聲清揚而遠聞，其止輟然，辭也。	仁、知（智）、義、行、勇、情、辭	《荀子·法行》	戰國

155

第四章　古典傳統：權力意志與比德理念

六德（六美）	玉有六美，君之貴之……望之溫潤者，君子比德焉；近之栗理者，君子比智焉；聲近徐而遠者，君子比義焉；折而不撓、闕而不荏者，君子比勇焉；廉而不劌者，君子比仁焉；有瑕必見之於外者，君子比情焉。	德、智、義、勇、仁、辭	劉向《說苑·雜言》	西漢
五德	玉，石之美者。有五德：潤澤以溫，仁之方也；䚡理自外，可以知中，義之方也；其聲舒揚，專以遠聞，智之方也；不撓而折，勇之方也；銳廉而不枝，絜之方也。	仁、義、智、勇、潔	許慎《說文·玉部》	東漢

表4-8 「十一德」「九德」「七德」「六德」「五德」比附內容及權重

名稱	內容		重要性
仁	溫潤而澤，仁也。	十一德	位居十一德第一
	夫玉溫潤以澤，仁也。	九德	位居九德第一
	溫潤而澤，仁也。	七德	位居七德第一
	廉而不劌者，君子比仁焉。	六德〈六美〉	位居六德第五
	溫潤而澤，仁之方也。	五德	位居五德第一
知〈智〉	縝密以栗，知也。	十一德	位居十一德第二
	䚡以理者，知也。	九德	位居九德第二
	栗而理，知也	七德	位居七德第二
	近之栗理者，君子比智焉。	六德〈六美〉	位居六德第二
	其聲舒揚，專以遠聞，智之方也。	五德	位居五德第三

二、比德符號：價值觀念的詮釋

義	廉而不劌者，義也。	十一德	位居十一德第三
	兼而不蹙，義也。	九德	位居九德第三
	兼剛而不屈，義也。	七德	位居七德第三
	聲近徐而遠聞者，君子比義焉。	六德〈六美〉	位居六德第三
	觀理自外，可以知中，義知方也。	五德	位居五德第二
勇	折而不撓，勇也。	九德	位居九德第六
	折而不撓，勇也。	七德	位居七德第五
	折而不撓，闕而不荏者，君子比勇焉。	六德〈六美〉	位居六德第四
	不撓而折，勇之方也。	五德	位居五德第四
精	瑕適皆見，精也。	九德	位居九德第七
情	瑕適並見，情也。	七德	位居七德第六 |「情」同「精」
	有瑕必見之於外者，君子比情焉。	六德〈六美〉	位居六德第六	
德	主璋特達，德也。	十一德	位居十一德第十
	忘之溫潤者，君子比德焉。	六德〈六美〉	位居六德第一
行	廉而不劌，行也。	九德	位居九德第四
	廉而不劌，行也。	七德	位居七德第四
辭	叩之，其音清搏徹遠，純而不淆，辭也。	九德	位居九德第九
	扣之，其音清揚而遠聞，其止輟然，辭也。	七德	位居七德第七
潔	鮮而不垢，潔也。	九德	位居九德第五
	銳廉而不枝，，絜之方也。	五德	位居五德第五
禮	垂之如隊，禮也。	十一德	位居十一德第四
樂	叩之，其聲清越以長，其終則詘然，然也。	十一德	位居十一德第五
忠	瑕不掩瑜，瑜不掩瑕，忠也。	十一德	位居十一德第六
信	孚尹旁達，信也。	十一德	位居十一德第七

第四章　古典傳統：權力意志與比德理念

天	氣如白虹，天也。	十一德	位居十一德第八
地	精神見於山川，地也。	十一德	位居十一德第九
道	天下莫不貴者，道也。	十一德	位居十一德第十一
容	茂華光澤，並通而不相陵，容也。	九德	位居九德第八

比德符號價值觀念的變化還表現在對於德行價值評價視角的變化。起初的比德於玉，受先秦哲學思想的影響，是集道德評價與審美評價於一體的視角進行評價的。重玉輕珉，將自然玉質的真、善、美引向對人的德行操守的評價。所謂「瑜不掩瑕，瑕不掩瑜」「君子無故玉不去身」「君子比德於玉」，均是君子道德修養的標準。而到西漢時期，劉向提出了玉有六美的言論（亦即「六德」說），使「美」與「德」既有統一又有區別。「統一」，是把玉石的審美評價標準與社會的人倫道德標準並舉為重，且形成一種趨從於社會意識形態的道德和審美標準。「區別」，是那些描述玉石的形、色、質、聲等「美」的元素不再全然依託於「德」的觀念。自西漢始，在史前因玉石自然屬性形成分化認知的基礎上，人們逐漸重新認識玉石具有的自然美。這一重新認識，也在某種程度上影響著後世各代的審美觀念和藝術風格。例如，唐宋時期的玉器就形成了對自然界植物、動物以及人物寫實而又富於想像的藝術風格。對玉石自然品質的尊重、對玉石自然美的認知與創造，也在一定意義上成就了宋、元、明、清把玩、陳設藝術品中出現豐富的題材、寓意和形制。

春秋戰國可謂「文化軸心時代」，此時形成的價值觀念成為其後兩千多年間價值觀念的思想源泉。漢武帝時期，統一集權的大帝國的建立，使新興的地主階級面臨確立統治思想、建立主導性價值觀的歷史任務。經歷了先秦以來「百家爭鳴」「各崇所善」等多種價值觀念的發展，最終確立了以儒家思想為統治思想，即一種以儒家思想為指導的「三綱五常」的價值觀。「三綱五常」不僅是兩漢時期與中央集權的封建專制主義和大一統的政治格局相適應

二、比德符號：價值觀念的詮釋

的主導價值觀，更成為整個中國傳統社會不可動搖的價值準則。

綱常人倫建立著穩定的家庭乃至社會關係，它既是橫向的聯結又是縱向的紐結。（見圖4—8）五常中的「仁、誼（義）、禮、知、信」更是玉德觀中最為重要的「仁」「知」「義」「勇」所衍生的內容。三綱表示了政治生活與社會生活中的縱向與橫向關係間遵守的信諾、憑信。

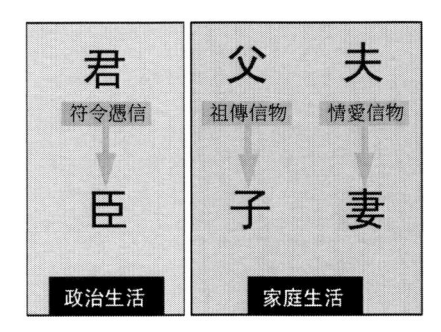

圖 4-8 三綱五常下玉為憑信在社會與政治生活中的關聯

首先，比德的玉符指示君臣之間的憑信。其中主要有符節、璽印等用於政治生活的玉製品，甚至包括了君賜賞臣的玉禮物和臣進貢君的玉禮物。這都表達了君臣之間維繫綱常的「信」守。

其次，比德之於父子這種社會生活的縱向關係中，則以傳家玉寶及祈福後代的玉器為代表，而這不單是個體生活的關係信符，更是作為君王中「為民」「宜子孫」的德行而推行。東漢時期，王符批判西漢以來的正統價值觀，提出「以民為基」的觀點。他認為，君權並不是讓君主用來謀一己之私、壓迫民眾的，而是為民眾謀福利的。鑒於此，民眾就是抽象意義上一個國家君王的子孫。玉器帶有特殊的象徵意義和權力屬性，因而可以認為，東漢玉璧上頻頻出現的「宜子孫」等文字是從一個方面說明了君權應是用來為子民謀得福利的權力。此外，王符還在《潛夫論·論榮》中提出「富民」「教民」的理論，就是在強調統治者必須重視子民安富的觀念。在某種程度上講，富民與教民正是父予子、「宜」子孫後代的思想。

159

第四章　古典傳統：權力意志與比德理念

最後，比德之於夫妻家庭生活的橫向關係中，則多以玉瑞信物表情達意、示情之堅貞永恆。夫妻之間、情人之間這種「信」守的道德以及堅貞純潔的美德深刻地反映出玉之自然屬性和社會屬性。

然而，物極必反，盛極必衰，到了魏晉時期，社會主導的價值取向為「崇尚自然」的思想觀念，這既是對漢代崇尚儒家綱常倫理價值觀的否定，也是對先秦道家自然價值觀的復歸，但其內涵與老莊的道家觀念卻存有差異。《抱朴子·仙藥篇》及《玉經》等均有吃玉長壽的論述，李時珍的《本草綱目》中也有玉可以作為礦物藥材的記載。然而，魏晉時期所提倡的可能並非合理的藥用玉石，而是將食用的意義誇大，長壽或成仙不僅受當時玄學思想的影響，也從一定的程度說明個體對生命價值觀增強的意識。換句話說，魏晉時期的名士珍重生命價值，而「崇尚自然」必然導致價值重心轉移投注到對個體自身的身體關注。因此，魏晉名士的「個體自覺」很可能是「食玉」之風盛行的原因之一。

（二）比德符號的意義衍化

1. 比德符號之於「君子」

與能指呼應，比德符號意義的所指是指不同歷史境遇下君子的品德與操行。因為社會主導價值觀以及個人價值觀在歷史時態中的變化，使得比德符號的意義產生衍化。

「君子」不是確定不變的概念。歷史發展過程中，隨著社會階級的分化，君子的概念也發生著變化，這在本章伊始權勢話語的構成基礎部分有所提及。君子從西周春秋戰國的「貴族君子」演變為科層制產物的「君子」，君子佩玉的符號意義也從狹義的禮制化時期的「唯德」擴展為有才學、有品德甚至有富貴等內容。反映此內容的文字描述不勝枚舉，如「玉堂金馬」就是用來比喻因才學出眾而富貴顯達的。又如《紅樓夢》中的「通靈寶玉」，其比附

二、比德符號：價值觀念的詮釋

的德行就具有雙重對立的性格，一種是展現主角賈寶玉心靈具有自然美質、天真純樸、反叛傳統禮制的個性，一種是賈政等封建衛道士極力教化塑造出「五德俱備」的「肖子完人」的個性。《禮記‧學記》載「玉不琢，不成器。人不學，不知道。是故古之王者建國君民，教學為先」。這就是說，封建體制下的教化完成了「思索」的任務，根據嚴格的律令和倫理道德價值觀的教化導向，才能「思索」出符合傳統社會意識形態要求的、具有「玉德」的「君子」。

王安石指出：「天子諸侯謂之君，卿大夫謂之子，古之為此名也，所以命天下之有德。故天下之有德，通謂之君子。有天子、諸侯、卿大夫之位，而無其德，可以謂之君子，蓋稱其位也。有天子、諸侯、卿大夫之德，而無其位，可以謂之君子，蓋稱其德也。」按照這種政治職務分配的理想和原則，有位者有德，無德者無位，德與位一致。德位一致意味著君子既是有位者又是有德者，小人既是無位者又是無德者。這或許就是君子與小人「既指兩種道德人格又指兩種社會階層」的雙重含義之根源。但是，社會的現實生活卻往往相反，有位者無德，有德者無位。德與位分離的現實，逐漸使君子與小人的稱謂不再有社會階層的含義，而專門指有德者和無德者。君子亦即有德者，小人亦即無德者。及至漢代，君子與小人的這種含義已成定型。「君子」一詞表達的概念是善人、好人、合乎道德的人、長期遵守「善」原則且使之內化為自己的人格的人。

比德觀念真正的確立是在春秋戰國時期，以玉珮飾為典型代表。成組的玉珮在貴族間流行，代表貴族的身分。「德」的本義是生、姓、性，也就是指與生俱來的「稟賦」。「德佩」的原始內涵是彰顯佩戴者及其祖先的稟賦源自某種神靈動物，而春秋至兩漢時組珮上最常見的神靈動物就是龍和鳳。君子從春秋戰國的貴族統治者轉變為「德才兼備的人」。由《禮記‧玉藻》的描述可知佩戴組玉珮的目的，是借助玉珮之間的相互碰撞所發出的優美聲音來調整約束君子的舉止，使君子不生邪念，而無是非之心。

第四章　古典傳統：權力意志與比德理念

　　比德符號意義的衍化實際上是其性質由特殊轉向了一般，即從特權式的貴族君子符號轉向以文人士大夫為代表的廣泛人群的普遍符號。

　　普通的石器發展為玉器之後，被注入了更高的價值觀念和意識形態。從歷史上看，在石器逐漸演變成美玉的過程中，中華民族的文字也逐步形成。中國古代的社會組織也發生了變化，出現了一個從事文化事業，靠文字和腦力勞動謀生的士大夫階層，正是這一批人，對歷史文化傳統的傳承造成了很重要的作用，他們賦予了文化以新的價值觀念。從薩滿演變而來的「君子」（士大夫），是制禮的「腦力勞動者」，同時也是文化轉型的推動者。

　　實行科舉制度之後，士紳漸漸發展為科層制的統治階級，其社會影響力與地位形成如下一些特點：一是對土地的擁有；二是他們所擁有的知識以及社會對他們學術地位的承認；三是他們與官府的密切關係；四是他們成為正統意識形態和儒家道德倫理的主要載體；五是他們在興辦社會公益事業及維護鄉民利益方面發揮了作用。重要的是，士紳不像貴族那樣，擁有可以保護自己利益和特權的獨立軍隊與司法機構，因而他們必須依賴皇權。據本章伊始所分析，士紳本身的構成是複雜的，他們可能包含著傳統的世襲貴族，又盡可能地把透過考試制度而獲得功名的無背景、無身分的普通人涵括進來。社會階級的分化，使得「君子」一詞真正代表的身分地位不再單一，即不再唯一指春秋時期的貴族統治者君子，而是透過新的、廣義的價值評價標準，如根據合乎道德、善良、好心等標準給予界定。

　　君子為比德的對象，其所比的「同質異構」的內容實質主要有：五德、六德、七德、九德、十一德。總體來看，既有表達嚴守節操、堅貞不屈的，也有表人儀態風雅的，還有高潔人品的。古人有以堅定之色為玉色的說法，如《禮記·玉藻》的「立容……盛氣顛實揚休，玉色」。《欽定禮記義疏》的「軍尚嚴肅，故色不變動，常使如玉也」。對於操行的隱喻有《三國志·魏志·管寧傳》「經危蹈險，不易其節，金聲玉色，久而彌彰」。劉晝《劉子·大質》

二、比德符號：價值觀念的詮釋

的「丹可磨，而不可奪其色；蘭可燔，而不可滅其馨；玉可碎，而不可改其白」。另外，描述人儀態風雅的如《世說新語·賞譽》引王戎云：「太尉神姿高徹，如瑤林瓊樹，自然是風塵外物。」又有《容止》篇云：「裴令公有俊容儀。脫冠冕，粗服亂頭，皆好。時人以為玉人。見者曰：『見裴叔則如玉山上行，光映照人』。」用玉來比喻人的品質高潔，如曹植《光祿大夫荀侯誄》「如冰之清，如玉之潔，法而不威，和而不褻」。《北齊書·元景安傳》「寧為玉碎，不為瓦全」。可以發現，比附人的品格與意志時，用玉來比德的符號已擴至社會中的女性角色。上至地位高貴的皇后妃子，下至閨閣秀女，其姿容、舉止的風雅與玉結下了不解之緣。

從社會性別的區分來看，這種現象表明，君子比德的指涉不排除對於女子貞德的比附內容。古往今來，與女子比德的玉文化符號並不鮮見，古有記載「白茅純束，有女如玉」，講的不僅是容貌如玉的女子，更是比喻女子純潔、含蓄的品德內質。諸如此類的，還有「亭亭玉立」「冰清玉潔」「守身如玉」「冰肌玉骨」以及「如花似玉」等。《紅樓夢》第五回中，寶玉看到一幅畫，畫中兩株枯木，木上懸著一圍玉帶，還有一堆積雪，雪下一支金簪，配有四句判詞：「可嘆停機德，堪憐詠絮才。玉帶林中掛，金簪雪裡埋。」短短幾句判詞傳達了關於女德的眾多訊息，《後漢書·列女傳》中的「停機德」是符合封建道德規範要求的一種婦德，「玉帶林」「金簪雪」分別喻指林黛玉和薛寶釵，而枯「樹」與「掛」、「雪」與「埋」都隱喻了冷落悲戚的結局。當然，玉與女子的德在《紅樓夢》中不盡如此，很多女性角色的相貌、性格、生活都與玉德相比附。如《紅樓夢》第五回「欲潔何曾潔，雲空未必空。可憐金玉質，終陷淖泥中」，描述的便是妙玉的判詞。《紅樓夢》第三十七回，李紈、探春等人在未賞白海棠之前，以詠白海棠為題所作的幾首詩中均有「玉」字，既是將白海棠比作玉，又是個人對德、品、情的暗喻：「玉是精神難比潔，雪為肌骨易銷魂。芳心一點嬌無力，倩影三更月有痕」；「淡極始知花更

豔，愁多焉得玉無痕。欲償白帝宜清潔，不語婷婷日又昏」；「出浴太真冰作影，捧心西子玉為魂。曉風不散愁千點，宿雨還添淚一痕」；「半卷湘簾半掩門，碾冰為土玉為盆。偷來梨蕊三分白，借得梅花一縷魂」。

除以上兩類之外，還有將君子實施文化實踐的活動和產物與玉德進行比附的情況。比如用玉來作為修飾，賦予物及行為以品德意義。常見的有玉筆、玉文、玉札、玉字、玉章（來函）、玉韻（詩篇）等。

總而言之，比德符號指涉的主體對象逐漸衍化，其既可以是男性也可以是女性，既可以是人也可以擴至人使用的物以及人創作的作品等具體的玉石文化實踐活動產物當中。

2. 比德符號的「德」「信」「力」「利」「義」

最初的比德以佩飾為能指。《禮記・玉藻》載：「古之君子必佩玉。右徵角，左宮（月）[羽]。趨以《採齊》，行以《肆夏》。周還中規，折還中矩。進則揖之，退則揚之，然後玉鏘鳴也。故君子在車則聞鸞和之聲，行則鳴佩玉，是以非辟之心無自入也。」「君在不佩玉，左結佩，右設佩，居則設佩，朝則結佩，齊則綪結佩而爵韠。凡帶必有佩玉，唯喪否。佩玉有沖牙。君子無故，玉不去身。君子於玉比德焉。天子佩白玉而玄組綬。公侯佩山玄玉而朱組綬。大夫佩水蒼玉而（純）[緇]組綬，世子佩瑜玉而綦組綬。」

春秋戰國，禮崩樂壞，玉器使用的僭越現象極為嚴重，漸漸脫離了原有的貴族統治階級壟斷使用的範圍，而儒家志士卻持有一種理想主義心態，希望不要僭越原有的用玉禮制，克己復禮。這也反映出當時玉器符號的專屬性被打破，其使用的主體對象在禮崩的社會情境下也漸漸發生變化，玉器成為原有貴族統治階級之外的人用來標識偽等級地位、形成新身分認同的符號。

可以說，隨著歷史發展，比德不僅僅侷限於先秦的玉珮飾文化，其能指已漸漸擴至宋代以來的文房陳設和收藏研究範疇。玉為「寶」的概念是一種帶有功利性評價的定義，它將玉石具備的美感和經濟價值綜合，又增添以深

二、比德符號：價值觀念的詮釋

厚的歷史人文價值，因而人們通認的「寶」具有一定的收藏價值。在宋代金石學的範疇中，玉「寶」擴展出崇玉文化的新內涵，此時作為比德符號的玉「寶」不單指涉原先「君子無故玉不去身」的修身比德，而是印上前代歷史文化，透過收藏及研究達到修德養性的目的，並形成了一種新的文化風尚。

總而言之，比德經歷了不斷發展、衍化的過程，它從佩玉以示德行，發展成為收藏玉、玩賞玉、研究玉也是修身養德的比德理念；它從一種與身體緊密相關的符號，發展成為生活起居等更廣空間內的符號；它從一種狹義的社會階級的象徵，衍化為一種廣義的、細化了的群體身分的象徵。

然而這一發展與衍化並非線性的進化，比德理念的形成與發展是緩慢的，其轉變以及不同歷史時期的不同內涵也是有歷史前提和社會語境的。總的來說，在玉文化傳統的古典時期，比德的實質性內涵基本得以延續，而在其基礎之上，不同的歷史境遇消解或豐富著「比德」的意義。

儒、墨、道、法的價值體系大致展示出春秋戰國時期的主要價值觀格局。四家所建構的價值理論體系，標誌著中國文化價值觀念的形成。作為價值理論發展的基礎，它對後世各代價值觀的影響是深刻和廣泛的。比德從單一指示的「德」行衍化出了廣義的「德」「信」「力」「利」等價值取向和內容。（見圖 4-9）

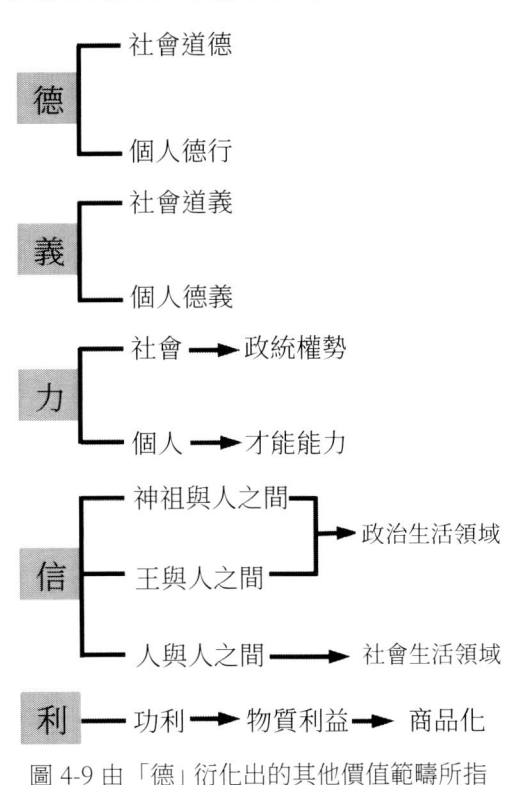

圖 4-9 由「德」衍化出的其他價值範疇所指

165

第四章　古典傳統：權力意志與比德理念

「德」包含了社會道德與個人德行兩重內涵。玉器比附的社會之「德」，正是由君—臣、父—子、夫—妻建立的政治生活與社會家庭生活關係中以「仁、誼（義）、禮、知、信」為主旨的綱常人倫價值觀。作為個人德行指標，往往重在內省修身、獨善其身，故君子以「修身養性，齊家，治國，平天下」為自己的理想人格。然而，在社會動盪甚至民不聊生的情況下，「德」「仁」的價值觀與解決民眾生存的「利」以及強邦國、安太平的「力」的價值觀相比，略失於實際操作性。也正因為如此，每個王朝在確立社會主導的價值觀念時，都會以前車為鑒，圍繞「利」「義」「德」「信」的價值觀進行選擇取捨。

春秋戰國始發的「義」「利」之辨的中心問題是道德價值與物質利益價值何者為重的問題，即二者誰對主體的生存和發展具有更根本的意義，而當時的探討大致可以歸為「重義輕利」（儒）、「義利兼重」（墨）、「崇利簡義」（法）和「義利雙棄」（道）四派觀點。從孔子到荀子，先秦儒家基本上都是重義輕利的，認為道德價值高於物質利益價值。墨家認為「義」的價值在於治世，「利」的價值在於為人類生存創造條件，為國家富強奠定基礎。法家則認為人們的價值觀是隨歷史的發展而變化的，仁義道德雖然在古代（三代）有重要價值，但在為財利而爭奪的時代，再去崇尚仁義頗不合時宜。秦代歷史相對短暫，但它卻充分吸納了法家思想，始創了玉為人間帝王權力的代表——傳世的秦國玉璽。傳國玉璽的意義不同於《周禮》對王之權力玉器的諸多規定。秦代開始，封建帝制的確立，代表著非神權的王權力量得以實現，要貫徹君王的權力意志和統治，必然需要合法化的、可以與君德相比附的、用以正名的符號。

何謂比德之中的「利」益觀？「利」代表著功利思想，在物質或精神需要的前提下，以「利」為導向的價值觀在一定意義上促進了商品性玉器的形成、發展與繁榮。恩格斯說過：「在社會歷史領域內進行活動的，是具有意識的、經過思慮或憑激情行動的、追求某種目的的人。任何事情的發生都不是

二、比德符號：價值觀念的詮釋

沒有自覺的意圖，沒有預期的目的的。」的確，主體需要是形成價值的基礎，而人們對玉石、玉器的需要又是具有社會性的需要。布爾迪厄「行為的利益定向」與恩格斯闡述的觀點相似，進一步來說，人們透過對玉石資源的占有來表徵階級群體的經濟資本，透過玉器作為禮物饋贈與憑信來表徵其社會資本，透過比德來表徵符號資本。權力的這幾種資本形式實現了一種表述，即主體自覺意識到自己的需要，根據自己的目的、動機、意志和慾望使之轉化為某種相應的追求，並為此進行有策略的社會實踐活動，如壟斷、饋贈、佩帶等行為。這些行為又在不同的社會場域中發生不同的效用。

「德」與「力」是標誌道德價值和實力價值的一對範疇，就個人而言，它表現為道德品質與氣力、能力的關係；就社會來說，它表現為道德教化與經濟實力、強權實力、軍事實力的關係。孔、孟「尚德輕力」「崇德非力」，商鞅、韓非「務力廢德」，荀子既肯定「德」的必要又強調「力」的價值。儒家「尚德輕力」的思想內涵在不同時期發生著演變，然而，儒家對「德」的重視深深地影響著各代文人士大夫的個人價值觀。玉器既代表權力——物質資本權力、社會資本權力、文化資本權力，又可以是脫離權貴的和具備個人高尚道德情操的比附。正因為這樣，玉器似乎處於一種尷尬的境地，或者說是它的自然屬性和豐富的社會屬性決定了「利」「義」「力」「德」之間的矛盾存在。統治權貴利用其「寶」的特性宣揚自身的社會地位；文人士大夫尊重其「仁」「德」，形成新「君子」群體的社會關係準則，「脫胎於相對不起眼的石製用具，帶有高尚『藝術氣質』的玉器，成為早期文明進程中社會地位和王權的尊貴象徵，接著又隨著士大夫『道統』與『政統』的分離，成為社會共識中的人與人關係的準則之象徵」。另如，「寧為玉碎，不為瓦全」就說明了道德高尚的人寧可做玉器被打碎，也不願屈辱地活著去做品質低下的陶器而得到保全的道理，其本質是對中國傳統社會政治生活的一種隱喻。

總之，比德所涉及的「德」「力」「義」「信」等意義均從社會群體的價值

和個體價值出發，在不同歷史時期、因不同統治需求發揮著不同的作用。傳統社會的儒、墨、法家思想，從不同角度並在不同程度上強調了社會群體價值的重要性，而道家則以「貴己」為重，崇尚個體價值的意義。至於道家價值觀與關乎人身體的玉文化之間的密切聯繫，將在下一節進一步地探討。

三、透鏡觀看：時空與社會場域中的閱讀

　　布爾迪厄認為，人們在感知社會的時候存在一種「分類透鏡」，事實上，它清楚地表明了人們無法完全去除文化的影響來觀看、理解一個社會的各種現象。西方文化理論中的「閱讀」有其特殊的內容。閱讀日益被看作一個普遍的文化現象，而不單單指我們細讀書面文本時所投入的一項活動。事實上，一旦我們置身於這個世界，並試圖去理解或解讀周圍的符號時，閱讀便成為我們自始至終參與其間的一個過程。要想理解我們的生活和環境（即使是嘗試性的、暫時性的理解），就需要不間斷地閱讀由以下途徑提供的文本：我們身居其中的政治體系，有意識和無意識的心理過程，當然還有媒體以及文學和藝術製作的大量影像。整個世界可以在隱喻的意義上被看成是一個文本。

　　閱讀總是歷史性的，它在特定的文化語境中發生，為解釋者所在群體的需求所塑造。閱讀帶有深刻的文化烙印，是文化決定了我們觀察世界的方式（或曰眼界），為我們劃定了一條分界線：在一個給定的文化語境中，什麼東西可以被說、讀、寫、看，什麼東西不能。它也受到社會進化進程的影響，受到感知中的文化修飾的影響：閱讀什麼，如何閱讀，必須得到期待、驅使或允許。

　　時空與場域中的玉文化現象數不勝數，我們將其置於特定的時空與社會場域中，透過對文化意義上的「文本」進行閱讀，而解析玉文化傳統中玉與人、與社會之間的關聯及意義。

（一）時空維度下的裝飾

本研究所指的「時空」並非純物理學意義上的時空概念，而是一種文化時空觀念，它包含著科學研究中無法述清的地方性知識，比如人們對玉石與生命同一關係的認識、祖宗用玉祈福後世子孫的習俗等，還包括有空間社會學概念中的社會群體與階層。

當然，本章側重從文化學「文本」和「閱讀」的角度探討玉石與人的身體和身分等問題。毋庸置疑，自史前以來，玉石就與人的身體關係密切。從玉石與人身體發生的關係來看，就其裝飾功能而言，大致經歷了「裝飾身體→裝飾與身體關聯的物（實用與非實用）→裝飾身體的社會生活空間場所」的變化過程。從玉器本體的形制演變來看，又體現著特定時空維度下的歷史文化。這種裝飾時空的變化決定了特定社會場域中人們對玉石的解讀不同。

1. 玉石關乎身體

玉石關乎身體，不但表現為裝飾身體，還表現為保護身體。或者可以認為，裝飾的一部分功能就是為了保護、佑福。有學者認為，亡人的斂飾就是為神鬼享食而保護身體的一種食物。裝飾體現的保護功能反映出人們的時空觀念。也就是說，玉石關乎身體，使身體成為符號充滿了能指與所指：喪葬死者的玉石裝飾品，如玉衣、玉面飾、九竅塞等反映了神性、除惡、辟鬼等福佑的思想；而現世者使用的玉珮、首飾，要麼表徵著身分等級，要麼比附德行修養。

外國人費解中國人崇玉的行為和文化，在他們看來，中國人近乎鋪張地使用玉這種珍貴的材料，其背後的動因很可能是玉具有生命永恆的意義和保護身體的作用。不僅是活著的人用玉，對於亡人也必須注重祭祀用玉。總的來看，亡人用玉所表現的對身體的關注方式主要有三種，即玉面罩、玉斂葬中的玉衣和玉飾的棺槨。

新石器時期，就已出現「斂玉」；西周中期至西漢前期，就有具有五官形

狀的斂葬用玉——玉面罩。有學者認為，這種特殊的斂葬用玉與西漢早期的玉衣有著一定的關聯，而且直至曹魏黃初三年，以玉衣為斂葬的方式結束。1969—1977年，河南安陽殷墟區殷商墓葬的考古發掘中出土了早期喪葬中的眼蓋、口琀和握玉，它們已具有玉面罩的雛形。事實表明，玉面罩在歷史進程中不同地域的使用切實反映了人們對飾身、護身文化的重視。依照等級，這種關乎身體的玉斂葬形式也只有皇室貴族級別能夠享有。另外，從空間地理的分布特點來看，出土的斂玉與國家最高統治權力所處的地理位置具有一致性。例如：陝西張家坡（西周中期）、河南虢國墓（西周晚期）、山西晉侯邦父墓（春秋時期）、河南洛陽戰國墓（戰國時期）、山東長清漢墓（西漢時期）、江蘇徐州漢墓（西漢時期）、江蘇建湖漢墓（西漢時期）等。

「珠襦玉匣」的玉衣屬於玉製的喪服，它是用穿有金、銀、銅絲的小玉片組成頭罩、上身、袖子、手套、褲筒和鞋子等部分的玉罩。按照等級，它可分為金縷玉衣、銀縷玉衣及銅縷玉衣。目前中國已出土玉衣二十多套，僅東漢時期的就有十餘套。學術界普遍認為，玉衣是在玉面罩的基礎上發展而來，且制工更加精緻，所耗玉材規模也更加龐大。《呂氏春秋·節喪》載：「國彌大，家彌富，喪彌厚，含珠鱗施。」高誘注：「鱗施，施玉匣於死者之體，如魚鱗也。」玉衣的形制本身也經歷了一個變化過程，從遮蓋臉部五官的玉面具、九竅塞、玉琀、玉握，一直發展到金屬穿制的玉衣。保護身體似是玉衣最大的功用，但它不同於現實中的盔甲，盔甲用來抵禦人的攻擊，而玉衣是抵制鬼怪靈魂的盔甲。當然也有學者認為，玉衣是餵食那些神魔鬼怪的，使他們吃玉而不吃人身。

與緊貼身體的玉衣不同，玉飾棺槨則是一種鑲玉的棺槨，在西漢時期更多的是鑲玉漆棺。滿城中山靖王劉勝妻竇綰墓的棺槨，在內壁六個面都鑲嵌了正方形或長方形的玉版片，總數多達近200片。棺外壁不嵌玉片，而是鑲嵌玉璧，共鑲玉璧26塊，棺的前後端各嵌一塊大玉璧，棺蓋及左右兩側壁

各嵌玉璧8塊,作兩行排列,每行4塊。另外,還有8件圭形玉飾鑲嵌在兩側的棺口部,玉璧、玉圭、玉版片皆素面無紋。很多出土或傳世的玉璧中,一面帶有花紋另一面光素無紋,這類玉璧通常是漆棺外壁或內壁的鑲嵌玉。除此之外,還有用泡釘釘在棺槨上的以及用繩索或絲織物捆紮懸掛在棺側的玉璧。

從玉面罩、玉斂葬中的玉衣和玉飾的棺槨中不難發現,無論是敬神還是保護自己,人們對身體、生命特別關注,並希望長生不朽。有學者認為,之所以出土的魏晉和隋唐時期的喪葬玉器較少,很可能是受到宗教觀念的影響形成食玉之風的緣故。其時,原先那些供死者在陰間享用的玉器被加工成其他物件或者直接作為食用的仙藥。與漢代相比,唐代最大的墓葬中並無豐富的玉器出土,這就從一個側面說明儘管世代的皇家貴族都追求生命不朽,但其對身體的關注方式是不同的:「漢代的王侯在墓室的宮殿中追求永恆的生命,而唐代的王侯則認為,永恆的世界存在於其他地方。」這種關注方式的轉變,既是受客觀自然原料的限制,也是由不同時代、地域、社會、文化的人擁有不同的生命觀和社會價值觀所致。

先秦至清代,飾身的玉珮飾不斷地豐富、發展完善。既有單件佩、組佩,又有冠飾、臂飾、耳飾、髮飾等首飾品;既有合禮制的宮廷朝服用玉,也有民間商貨用玉;既有王、公等男性的用玉,又有後、妃等女性的用玉,尤其是飾玉,它在表述與人的身體乃至身分的關係上具有重要的社會文化學意義。歷朝歷代的服飾制度對於飾玉均有不同程度的記載。玉石製品在服飾制度中被明確指示了它的使用方式、場合、品類及樣式。透過這些規定,玉石製品的佩戴者所具有的社會等級地位自然區分開來。《唐會要》卷三十一載:「文武三品以上服紫,金玉帶十三銙;四品服深緋,金帶十一銙;五品服淺緋,金帶十銙;六品服深綠,七品服淺綠,並銀帶,九銙;八品服深青,九品服淺青,鍮石帶九銙;庶人服黃銅鐵帶,七銙。」可見,在禮制文

本規定的範疇內，玉佩飾在服飾制度中具有十分重要的意義。作為首飾的玉飾，已在保護、祈福的基本內涵上增添了審美、富有、典雅、華貴、脫俗等意義。正如布爾迪厄所強調的那樣，地位高與地位低、富有與貧賤、典雅與庸俗的對立關係在起源上是社會性的，它們被用以強化社會生活中的權力關係。然而社會結構與認知結構的聯繫是十分密切的，社會結構，也就是用玉代表的不同社會等級，可以內化為個體與群體的認知結構。透過所謂的認知結構，即對富有、貧賤，典雅、庸俗的對立關係的認知，「個體與群體不知不覺地再生產了社會秩序」。也就是說，相對於佩玉帶的個人與群體，佩鍮石帶和黃銅鐵帶的個人與群體在社會結構和認知結構上便是低的、賤的、俗的。

總而言之，永恆與不朽代表著一種文化時空的認知狀態，即人們所持的生命觀與世界觀。玉石關乎身體的保護與裝飾，不僅僅是在現世對活著的人而言，更是他們對「另外一個世界」或「其他什麼地方」的逝者也造成作用的願望和認知。這種超越了物理時空維度下的文化實踐，延續了遠古時期生命同一的認知觀念及神性傳統。

2. 玉石裝飾身體的佩戴物

用玉石來裝飾身體的佩戴物，使玉石間接地與身體發生關聯，它同樣表明身體印有權力的記號。

羅森在《玉器與金器——古代中國玉器造型的起源》中運用比較研究的方法探討了中國玉器的造型起源：玉的物理特質即硬度很高，是打動中國人的特質，它代表了永恆的東西，是早期生活在不穩定環境中的先民們所渴求的。黃金在中國從來沒有獲得人們像對於玉的那種尊重，在中國大部分的歷史中，玉始終是貴族或特權階層最為崇愛的寶物，且黃金也始終沒有取代玉成為象徵靈性的聖物。羅森認為，春秋戰國時期的玉器與金屬器物間存在借鑑的聯繫，並由此提出，玉器在春秋戰國的高峰期時發生過一個重要變化，即玉器設計製作的新標準可能是從金屬器的器形與圖案中汲取了營養：「玉器

之所以拋光，可能是追求金器反光表面的效果，玉器的反光度很明顯是吸引人的不可或缺的方面。雕刻者以及他們的資助人對反光表面的要求表明：黃金器物的光澤度水準已經深深地影響到其他所有材料的器物中。」

事實上，春秋戰國時期，出現了大量的間接裝飾人身體的玉飾文化現象，主要表現為對兵器的裝飾，如玉具劍。玉劍飾是用於寶劍上的玉石裝飾品，大致有玉劍首、玉劍格、玉劍鞘上的帶扣（璏）和劍鞘末的玉飾（珌）四種。至漢代以後，玉劍飾便不再流行，但明清時期又有仿製。漢代珍重佩帶玉具劍，一方面可能是因劍身鑲嵌精美的玉飾後，其價值也隨之倍增；另一方面如前所論，與當時的比德觀有關。《呂氏春秋·侈樂》載：「世人之主，皆以珠玉戈劍為寶。」《漢書·王莽傳》亦載：「進其玉具寶劍，欲以為好。」漢代的帝王、諸侯，爭相佩玉具劍，一是象徵某種權力，以為儀仗或權杖之用；二是作為佩者身分和儀表的表徵物，《楚辭·九歌》載「撫長劍兮玉珥，璆鏘鳴兮琳琅」。其佩劍的姿容風雅可以想見。春秋戰國時期的玉劍飾與青銅器甚至珍貴的鐵質鋒刃器一同使用，的確是一種特殊的文化現象。承襲遠古傳統，玉仍然位居各種貴重材料的首位，「玉是物之至貴者」，因此，用玉之人必為貴者。不僅如此，它還具有一種假定的保護特性，被看作具有某種神力。玉與金屬質地的劍相輔配，是因為「玉柄獲得了寶石具有的神力，並將其融入到金屬的神力中」。

3. 玉石裝飾身體存在的社會生活場所

用玉石裝飾人們社會生活的場所，即身體存在的社會生活空間，使玉石與人身體空間範圍上的聯繫得到擴展。由「鎮紙」「玉印」「筆洗」等文玩以及插屏、山籽雕等陳設，來呈現擴張了的身體權力範圍，並透過這些物品和空間的其他要素共同建立出一個「場域」讓人觀看與解讀。

具體而言，從起居場所到文房書齋，從玉枕、玉薰爐、玉如意到文玩博古，其充斥的空間範圍越來越大，透過使用、欣賞與身體發生間接關聯。玉

第四章　古典傳統：權力意志與比德理念

器在這些場域中的出現頻次也集中反映出不同地位、群體、性別的人們對社會生活關注的焦點和生存狀態。文人雅士品玩玉器可能多在環境雅緻的地方，具有經濟資本的人士會以博古收藏為焦點，投興致於文房修身養性的活動中。（見附錄 B）

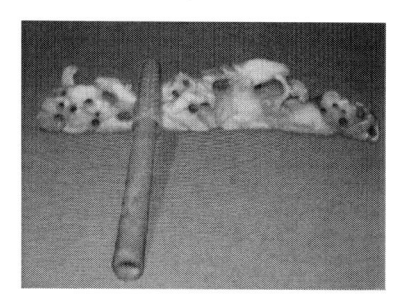

圖 4-10 明代青玉雲龍紋筆和 青玉鹿銜靈芝筆架

圖 4-12 明代青玉桃形雕蝠水丞

圖 4-11 清代白玉螭紋葫蘆式洗

圖 4-13 明代青玉佛手水丞

玉製的文房用具以玉筆筒、玉筆洗、玉鎮紙為主，並非都具備實用功能，很多仍以陳設鑒賞為重。例如，清代製作較多的玉筆筒，其筒外的造型圖案通常都具有文心匠意，「歲寒三友」「春夜宴桃李園」「九老圖」「水仙」「松鶴」等題材與書房環境適宜。而另外一些，如玉硯、玉臂擱、玉筆山（玉筆架，見圖 4-10）等儘管在表現形式上保持著文房用具的原形，但實際已演化為陳設藝術品。其造型與裝飾不僅借鑑中國書畫藝術中的傳統題材，如「蓮」「梅」「竹」「菊」等清新儒雅的形制，還納含了傳統玉文化中特有的祈福祥瑞

寓意，如佛手（寓意福壽，見圖 4-13）、葫蘆（寓意福祿，見圖 4-11）、壽桃蝙蝠（寓意福壽，見圖 4-12）等。

4. 玉器本身的時空意義

玉石自身反映出來的時空維度的變化，可從其製品雕飾及題材的演變中發現。玉器大致從平面形態發展到立體空間形態，或平面、立體共存的情況。從精細的線刻紋飾到玲瓏的透雕，從單一的植物、動物、人物到複雜的自然、生活場景的變化。當然，諸如此類並非單一的線性變化，而是交錯著產生影響和關聯。在此，以玉璧造型及其紋飾的變化為例，試析歷史過程中人們對玉璧的觀看方式與認知思想歷經了怎樣的時空維度的變化。

玉璧取象天之意，首先就確定了人們觀看它時形成的空間維度的認知，並由此衍生出一些抽象的意義，如威力、權力、神力，等等。「璧」字由「辟」和「玉」組成，從《說文解字》對「玉」的解釋可知，玉僅為一種物質材料，即「石之美者」；而「辟」對於定義「璧」起了重要的意義闡釋作用。《說文解字》載：「辟，法也。從卩從辛，節制其罪也。從口，用法者。」《爾雅·釋詁》載：「辟，君也。」《義疏》：「君者，為人所法也。」《詩·蕩》載：「蕩蕩上帝，下民之辟。」可見，「辟」在一定意義上代表了天帝、君、法。天為萬物之主、百神之長，君為群臣之首、庶民之主。故此，玉璧是神聖的、具有威力的。

玉璧既然象徵天，在其上作修飾自然就表示了人們對「天」所產生的一定的認知。商周玉璧上的龍鳳反映出人們認為天際間不是空空無物的，而是存在神靈的，這種觀念多受史前文化的影響。戰國、西漢穀璧的紋飾似為天地間雲、霧、氣流、穀物等自然現象和生長之物的抽象表示。尤其是唐代以後出現的雙聯璧、多組複合多圈紋玉璧和兩面不同的紋飾，似反映了人們認為天外有天、天際間有諸神的觀念，這不乏儒釋道思想的影響。其中，兩面刻有不同紋飾的玉璧，螭龍一側似乎代表著天神的統治，而穀紋、雲紋一側

似乎表示了一種凡間語言以示凡間的統治。玉璧的造型、紋飾多以天、天際的現象而作，就決定玉璧的用途與天存在緊密關聯，如漢代玉璧與天及天象的關係就反映在其裝飾紋樣上。《尚書·洪範》載「庶民唯星，星有好風，星有好雨」。又《後漢書東夷列傳》載「曉候星宿，豫知年歲豐約」。由此可知，這一時期出現的列星紋璧便是用來祈星神保佑好的豐年的。

總體上講，玉璧及其上的裝飾所表現出的時空維度的變化主要有以下三個層面：

第一，透過其上鏤刻的文字——大多是吉祥瑞語，而將不同時空維度的人融入其象徵的意義之中，一些祈福的意願得到表達，並使其流傳，從而在時間及地理空間上擁有延續性和傳播性。漢代玉璧上附設文字便是其一大特點。璧廓有龍紋或螭紋，其間夾文字，如用以祈求吉瑞的「長樂」「延年」「延年萬壽」「長宜子孫」等祝詞。其中「延年萬壽」是對生命持續的願望，「長宜子孫」是對後世各代子孫的祈願，這都是順向演進的時間維度。這一時期，出廓璧的藝術形式突破了單純的「圓」結構，並在很大程度上豐富了璧的文化內涵。

第二，透過仿古對追憶歷史和古文化的託古思幽，對仿古璧的觀看、收藏與改制，形成一個逆向演進的時間維度。

第三，玉璧紋飾刻劃越細緻、越精巧，觀者對其技術價值、藝術價值越予以肯定，因其表現出製作者所投入的時間與精力，甚至情感與思想，即勞動力價值的集中體現。自古以來，思索玉器就是不可急功近利的細活，越精湛的琢玉技藝越能反映琢製者的品性，比如耐性、品德、熟練的日積月累的技巧和功力等。

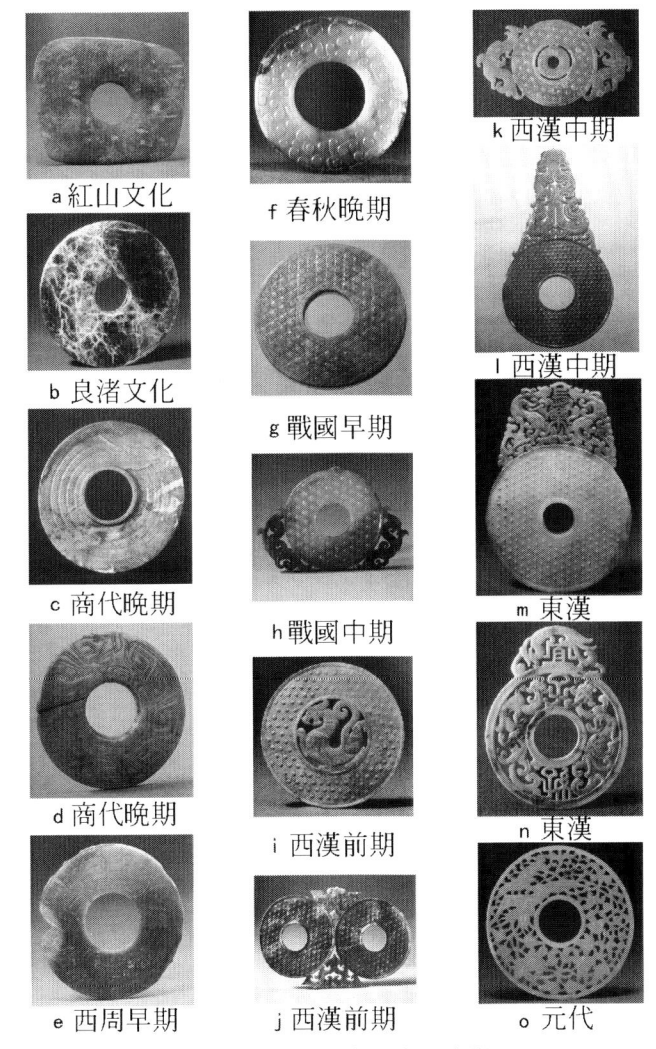

三、透鏡觀看：時空與社會場域中的閱讀

a 紅山文化
b 良渚文化
c 商代晚期
d 商代晚期
e 西周早期
f 春秋晚期
g 戰國早期
h 戰國中期
i 西漢前期
j 西漢前期
k 西漢中期
l 西漢中期
m 東漢
n 東漢
o 元代

圖 4-14 玉璧時空維度的演變

　　這樣看來，玉璧不僅反映了現實生活中人們觀看玉器，以及身體與玉器裝飾發生的空間維度變化，還反映了人們思想意向層面、抽象層面的時間維度之轉變。前者主要表現為裝飾與形制之改變，從方璧到圓璧、從素璧到線刻璧，再有出廓璧的變化；從平面刻劃到鏤空雕刻，等等。然而這些發展變

177

化並非以單線進化的面貌出現,而是多有層疊與交叉融合之勢。(見圖4-14)譬如,史前以素面璧為主,到了西周,出土的玉璧雖然很少,但有些出現了紋飾,有些仍然保留無紋的形制。春秋戰國時期,出土的玉璧較多,線刻紋減少,如《周禮》所稱的「谷紋」、「蒲紋」、蠶紋等增多,並出現了鏤雕玉璧。尤其是戰國時期,出現了玉璧出廓的形制,而且在出廓處進行鏤雕成為這類玉璧的特色。玉璧的鼎盛期——漢代,繼承了戰國玉璧的特點,即在有出廓和非出廓的形制基礎之上,開始將鏤雕表現擴至「肉」「好」的部分。但是漢代以後,唐代至清代的玉璧無多創造,有些列入了陳設擺件的行列,如陳設在養心殿內的形體宏大的清乾隆時期的大玉璧。總的看來,宋代以來,玉璧之裝飾形制儘管有所變化,但其突出的特點是「仿」。仿古玉璧大致有三種情況:一是按戰國至漢代實物進行模仿,其局部的紋飾幾乎可以亂真;二是只模仿古璧的一部分形式,更多的是融合當時流行的新形式;三是後人依據有關古玉的論著推測摹作玉璧,其造型可以說是玉璧,但紋飾、出廓裝飾多為想像之物,並非據古璧實物而作。仿造中可見一些創造性,但特徵並不明顯。本研究認為,「仿」製玉璧出現及興盛的原因可能包括:一是不同朝代政治文化的復古所倡,導致仿古之風形成時而興盛時而衰退之勢;二是玉璧的形制裝飾在漢代已較為完善,就此方面的創新而言,工匠可能無計可施;三是金石考古的出現,對確立託古之作的玉器的歷史價值給予的肯定,也引發社會生活中「欲」「利」導向的經濟利益為主的價值觀取向。

(二) 社會場域中的身體與身分

弗蘭克指出,「身體」事實上是在由制度、話語和肉身(身體現實)組成的等邊三角形交叉點上形成的。他從控制、慾望、他者聯繫和自我關聯四個維度出發,用一個由四個單元組成的矩陣,分析了「行為中的身體運用」的類型,其中包含了「規訓的」身體、「鏡像的」身體、「控制的」身體和「交流的」身體。(見圖4-15)當身體回應這四個與其對象關聯的問題時,身體運

用的典型模式就會出現：「規訓的」身體運用，其特殊媒介是嚴格管理，其模式是禁慾秩序的合理化；「鏡像的」身體運用，其特殊媒介是消費，其模式是超市；「控制的」身體運用，其特殊媒介是武力，其模式是戰爭；「交流的」身體運用，其特殊媒介是認知，其模式是舞蹈、社會儀式、公共敘事等。其中「交流的」身體運用，可以使身體處於自我創造的過程中。

傳統社會的玉文化中至少呈現出三種類型的身體運用，即「規訓的」「交流的」和「鏡像的」。

規訓的 （嚴格管理）	控制的 （武力）
鏡像的 （消費）	交流的 （認知）

圖 4-15 弗蘭克「行為中的身體運用」類型

歷代等級嚴明的禮制規定，使統治階級地位的群體，尤其是帝王，在用玉、享玉方面是受嚴格規訓的，如《禮記·王藻·第十三》中提到的「天子諸侯之禮，故佩玉則備四聲，行步則有樂節，在車則有和、鸞。若大夫士，雖有佩玉，而其儀物則當有降殺矣」以及「君在不佩玉，左結佩，右設佩；居則設佩，朝則結佩」，均反映出運用身體時的服從與規訓。

身體運用的「交流」模式在傳統社會群體的身分認知中具有一定的表現。比如，服飾制度中的玉飾作為身分的象徵，標識了佩玉者不同或相同的社會等級地位。同樣地，特定社會場域中的佩帶、把玩，可使他們知道應當實施怎樣的行為，來與不同等級身分的人進行交流。

在傳統社會，「鏡像的」身體運用可從禮制的僭越論起。春秋時期禮崩樂壞，出現了用玉製度的僭越現象，諸侯爭相使用全玉。但同時，級別較低

第四章　古典傳統：權力意志與比德理念

的、不富裕的人，仍然不用全玉而用玉石雜佩。比如吳楚時期，地位顯赫的王室成員生前佩戴、死後隨葬的都是大量精美的飾玉，但地位低微的百姓，只能以石為玉。當然，歷史進程中不乏等級地位低的群體以「仿造」手段來滿足自己需要的現象，比如以石來冒充玉製作相同形制的器物、飾件等。另外，科舉制度為世人走向「君子」提供了條件，透過經典教化，一種鏡像的、與玉德相關的操行成為擁有「君子」身分的參照標準。

保羅·謝爾德從心理學、社會學和文化學角度來理解身體形象。他認為，身體的形象必定是社會的，身體形象的所有方面都是透過社會關係建構和培養的。「所有的身體形象都帶有人格。但是另一種人格及其價值的培養只有透過身體和身體形象的媒介才有可能。這個他者的身體形象的奠定、構造和保留因此就變成了他完整人格價值的符號、標記和象徵」。

可以認為，身體是話語和制度的產物，也是話語和制度的基礎。話語透過控制來呈現，而我們對社會制度的理解也不能脫離真實的、活生生的身體經驗和行動。體制、話語、肉身（身體現實）三個要素，在玉文化與人的身體、身分之間同樣得到呈現。第一，禮制化的佩飾制度反映意味身分的社會體制；第二，對玉石製品價值的占有，以及玉器文玩和收藏研究體現了話語的要素；第三，對身體現實的關注在服食玉石方面有所表現，而且一些葬玉習俗與此也有著密切聯繫。

1. 社會場域中的文本特性

（1）封閉的閱讀體系

昂貝多·艾柯認為，存在封閉性和開放性兩種文本，其中直接告知閱讀者如何去理解人物、主題和環境，從而控制閱讀者的解釋是一種封閉性的文本。封閉性的文本導致閱讀體系的排他性。在中國傳統社會等級分明的社會結構中，一切統治階級意志之外的規則均被排斥和剔除。在這個封閉的體系內，迎合最高統治意志的文本都具有禮制化的特色。此時，中國的玉文化具

三、透鏡觀看：時空與社會場域中的閱讀

有艾柯所描述的封閉性文本的特性，它嚴格遵從禮制社會權力意志的需要，且建立著固定的、單向的、明確的敘述結構。因而，從總體歷史的角度來看，中國傳統社會時期的玉文化的文本敘述不具備開放性。

（2）動態的閱讀語境

儘管閱讀體系具有規定性和封閉性，但閱讀的語境是動態的。經過不同歷史時期的主體根據社會主導價值觀進行再造與選擇後，應民族信仰、地域文化特徵建立出不同的閱讀語境。正如奧爾格·伽達默爾所指出的，意義取決於「解釋者的歷史境遇」。由於解釋者始終處於歷史之中，所以當前的語境決定了其如何理解文本和事件。同時解釋當前的語境也會影響其閱讀過去的態度，對過去的認讀又要依賴當前對歷史的特定評價。這就是說，解釋者對當今環境的把握會為其對過去的理解所左右。由此，本研究試從奧爾格·伽達默爾的方法著手，解析不同歷史語境中特定價值觀下玉琮的文化內涵。（見表 4-9）

表 4-9 不同歷史語境中的價值觀下玉琮的文化內涵

時間	社會主導價值觀	玉琮的功用與文化內涵
史前（以良渚文化為代表）	原始宗教信仰，神人結體的思想。	通天地之法器，代表神權之物等功能二十餘種。①
三代（以西周為主）	宗法（血緣）結構下的文化。	成為以祭祀、喪葬為主的「玉器」，區別於「玉瑞」
春秋至戰國	禮崩樂壞，多種價值取向共存。	禮制僭越破壞了原始璧琮的神性。以吳國玉器窖藏中的良渚閒化璧琮為例：此時收集的璧琮並非作祭祀與收藏之用，而是作為改至其他玉器、玉飾的原材料。②

漢代	融社會價值（人倫）、政治價值（尊君）和道德價值（「五常」）為一體價值系統，以宗教（天）、自然（陰陽五行）、社會（人倫）為支柱，以天人合一（天人感應）的間架為建構方式，以維護中央集權的專政為終極目標。③	玉琮以祭祀為為主，同時玉璧的形制在先秦基礎上得到很大發展。
宋代至明代	存天理，去人欲， 貴義貶利，崇義賤利。	除文本規定的祭祀玉器外，仿古玉器的製作日漸流行，金石考古與收藏四漸興盛。
清代	義利並重，義在利中，正義謀利，義利統一的功利價值觀。	清乾隆皇帝喜好收藏，並為所藏古玉琮題字、改制。此時玉琮介入收藏者的手中，成為一種獲利的資本，有些甚至成為商品進行流通。

① 據眾多專家學者推論而得，參見第三章「神徽與威權」部分的論述。
② 殷志強：《中國古代玉器》，上海文化出版社，2000。
③ 趙馥潔：《價值的歷程 —— 中國傳統價值觀的歷史演變》，中國社會科學出版社，2006。

(3) 形式多樣的文本

在社會場域中進行閱讀，其閱讀文本不僅是玉石製品，還包括生產、製作、設計、消費、使用玉石製品的人，他們參與玉文化之中，是建立玉文化的主體能動者。（見圖4-16）斯坦利費什曾說過：「讀者是一個文本性的功能，即讀者是可讀的。」也就是說，「一方面文本由解釋者產生，另一方面讀者自身就是文化背景的產物，即觀者也可以變為別人眼中的文本」。一個群體所採用的某種閱讀方式會逐步地對群體中或群體外的成員施加影響，從而指導群體成員的解釋活動。這也正是本研究著力分析「君子」「手工藝話語持據者」以及社會結構等級與關係的原因。他們創造了閱讀文本的需要，並透過各種

三、透鏡觀看：時空與社會場域中的閱讀

手段來滿足解讀的需要。他們身處的社會文化背景導引著他們在文本閱讀過程中的解釋活動及相關的認識和判斷。這些背景因素同樣也作用於對他們的身分進行閱讀的人，並影響其認識和判斷。

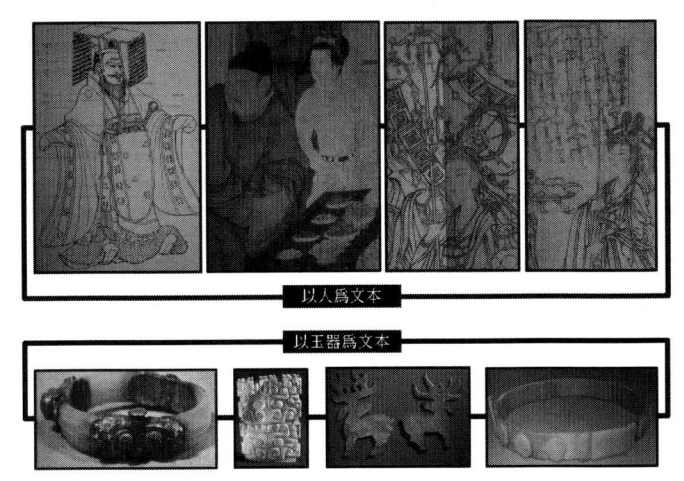

圖 4-16 社會場域中不同的文本形式

(4) 對文本的創造性理解

玉石製品是社會屬性極強的文化產物，即精神的（觀念的）、物質的、制度的綜合產物，所以人們觀看它的過程不自覺地服從於當時社會認可的規則標準，正是因為這樣，觀者的理解與視覺被社會化了。正如諾曼·布萊森所言：「當我看時，我所看到的不僅僅是光線，而是可以理解的形式……因為人類在將他們的視覺經驗進行總的編排時，每個人的視網膜經驗都需要服從於社會認可的，對一個可以理解的世界的描述。視覺被社會化了。」

人的眼睛不可能像照相機的「單目鏡」原理，純粹地用一雙去掉肉慾的眼睛觀看。如同布爾迪厄提出的「分類透鏡」概念，尚-保羅·沙特強調了視覺的社會維度。他認為，一個個體的凝視，不可避免地要被納入一個主體間的感覺網路中。對薩特來說，人的身分本身就是凝視的產物。他也認為，人們不得不與他人分享自己的視覺，所以，人們不可能透過由自己製造的純粹

第四章　古典傳統：權力意志與比德理念

主體化的鏡片來自由地觀看這個世界。一個人對身分的確認必須依靠另一個人的在場。與薩特的社會維度相近，布爾迪厄的「場域」是其社會理論中一個關鍵的空間隱喻。他認為，「依據場域進行思考即是關係性地進行思考」。也就是說，階級背景、環境、語境等對於個體的影響並不是直接的，這種影響總是以場域結構為媒介。

閱讀正是文本與讀者（或說解釋者）之間的「一種對話、一種交流」，讀者在閱讀的過程中扮演著創造性的角色。巴特認為，文本的意義永遠不可能有最終的解釋，因為文本並未提供恆定的訊息，很多重要的符號都可以從多種角度進行解讀。可以說，同一時代或不同時代的讀者（解釋者）閱讀有身分的人時，尤其是閱讀以玉石製品來標識其人身分的種種文化活動中不乏創造性的理解，但這種創造性是在封閉的閱讀體系之內完成的，受到傳統社會統治階級意志的限定，因而屬於有限的創造性閱讀。

2. 陳設品的看

身分文化是透過把階級利益掩蓋在超越功利的外表下而將階級利益合法化的裝飾物。用布爾迪厄的話來說，即「身分群體與身分區隔就是偽裝的階級與階級區隔」。因此，階級與身分之間是互補的而不是對立的。同樣地，符號的追逐與利益相關，即「所有的商品、物質的與符號的，它們都毫無例外地把自己表徵為稀缺的、在一個特定的社會結構中值得追逐的」。

玉製擺件在明清時期頗有地位。作為陳設藝術品，它融合傳統繪畫藝術與雕塑藝術之長，其製作技藝難度較高，在工藝品質方面要求較高。透過俏色、去綹、去臟等工藝手段在原石上勾畫出生動的自然風光、人文景觀及歷史事故等，對玉石材料進行巧妙創造。以山籽雕為例，其製作式樣因材施藝，取材靈活，小到十幾釐米，大到數米之高、數噸至幾十噸之重。可以說，宮廷皇室的用玉通常不惜工本、不惜時間，且選用最好的玉材、最好的工匠進行琢製。清代乾隆時期的山籽雕形體龐大、數量眾多，如由揚州藝匠

琢製的《大禹治水》玉山、《會昌九老》圖以及《秋山行旅》圖等。不僅如此，還有自漢代發展而來的玉座屏（玉插屏）、玉人物擺件、玉獸擺件、玉花鳥擺件、玉鏈條爐瓶，等等。

這些陳設藝術品暗示出享用者的財富與修養，更是一種權力的象徵。清代對玉料的開採、市場上的流通有著嚴格的控制，即使是散落到民間的玉子，也會變價收回。當時葉爾羌、和田採獲之玉主要進貢清廷，而品質不佳者，純石微透玉輕或顏色不堪碎小者，或捕獲商民私帶玉石沒收充公者，可變價出售以充公用，但必須詳報帳目以杜絕地方官員私藏。葉爾羌南密爾岱山曾在乾隆四十二年（1777年）出產過一塊特大玉石，重達千餘公斤。這塊特大的玉料被琢製成珍品，就是現存北京故宮博物院的《大禹治水》玉山。這塊玉料運至北京歷時三年，後又運至揚州製作。製作自乾隆四十六年（1781年）始至五十二年（1787年）完成，運輸與製作前後共十年之久。像這類運輸艱難、耗時漫長、體量巨大的特殊陳設藝術品，只有皇宮權貴才能獨享。

除了大型的玉擺件之外，文人雅士所藏的文房玉用具也有部分成為陳設藝術品，而且這些陳設藝術品已被賦予了文人生活趣味和民間文化意味。比如表示「福壽」的符號中，蝙蝠象徵「福」，壽桃、瑞獸象徵「壽」，佛手諧音「福壽」等。這些民間祈福文化的玉器藝術品從中下層社會介入上層社會，為統治階層所吸納，成為整個社會共識的祥瑞符號。

3. 佩飾的被看

作為佩飾的「宗」源主要出自西周時期宗法玉製的規定，後世各代紛紛爭相效仿，並在玉質、玉色、組綬的搭配上相區別以示各類社會等級與身分。

戈夫曼在研究社會結構的核心要素如何與互動秩序發生聯繫時提出，在常規的社會互動中，有些符號可以明顯地得到體現和發揮。這些符號包含了

組成階級地位的符號，它們能夠「使他人感到得體的行為和讓人產生好感的舉止。在那些在場的人們的心中，這種人被視作是『我們的同類』。這些印象似乎是建立在對許多單個行為的反應基礎上的。這些行為包括禮儀、沉著、舉止、聲調、語調、措辭、細微的身體動作，以及對事物和生活細節無意識地表現出來的評價。也可以說，就是這些行為構成了社會風尚」。作為這類組成階級地位的符號，玉石佩飾是中國傳統社會秩序中一個相當重要的結構核心要素。

　　佩飾的身分象徵，也是客觀地位之間社會距離的標識，人們知道自己應具有一種什麼樣的行為、處於一種什麼樣的位置從而保持這種社會距離。什麼是可以的、什麼是不可以的，什麼是世俗的、什麼是神聖的，這些都成為傾向性的習性，而行為的傾向性特徵強調其「身體化」（Embodied form）形式。對於一個階級來講，相同的成功或失敗的機會，在身體形式方面與認知傾向方面都是「渾然一體」的。它們既透過身體的形式與風格（即姿勢與步態），也透過話語表達的形式表現出來。戰國時期，吳楚的玉石雜佩，有單排貫始終，亦有雙排鏗鏘作聲，也可能還有其他的佩法。《詩經·有女同車》載「將翱將翔，佩玉將將」。意指倩女佩戴一珩璧相連，沖牙和鳴，玉白綬玄，琚赤瑀白，五色相宜，藻彩繽紛的玉雜佩，輕盈漫步，曼舞輕歌，魅力無窮。玉作為佩飾，其地位高於金、銀、銅、鐵之上。《唐會要·輿服下》載：「武德四年八月十六日，敕三品以上，服大料綢綾及羅，其色紫，飾用玉。五品以上，服小料綢綾及羅，其色朱，飾用金。六品以上，服絲布雜小綾，交梭及雙紃，其色黃。六品七品飾銀。八品九品鍮石。流外及庶人服綢絹絁布，其色通用黃白，飾用銅鐵。」由此可知，玉作為佩戴的裝飾品，具有嚴格的等級限定。

　　總之，歷史上的玉石佩飾因國別的差異、時代的不同、身分的貴賤、地位的高低、性別的區分、服飾的變化、場合的轉移等，形成了並不完全相同

的佩戴方式和行為方式。

4. 詩詞銘刻與吉祥瑞語

在玉器上銘刻文字，有多種形式。文字賦予玉器更多的文化意義，這包括政治性質的、社會習俗性質的意義。

玉璽作為最高皇權的象徵，只能由皇帝使用。秦始皇曾命人把和氏璧琢製成「傳國璽」，且篆書「受天之命，皇帝壽昌」印文。在人們眼裡，它是正宗、正名的符號，是政治權力的象徵、最高統治的代表。

東漢時期，出現了用吉語文字裝飾玉器的形式。常見的吉語文字裝飾在剛卯、玉璧或陳設玉器上。形式有浮雕、透雕兩種。流行的吉語文字有「宜子孫」「長樂」「長宜子孫，延壽萬年」等子孫昌盛類語言和闢邪吉語。如《韓非子·功名》載「以尊主御忠臣，則長樂生而功名成」，其中的「長樂」是由道德行為所引出的善義。玉璧上出現的「宜」字，包含了中國傳統社會的多種思維方式和內容。以事物本來面目為觀察思考的依據，「宜」具有事宜、物宜、人宜等多元性，並且以人宜為中心，如「宜侯王」「宜子孫」。這種寄語既有實際的社會生活內容，也有抽象的哲學文化內涵。

「宜」思想源於儒學的「中和」「中道」及「中適」等哲學命題，並被生活化和世俗化，人總在生存與生活中趨宜而求祥。秦漢時期，「宜」思想主要包括四種內容：壽、安、榮、逸之「四適」，如得者，謂之「心適」。而「宜子孫」已超過了個人的四適之欲，突破家庭、家族本位，透過福佑子孫，延伸到民族事業和國家利益，從而達到國泰民安、永世康寧。文字在古代也稱「名」，《周禮·秋官·大行人》謂之「書名」。中國人素來相信「名」的神力，也有文字源出於巫師之術、道教的神符的說法。那麼，征祥祝詞所富含的「名」的意義，似乎也可視為儒道合一的表現。

就「宜子孫」來說，它是家族體系、財產事業、家風和延續等的適宜與流傳，它本源於儒學的家長、父子傳統及其禮制觀念，而生死齊一、生命不

絕思想，又是道家的文化特徵。這類征祥祝詞常與玉璧結合，大概是因為人們希望透過這種結合，來實現天道與人道的合一。「圓所代表的天人相應的循環論，讓輪迴使人想像的時間失去了意義，即象徵無限。圓可以代表人一切美好追求的圓滿結局，獲得一切事物都歸於吉祥如意」。傳統玉器吉祥文化的哲學內涵折射出不同時代的認知思想與道德價值觀，而圓反映出來的正是人們「長壽」「圓滿」「輪迴」的生命價值觀。

吉祥文化是中國文化的主題，在漢代，除了刻有文字的玉璧之外，人們崇玉以祈祥的思想可見於吉祥玉器的諸多形式與內容當中。比如玉剛卯和玉闢邪。剛卯嚴卯銘文的內容反映了漢代人崇信天帝及四方神可化凶為吉的宗教思想。佩戴剛卯嚴卯與「辟兵及鬼，令人不病瘟」的禮俗有關，它意在以吉煞凶、祈願平安祥和。

總體來說，詩詞銘刻與吉祥瑞語使得文字與玉石製品形成互襯，並成為一種深嵌於特定社會場域中的文化「文本」。

四、自我技術：工匠技藝傳習中的道德實踐

（一）「玉不琢不成器」：思索與比德的倫理學意義

中國古人善用玉來比附美好的事物和人物，至高的境界則是「玉如人品，人如玉品」。「玉有六美，君子貴之」，在古代，不但佩玉的人要有「仁、義、智、勇、潔」的玉德品格，治玉的人也必須具備德行操守。因玉器的裝飾題材不拘一格，從祈福納祥的傳統題材到文人書畫的情志意趣，治玉的藝人不但要精通本門技藝，往往還必須飽覽群書、博納畫卷，汲取文學、戲曲藝術營養。只有這樣，才能在遇到不同玉料時，有適合材料表現的巧思妙想。

一件玉器，從粗磨到細磨，需要不斷地更換各種型號的砣子。每件「活

四、自我技術：工匠技藝傳習中的道德實踐

兒」形態各異，方圓不一，凸凸凹凹，操作起來若不全神貫注就會手忙腳亂。藝人在水凳上手腳並用，一絲不苟，「眼睛就像被磁石牢牢地吸住，心就像被無形的繩子吊住，以至於連呼吸都極輕、極緩、極均勻，了無聲息。『沙沙』的磨玉聲掩蓋了一切，融匯了一切」。一點一點思索，的確是心智與體力融合統一的複雜工藝活動。

從本質來看，手工藝勞動讓人「專注」、「勤勞」、「自食其力」（衣食住行用均靠智慧來設計製作、謀生手段）、「美麗」（比如認真工作的匠人）、「尊重」（人是自然的組成而非凌駕於自然之上，對勞動成果的尊重）、「奉獻」（付出心血）、「節制」（遵從勞作的節律、日出而作日落而歇、資源利用、行規對生產規模的約限），而這些都屬於「美德」特質。

比德，在嚴格意義上講，產生並存在於更大範圍的手工藝道德實踐活動中。手工藝實踐過程中的「諸美德」涉及的主要倫理範疇包括：①人倫：能尊重傳統，尤其是尊師敬祖，入門學藝先後有序，同門同行有仁信。②生態倫理：能尊重自然和材料，適度開採和使用，因材施藝、和出於適。③職業倫理：遵循傳承已久的手工藝行業規範，恪守門規，不外傳絕技，不搶同門的活計。④教育倫理：緣心感物，盡心知性，美善相樂，自明誠與自誠明，盡善盡美。

無論是玉品還是人品，後天思索、教化而成的品性固然有其善美，但玉與人都有先天本性的真美。返璞歸真，是歷代琢玉藝人追求的至高境界。尤其在優質材料愈加稀少的今天，藝人惜材，儘量少雕琢或去雕琢，使玉石保留本真的美。正如曹雪芹在《石頭記》中塑造的「通靈寶玉」，本應是一塊象徵心靈美和品格美的、自然純真的璞玉，令人們反思：原來封建禮制道德規範「思索」出來的所謂「肖子完人」也不儘是真美的。「玉不琢不成器」由此具有了正反兩重性，「思索」以適應社會，回歸社會，「不磨」以親近自然、回歸自我。

189

（二）建構並統一於傳統的利益獲得：亞里士多德和麥金泰爾實踐倫理學

　　傳統社會中的手藝中的美德實踐統一於社會價值的建構之中。也就是說，「玉德」作為一種特殊的社會美德規訓，其概念的建構與發展以及當代對其的理解，都應注意到它具有傳統社會文化統一敘事性的特點。然而，現代性改變了這種統一性，最主要的原因是生產性勞動走出了家庭，從而使得手工藝走向不為人理解的藝術邊緣。當勞動走出家庭並服務於非人格的資本時，勞動就只服務於動物性的生存、制度化的貪慾。貪慾——在亞里士多德理論中的「惡」，卻是現代生產性勞動的驅動力量。藝術、科技的實踐走向邊緣所導致的一個必然結果是，它們成為少數人或一小撮專家的特殊技能，大多數人只能在閒暇時間消費，這一點在玉石的鑒定、設計製作方面尤其明顯。對玉石材料分辨、真假甄別、做工水準評價等具體的知識和技藝而言，專業和業餘形成的邊界嚴重破壞了美德傳統在個人生活和社會生活中的統一性理解。

　　中國古人很早就在工藝實踐中融入了道德性的評價。不同歷史時期，人們試圖用各類文獻記錄來表達手工藝與天道人倫密不可分的聯繫，這種情況在中國玉文化發生和發展過程中尤其明顯。例如，在遠古時期萬物有神靈的信仰下，玉是有神靈氣息的，雕琢成的樣式是與神性相關的，先民心中的玉不但是神，亦是神物，是與神靈溝通的媒介。治玉就是創造與神靈交流的管道，而祀玉就是事神。從認識玉材到用工藝製作出玉器，再到使用玉器，此過程形成了一個完整、統一的道德實踐體系。

　　手工藝與道德關聯的分析，不僅是在中國，在西方諸多理論家的道德主題中也有涉及，且可追溯至亞里士多德。但是，我們需要清晰認識的是，傳統的倫理學主張服從和規訓，主流價值觀認可和維護的手工藝實踐的美德也具有這種特性。

四、自我技術：工匠技藝傳習中的道德實踐

亞里士多德在其倫理學說中表明，工藝只作為反映人的品德修養的某個方面，判斷一個人是否擁有諸美德，比他事事都能做對，更重要的是，必須明白他的行為是否符合道德規範。當代倫理學家麥金泰爾則認為，手藝之所以不能避諱談及道德，是因為手工藝可用於闡釋「傳統」，而傳統包含了實踐道德必須遵從的標準，並透過傳統的傳習來鞏固道德。就像中世紀時期，知識、技藝的傳承和發展，基本離不開師徒相傳、嚴格服從且互信的手工藝行業。社會人類學家詹姆斯·萊德勞基於此觀點而強調，遵從標準獲得美德只是一方面，而犯錯和糾正才是踐行並獲得美德的重要方面，一種技藝最開始多透過模仿，但只有不斷實踐、反覆練習甚至出錯，才能讓主體明白為何這麼做和該怎麼做。

對很多從事琢玉行業的手藝人來說，必須經歷從陌生到熟悉再到精通，甚至可能的創新。這也暗示出在重複和模仿手藝的過程中，他們必然要先壓抑和克制自我的自由表達意願，從反覆實踐、服從教條的學習中獲得製作甚至創造的信心。

「美德」往往揭示了主體在處理道德和利益關係問題方面所獲得的「有利」結果。麥金泰爾探討「美德」時明確提出「外在利益」和「內在利益」的概念，並例舉了從中世紀末到 18 世紀，西歐發展起來的肖像畫實踐與獲得利益的關係。成功的肖像畫家能夠獲得許多外在於肖像畫實踐的利益，比如名聲、財富、社會地位，甚至偶爾在宮廷內有一定的權力和影響。然而，畫家的內在利益卻產生於對各種問題作出創造性反應的努力中。一種實踐包含著優秀的各種標準、對各種規則的服從以及利益的獲得。要進入一種實踐，就需要承認那些標準的權威性，並且用它們來評判自身行為表現的不足。進一步理解他的言外之意：雖然獲得內在利益之後，畫家更容易獲得外在利益，但並非所有主體都能在實踐中獲得內在利益，而內在利益獲得的過程更能讓人富有美德。中國手工藝典籍《周禮·冬官·考工記》中的「知者創物」意指

設計造物之人為「智慧」的人，這與古希臘時代的亞里士多德所提出的「核心美德」（即「智慧」）有著相似的美德追求。

從美德到諸美德再到核心美德，儘管倫理中美德的內涵、外延和實踐領域也在產生變化，但是手工藝實踐美德始終存在其必然性。總體來說，手工藝勞動是主體道德實踐的有效途徑，手工藝倫理並非一種單純的職業倫理，它包含著豐富的道德哲學內容，而「美德」則是手工藝的出發點和終極訴求。「玉德」作為諸多手藝門類中明確提出的「美德」規範，且時刻與其所處時代的社會價值觀一致，足以證明這種統一的敘事性。無論它是被建立出來用於比附意識形態的，還是參與了意識形態的建構、使價值顯現的，無可否認，「玉德」就是手藝人的一種美德實踐，而且這種實踐甚至與佩戴者（使用者）的價值規範統一，在玉文化的古典傳統時期發揮著「比德」的示範作用。

總而言之，按照從亞里士多德到麥金泰爾的實踐倫理旨意，傳統社會中的手藝人在生活各個方面表現出的德行與他在知識和技藝方面的美德以及他所處社會的道德傳統嚴格保持統一。

（三）從外向的規訓到內向的控制：福柯治理自身道德的自我技術

匠人究竟是做一件自己認為美的玉器，還是師父評價為美的玉器，抑或是中間商所描述的美的玉器，還是買方藏家喜好的玉器等，均是現實中手工藝主體自身道德建構時面臨的疑問和矛盾。

在此問題上，法國思想家米歇爾·福柯提供了以自我技術為基礎來建構主體道德的解決方式。自我技術意味著「個體能夠透過自己的力量，或者他人的幫助，進行一系列對他們自身的身體及靈魂、思想、行為、存在方式的操控，以此達成自我的轉變，以求獲得某種幸福、純潔、智慧、完美或不朽的狀態」。福柯強調的這一「治理術」涵蓋整個實踐領域，而在治理過程中，主體的自由以及主體與他人、自我的關係就恰恰構成倫理學的本質內容。在福柯這裡，倫理學是自我關係，即與自身應該保持的關係，它才真正決定了

四、自我技術：工匠技藝傳習中的道德實踐

個人應該如何把自己建構成自身行動的道德主體。只要稍加觀察和思考古今中外所有被評價為「美」的作品案例，我們不難發現傑出作品具有的普遍共性：尊重傳統、專注本心、和順天道，並有一定的自由創新。這些為人稱嘆的特點，恰好揭示了創作主體的諸美德。

對匠人來說，做一件玉器，首先就是相玉。玉料適合做什麼，其實都是人在評判和操作。匠人是任由自己個性去切割處理自然材料，還是尊重自然材料缺陷和美感特點來因材施藝？解答這些問題的過程能夠訓育主體對自然的倫理意識。恰如日本宮殿木匠小川三夫在不斷實踐中總結出的訓誡祕訣：「整合木頭的癖性就是整合工匠自己的心。」除了對自然材料認識和處理的環節，工匠難免與他人打交道，特別是遇到有出資人要求做成某種樣子的來料加工情況，手工藝主體會面臨較複雜的與自身、與他人乃至與自然的道德實踐，這個過程能夠使手工藝主體並不完善的自身道德標準遭遇檢驗和修正。子承父業的日本鐵匠高木彰夫就認為，合著使用者的身體製造出的農具就是好的。也就是說，適合使用者的重量、形狀、工具尺度等這些物性，若能夠很好地傳達給使用者該物的品質優良，並有清晰明了的指示和功能用途的暗示，那麼，只要秉持這種理念，每當完成一件工具就很愉悅和幸福。

自我技術在治理自身道德時確實具有訓育特點，也因此逐漸在有關的社會教育、美育培養領域中得以應用。例如，19世紀英國的感化教育，作為勞動教育的手工藝實踐是最重要和有效的訓育方式。為了避免學習主體受到外界誘惑，感化學校相對封閉，傳授的技能涉及衣食住行用，主要的手工藝包括繪畫、金工、縫紉、木工、制靴等。類似的感化教育方式隨後在歐美、日本、中國等更多國家和地區流行，及至現今，許多國家已在幼兒教育階段融入手工勞作教育的啟蒙模式。除了宏大的文化傳承意義之外，也許真正久遠的意義在於益助人們對「真、善、美」德行的追尋。亦如比德於玉，也是在一代代匠人的職業自律、技藝求精和藝術體悟中完成美德實踐一樣。

（四）平衡自我意願和社會責任：「好」和「壞」的矛盾統一

作為一個自由技藝的主體，治玉匠人在施藝過程中必須作出無數次的判斷與選擇，使得這種自由只能在無數次的限定中平衡。理想化的道德體系和標準是非 A 即 B，它可以減化主體的判斷和選擇，但現實中，社會與不同的主體發生關聯時，在 A 與 B 之間總會出現無數的可能性，最終若選擇 A，很可能也是無數 a、b 多次博弈的結果。手工藝之所以能夠製作表達出多樣性和多元化的可能，正是因為主體每遇到一次設計和製作的困難，就有一次實施自我技術的機會。主體可以在不同的機會中反覆實踐，最終強化並形成穩固的自身道德理念和標準。

那麼，怎樣才能做一個好徒弟而不是壞徒弟？從「傳統」意義上來講，遵從傳習傳統的一定能成為好徒弟。然而歷史事實證明，違叛傳習傳統的不一定就是壞徒弟。這個命題背後暗含著兩種價值取向和實現途徑：

第一，嚴格地遵從傳統規則，才能成為有美德的好徒弟，才有可能產出有傳統典型性的好作品，傳習正宗，從人到工藝到產出物品都是「血統」正宗。

第二，如果違叛傳統標準，就可能成不了好徒弟，也產出不了當世認可的好作品，但不排除可以成為後世評價中的好徒弟和好作品。因為作品反映選擇性的自我技術和內在價值，有創造力、有自由精神在其中。

第一種取向過程形成可稱為正宗「血統」的手工藝傳習模式。第二種取向過程形成可稱作改良「血統」的手工藝傳習模式。是不是一個好徒弟，其評價焦點集中在第二種取向發生矛盾時。當下很多手藝人曾經或正在經歷這個問題，並已經或試圖透過自我技術調適做出不同的選擇。

在傳習體制內，不徹底地服從可以理解為主體有一定的自由性。然而，手工藝傳習中的不服從反而較多地關注自己，或被視為一種不道德。如福柯曾指出：「從某個時刻開始，關注自我很容易被斥責為自愛和自私的形式，

四、自我技術：工匠技藝傳習中的道德實踐

與關注他人或者自我犧牲的要求相矛盾。」因為離經叛道、未經師父允許的一切行為都將是不道德的，徒弟必須學會服從和犧牲主體意志。自我技術一方面用於削弱頑固的自我意識和倔強的性格，一方面利於建立完善的自我意識。詹姆斯·萊德勞認為，不完全地服從更能讓手藝人思考他為什麼這樣做、怎樣才能做得更好，而不是用教條規定他該怎麼做。這或許可以理解為，主體應用自我技術時保有一種有限自由的選擇權。恰是這一點，令手工藝傳承傳統的過程中，倫理的實踐始終具有生命力。

縱觀以上，手工藝主體在接受訓育並產出勞動結果的整個過程中，不斷地調整主體與自身、主體與自然、主體與他人關係，透過自願性和選擇性的自我技術治理自身，從而形成一個比較完整的自身道德理念和道德標準體系。

無論是亞里士多德、麥金泰爾，還是福柯，在美德是什麼、如何獲得美德等問題上，給出的方案的本質是相同的，即敘事的統一性。參照手藝行業的美德標準，大師就應是表裡如一的，工匠選擇什麼樣的標準傳承或創新，也勢必與他個人的經歷、社會生活的敘事背景相一致。對他們的有無德行的評價也必然在實踐「傳統」的時代語境中展開。治玉行業的手藝人更傾向談及道德和倫理，與玉在中國文化中具有的神性、價值性有很大的關聯。治玉人作為道德主體，透過實踐，應用自我技術調整來自不同傳習體制的價值觀影響，從而確立理念與標準、獲得美德並可能通往信仰。

第四章　古典傳統：權力意志與比德理念

第五章
現代傳統：大眾消費與時尚意象

第五章　現代傳統：大眾消費與時尚意象

　　大眾是形成中國玉文化現代傳統的主要群體力量，其不僅是現代社會結構革命性變遷的結果，還是當代社會以消費為主要特徵的重要社會構成。國家與民眾的紐帶並未因對統治階級的革命而徹底割斷，中間形成了新的精英階層，他們在新的歷史條件下以新的身分與角色充當大眾代表的群體階層。大眾力量的成長，及其在現代社會的重要作用改變了古典玉文化傳統的眾多方面。恢復經濟、強大國力的國家建設階段，玉石工藝品已不再具有華麗的身分，而是以生產為主，成為國家累積經濟資本的物品。介入新技術的機器化生產領域，它的神性、王權意志被弱化，並且原來被賦予的權力統治強勢話語也漸漸消失。

　　清王朝滅亡，將近百年的玉文化，形成以大眾消費和時尚意象為主要特徵的現代傳統。無可否認，這近一百年的歷史進程中，所經歷的社會文化變遷是劇烈和根本性的，很難一概而論地為其冠冕某個特徵。國家的政體從分到合，1949年後，尤其是1956年在國家政策的嚮導下，發展國力，合作化生產是當時的歷史選擇。1978年以後，各地方進行改革的步伐與時間先後不一，直到1980年代末到1990年代初，玉石工藝品從國家計劃經濟體制下的商品轉向了市場經濟體制的商品，這一轉變，改革了人們的價值觀，「利」「欲」觀念滋長，長久以來依託國家計劃經濟體制的玉石消費品漸漸成為商人手中操縱的砝碼。玉器消費品作為非必需消費品，在21世紀這個以消費為主要特徵的社會，融入了更多時尚的元素。儘管有史以來就有時尚，而且玉石工藝品也是反映不同時期時尚的重要內容，但在中國社會，真正意義上和相當範圍內的時尚消費是近二十年來才出現的。社會體制改革在政治、經濟等諸多範疇都不同程度地實施著，而民主在改革過程中不僅僅與政治發生關係，透過商品崇拜、時尚消費，經濟與文化領域的民主化進程也加快了步伐。本章立足解析玉文化的時尚消費，而非絕對否定經典的世俗化意義。也就是說，對於玉文化的現代傳統在大眾文化潮流中反映出來的諸特徵以及對

四、自我技術：工匠技藝傳習中的道德實踐

其價值評判有認可也有異議。作為與時尚文化交叉的一部分，玉文化如何存在、其內在的轉變與方向都是本章探討的內容。

表 5-1 現代傳統的民主化特徵分期

時期		典型的民主化特徵	實際情況
第一階段	清末 —— 1949 年 1949 —— 1978 年	政制民主化	包含玉石工藝品在內的工藝美術品主樣以換取外匯為目的①
第二階段	1987 年 —— 20 世紀末	經濟民主化	1970 至 1980 年代，中國頒布了一系列關於加快工藝美術經濟發展的文件，②同時，玉石工藝品市場逐漸轉為內銷。③
第三階段	20 世紀末	文化民主化	玉石產業集群化不斷成為各地方特色產業的主要發展模式：各產地、加工地、銷售地興建不同規模的玉石博物館、藝術館、專業市場，玉石精品展及博覽會、玉文化研會等活動明顯增多。④

① 1972 年 3 月 10 日，中國國務院副總理李先念在全國出口商品生產工作會議上的講話中強調指出了手工業生產的重要性和要多出口一些工藝美術品。4 月 9 日，周恩來在廣州接見出口商品交易會代表時講話指出：「手工藝要大提倡」，「手工藝大有前途」。1973 年 2 月 24 日，李先念對《輕工簡報》第五期作了批示，並印發全國計畫會議。批示對老藝人歸隊問題、發展工義美術生產的相關政策問題作了原則指示。4 月 21 日，中國國務院以國發（1973）46 號檔批轉了輕工業部、貿易部《官於發展工藝美術生產問題的報告》。11 月 16 日批示同意，12 月 15 日將此文轉發各地。1977 年 8 月 10 日，中國國務院以國發（1977）87 號文件批轉了國家計委、輕工業部、商業部《關於進一步發展工藝美術品生產和擴大銷售意見的報告》。參見《當代中國》叢書編輯委員會：《當代中國的工藝美術》，中國社會科學出版社，1984。

第五章　現代傳統：大眾消費與時尚意象

② 1978年3月23日，中國國務院國發（1978）49號檔批轉輕工業部、外交部、商業部《關於搞好旅遊紀念品、工藝品生產和銷售的報告》。1978年12月8日，中國計委、外貿部、輕工業部以（78）貿出四字第458號檔轉發國務院批准的《關於改進手工藝品出口營體制的報告》。為了發展旅遊產品生產，自1979年到1980年，中國先後下達了4個檔。1979年8月11日，中國國務院以國發（1979）201號檔批轉輕工業部、中國旅遊總局《關於進一步發展旅遊紀念品、工藝品生產和銷售中有關問題的報告》。1979年8月20日，輕工業部、財務部、冶金工業部和中國地質總局聯合發文《關於貫徹執行玉石礦山管理和玉石開採管理試行條例（草案）》。1979年8月21日，《人民日報》發表社論：《工藝美術品生產有一個大發展》。根據中國國務院（1980）168號檔批轉中國經委《關於旅遊紀念品、工藝品生產和經營若干問題的暫行規定》，成立了中國旅遊產品生產供應公司，與輕工業部工藝美術公司合署辦公，各省、市、自治區也建立相應的機構。1981年6月29日，趙紫陽對輕工業部《關於在經濟調整中加快發展工藝美術生產的報告》作了批示。1983年1月30日，中國國務院正式批轉了《工藝美術幹部業務職稱暫行規定》。該規定把工藝美術專業幹部的業務職稱定為：高級工業美術師、工藝美術師、助理工藝美術師、工藝美術技術員和工藝美術計師。中國制定這一專業職稱，對於更好地培養使用創作設計和研究人員，做好考核晉級工作、鼓勵他們鑽研業務、提高工藝美術創作設計和技藝水準具有重要的意義。到1983年底，除評定高級工藝美術師的工作尚未進行外，全國已初步評定了一批工藝美術和助理工藝美術師。參見《當代中國》叢書編輯委員會：《當代中國的工藝美術》，中國社會科學出版社，1984。
③ 1970年代末期，隨著中國對外開放政策的貫徹，興起了來料加工、來樣生產、來件裝配和補償貿易（簡稱「三來一補」）的對外貿易形式。供應國內人民需要的內銷工藝品，少部分由商業部門按計畫收購，大部分由工業部門透過多種管道自行組織推銷，其中20%左右透過設在全國各地的工藝美術服務和一部分企業自設的門市部或前店後廠等形式進行銷售。見附錄C：揚州玉雕行業歷史沿革及相關政策（1956——2006年）
④ 參見《附錄Ⅰ：近年主要的玉石特色產業基地文化策略》。

如鄭也夫所說，狹義的民主是同政治領域對應的，廣義的民主卻包含了政治、經濟和文化領域的民主，「工業化導致一部分經濟民主的到來，而消費的民主也將促進文化的民主」。由此，本研究作了玉文化現代傳統民主化特徵的大致分期。（見表5-1）

表5-1中不同的分期內具有相應時期典型的民主化特徵，而不容忽視的

是，玉文化傳統在現代社會的經濟民主化過程和文化民主化過程不但呈現出主次之分，還是彼此共生的。玉石經濟民主化的萌芽出現於清末民初，幾經戰亂，受到一定的阻滯。1949年以後，尤其是1955年、1956年，在總體性社會資源的控制和配置下，玉石經濟又有了新的起色。這時中國以出口換匯為發展經濟的宗旨，將原有分散模式的家庭作坊和個體手工勞動者集中到一起，以合作化方式進行生產、加工，並由國家統購統銷玉石產品。合作化制度是玉石經濟發展的組織保障，在這種強有力制度和生產熱情的支持推動下，這一時期湧現出一批具有時代特色的玉器藝術品。

大眾消費代表的正是一種經濟、文化的民主化。1990年代以前，玉石經濟作為中國整體經濟的一部分，是透過企業、單位、商人和大眾的合力而繁榮起來的。1990年代後期，隨著物質必需品供應的日益充足，商品消費成為社會主要的活動。商品崇拜將人們對資本的擁有意義從物中抽離出來，而指向貨幣資本，僅僅擁有那些耗費不完的物質商品，已不能完全代表自己的身分和地位，物質財富與追求透過獲取更多的貨幣財富來得到滿足。隨著財富的積累，人們又將已經占有的經濟資本或對經濟資本占有的重點轉向了對文化資本的占有。

一、分散—合作化—集散：玉石經濟的民主化進程

在總體的社會結構變遷背景之下，玉器生產、銷售依存的機構發生了轉變，相關的領域更加廣泛，分化也越來越細。

以政治與經濟制度的變遷為背景，玉文化的百年現代傳統發生了三次重要的轉折，即由分散的傳統作坊到國家的集體化、合作化生產，再從集體化模式轉向多產區和特色的加工貿易集散地形式。

第一，從清末至1950年代初，這一歷史階段是紛繁複雜的，但玉石加工工藝、技藝傳承方式、買賣玉器的方式沒有很大的變動。戰爭等原因致使

傳統玉石的生產、銷售中斷過，行會制度廢棄過，但以作坊為主體、以徒承師藝（子承父業）為脈的傳承機制和各地分散經營的傳統方式基本存留。

第二，從 1956 年實施合作化大生產開始至 1980 年代中後期，以發展中國經濟、強大國力為主旨，中國將分散的玉石手工業藝人聯合起來進行集體大生產。傳統玉石工藝品的生產方式、技藝的傳承方式、買賣關係等都發生了重大變化。這一時期最為特殊的產物，就是單位成為社會身分的依託與標誌。

第三，實施改革開放以後，尤其是從 1980 年代末開始，玉石工藝品的生產銷售又形成分散的自主經營機制，同時興起了眾多的玉石加工貿易集散地、玉器街（村、鄉）、批發市場、古玩城等場所。這些場所伴隨經濟體制的變遷產生，並大規模地將大眾消費納入其中，加快了玉石經濟及文化民主化的進程。

（一）動盪時期的分散模式：傳統的穩定存在

晚清末年，近代工商業的發展、西方近代文明的傳播及新式學堂的創辦，特別是科舉制本身的衰敗及最後被廢除，使以士紳—地主為代表的民間統治精英階層受到沉重打擊。這個曾有著相當高的同質性和內部整合的集團開始沿著四個方向分化，一部分轉變為近代工商業者，一部分成為近代知識分子，一部分轉變為新式軍人，還有一部分仍然留在農村的，則大多成為土豪劣紳。這意味著傳統社會金字塔式結構中的一個至關重要的部分出現分裂與解體。（見圖 5-1）

由此可知，在進入經濟民主化之前，玉文化傳統的非技藝話語權群體及其占有權力出現了割據分化的狀況。其中，一部分人分離出來，形成後來的玉商，壟斷玉石原料或經營玉石工藝品；一部分人成為文化資本的持有者，並對玉文化傳統具有話語解釋權，屬於早期的消費者；還有相當一部分人繼承了祖上傳下的資本，成為早期的經濟資本持有者和收藏者、消費者。

一、分散—合作化—集散：玉石經濟的民主化進程

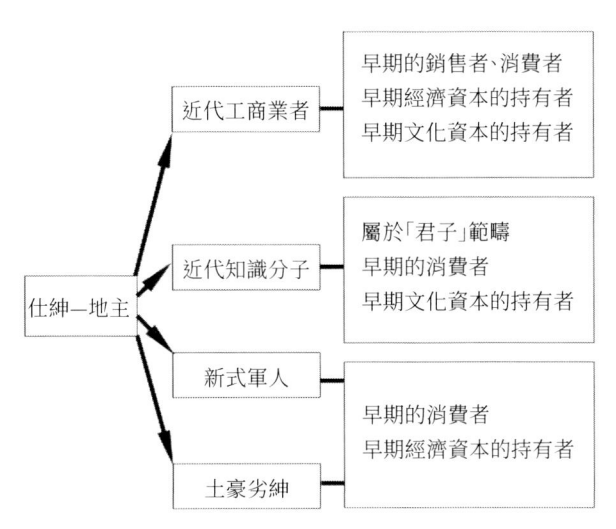

圖 5-1 現代傳統的民主化特徵分析

```
                    ┌─ 近代工商業者 ──→ 早期的銷售者、消費者
                    │                   早期經濟資本的持有者
                    │                   早期文化資本的持有者
                    │
                    │                   屬於「君子」範疇
  仕紳—地主 ────────┼─ 近代知識分子 ──→ 早期的消費者
                    │                   早期文化資本的持有者
                    │
                    ├─ 新式軍人
                    │                   早期的消費者
                    │                   早期經濟資本的持有者
                    └─ 土豪劣紳
```

　　清末的帝制滅亡，使得政治解體的同時，社會結構也發生了重大改變。也就是說，民間統治精英階層的衰落與解體致使這次重大變革中定型社會基本制度的框架力量嚴重被削弱，也使得存在幾千年的金字塔式社會結構缺少了穩定存在的根據。在這種動盪的政治社會環境中，玉石經濟遭受到不小的衝擊，甚至由於戰爭、勢力割據而造成一段時期玉石經濟交流的中斷。然而，並不是絕對意義上的終止，持據技藝的玉石工匠、藝人部分轉行他業，以謀得生計。轉行木雕、石雕的匠人使玉石技藝在其他領域得到某種程度的保留、改變和創造。

　　此外，玉石作為強有力的經濟資本，仍然為商賈等有權勢的人所追捧，玉石商人是動盪時期的玉石傳統能穩定存在的關鍵因素之一。早在乾隆、嘉慶年間，雲南騰沖的玉石商人和玉石工匠就成立了「寶貨行」公會。至清末，公會成員及華僑玉商從緬甸頻繁進口玉石，據1902—1931年間，海關的玉石進口統計（見表 5-2）顯示，每年穿行於八莫到騰沖商道上運輸物資的騾馬就有上萬匹，而騰沖海關驗貨廳每天都擺滿了大量貨馱。當時，騰沖城內的

203

第五章　現代傳統：大眾消費與時尚意象

「小月城」是珠寶商人的聚集地，上百家鋪面裡的紅藍寶石、翡翠雕件等琳瑯滿目，高中低等級貨色齊備，被人稱為「百寶街」。「昔日繁華百寶街，雄商大賈挾貨來」「琥珀牌坊玉石橋」，就是騰沖繁榮景象的真實寫照。

表 5-2 1902—1931 年間騰沖海關的玉石進口統計數據

時間（年）	1992	1906	1915	1917	1925	1931
進口數量（擔①）	271	216	628	801	375	182

① 每擔 100 老斤，每老斤為 16 兩。

清末民初，上海、西安、武漢等地的玉石商人在河南鎮平遍設玉雕商號。民國初年，騰沖從事玉器加工的作坊就有一百多家，工匠也有三千多人，較大的作坊有三戶，分別是城區的杜盛才、羅綺坪的楊紹傳、崗峨的許紹松，這三戶每戶都有七八十個工人。此時的玉石作坊也有專業的分工。（見表 5-3）

表 5-3 民國初年騰沖玉石作坊的專業分工

工種名稱	解玉行	細花玉匠	玉拱眼	光玉工	大貨玉匠	小貨玉匠
從業戶數（戶）	30	23	27	25	31	37

1916 年左右，許多華僑在緬甸投資成立公司，開採玉石。當時的琨昌、和同、寶利、隆璋、寶濟等玉石業商號中以廣東的華僑居多。當然，華僑投資玉石業並非一時興起，據記載，1835 年，八莫共有兩千戶（一萬餘人），華僑占二百餘戶，雲南人居其大半，那裡就像一座中國城市。在緬甸古都阿摩羅補羅城的一個中國人的古廟裡，一座石碑上刻有五千個中國玉商的名字。開採玉石的洞權大部分被華僑商人購置，他們再將洞權轉讓給騰沖商人。最早將洞權售予趙連海、毛應德，後毛應德又售給張德珩、李本仁、李先和、鄧體如、解仕義。因此，當時又有「下緬甸是廣東人福建人的勢力，上緬甸是雲南人的勢力」之說，也正是這個時候湧現出了一批較有勢力

一、分散—合作化—集散：玉石經濟的民主化進程

的玉商。

到了抗日戰爭前後，騰沖有大小玉石商四十一戶，如德興隆的王紹岳和王紹武、復盛隆的寸如東、寶益茂的龔子俊、玉瑞興的張子恆、翠美和的朱克家、寶益昌的楊子城、秀雲麗的楊起俊、財益興的楊有財、翠華峰的官正域等。此時的玉石加工戶有兩千多戶，每街（五天一街）的經營額為兩千至三千半開。當地流行的唱詞描述道：「論工業，有玉工住戶兩千餘，切磋思索盡人力，聲名遠洋溢。」騰沖淪陷前，珠寶行的店鋪多數集中在「小月城」（也就是「百寶街」）。一位英國人在其遊記中曾這樣描述「百寶街」一帶的興盛氣象：「某長街為玉器行所集，玉工晝夜琢研不輟，餘等深夜過之，猶聞蹈輪轉床，聲聲達於百葉窗外，頗多女工。」

（二）特殊時期的合作化模式：歷史任務與傳統的轉變

受特殊時期意識形態的影響，玉石經濟形成官方的合作化企業。合作化的最大貢獻在於徹底更改了傳統社會官方只為皇家貴族生產、服務的面貌。作為國家經濟建設的主要方式之一，合作化的目的是強國富民，透過換取外匯來發展國民經濟，增加民眾生活必需品的供應。

1949 年是中國政治制度、社會結構發生重大變化的轉折點。1949 年以後，中國的社會結構從原有的圖 5.2a → b 模式，轉變為 c 模式，即由「Ⅰ＋Ⅱ→Ⅲ」的模式轉變成「Ⅰ→Ⅱ＋Ⅲ」的「消融」模式。有學者認為，這一時期的社會結構只剩下「國家—民眾」兩個結構因子。從某種程度上講，這一時期的各種影響直到現今仍有存留。本研究將 1949—1978 年劃分成以政治民主化為特徵的追求。不得不說，這種總體性的社會特徵又是一種不同於蘇聯式的計劃經濟方向。c 模式是中國在特殊時期形成的模式，既關乎著時代的歷史任務，中國社會結構的新模式 —— d 模式的形成。「中國改革前夕，只有 3% 的中國國營企業是直接歸中央政府調控的，其餘的企業都為各級地方政府管」[11]。玉石行業先是歸手工業管理局管理，後又歸輕工業部

第五章　現代傳統：大眾消費與時尚意象

管理，如今又成為由經濟產業、文化事業以及非政府組織的行業協會（如工藝美術行業協會、珠寶玉石行業協會等）綜合管理的對象。其最初的形式大多屬於中小規模的散戶，合作化時期儘管各地成立了省市級的玉器廠，但多數地方的個體玉石加工商家並未直接納入中央計劃體制。

傳統社會結構
a

清末-1949年的社會結構
b

1949-1978年的社會結構
c

1978年以來的社會結構
d

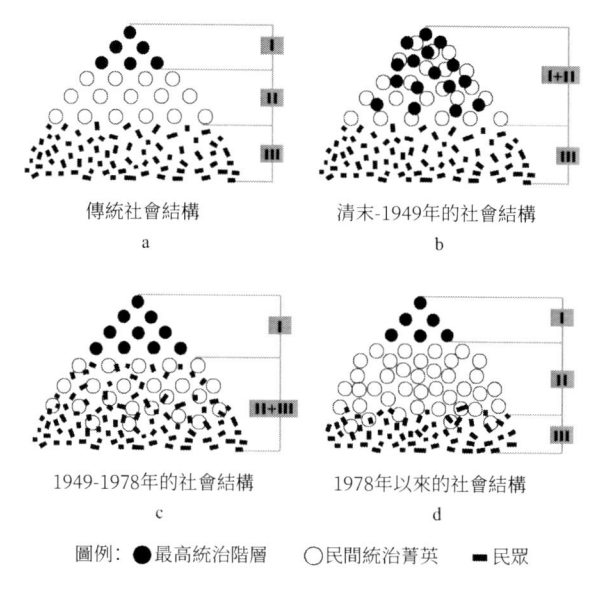

圖例：● 最高統治階層　○ 民間統治菁英　▬ 民眾

圖 5-2 傳統社會至今的社會結構變遷

在某種程度上說，總體性社會（1949—1978 年）所獨有的資源壟斷和配置制度，造成了一種化約社會結構的作用，形成「Ⅰ」和「Ⅱ＋Ⅲ」兩層的社會結構。（見圖 5-2c）對資源的壟斷，主要是以沒收資本為手段。根據統計，至 1949 年底，國家沒收的官方資本約為 150 億元左右；到 1956 年底，對民族資本的社會主義改造基本完成，私營工業共有 11.2 萬戶（職工 120 萬人）轉變為公私合營企業，私營商業有 40 萬戶實行了公私合營，另有 144 萬戶個體商家組成合作小組，還有 4.8 萬多戶個體手工業併入公私合營企業。

據張竹邦記述，1949—1954 年間，中緬貿易停止，致使該時期騰沖的玉石加工製作戶總共不過 60 餘戶。因為當時已無外地人去騰沖購玉，本地

一、分散—合作化—集散：玉石經濟的民主化進程

人經營玉石無出路，所以不少人改行轉業或歇業。1955年，中國召開物資交流會，沿海一些省市（如上海、北京、廣州、昆明、大理等）先後派人赴騰沖購玉，玉石業才開始活躍起來。此時，經營玉石戶增至106戶，而辦正式登記手續的25戶，共有資金1.6萬餘元；其中手工業戶有11戶。1955年，全縣玉石行業的營業額為9000元。1956年增至9萬餘元，其中公私合營2萬元，私營居民、農村戶7萬元。1957年，全縣向外銷售14.9萬餘元，其中公私合營3萬元，貿易公司近3.6萬元，個體農民、居民8.3萬餘元。在總體性社會的合作化制度下，1956年，騰沖成立了第一家翡翠玉器生產合作社。1973年，在原有的合作社基礎上，成立了騰沖縣工藝美術廠，還成立了9個街道和社辦玉器加工廠。作為商品的玉器，產量逐年增加，產值利潤也逐年上升。1975年，騰沖縣工藝美術廠的玉器產品達15萬件，比1973年增加了6倍多。

　　現在的揚州玉器廠，是傳統和田玉的製作技藝得以承傳的重要組織機構。其前身是邗江玉石生產合作小組，而這個小組是1956年3月13日，由流散在揚州邗江灣頭、杭集等地棄藝從耕的玉器藝人羅來富、羅來卜、王金蓮、吳永禮、周玉寶、韓有旱、朱萬祥、任永元等人自籌資金，並由政府提供部分貸款組建的。1957年2月，邗江玉石生產合作小組轉為合作社，職工發展到99人，並由灣頭田莊遷至揚州城內。1958年，由於邗揚縣市合併，邗江玉石生產合作社與揚州漆器生產合作社合併，成立了揚州漆器玉石生產合作社。揚州漆器玉石生產合作社上升為地方國營後，改名為揚州漆器玉石工藝廠。1964年，揚州漆器玉石工藝廠又分為揚州漆器廠、揚州玉器廠，同時又將城南玉石生產合作社併入了揚州玉器廠。

　　自晚清起，由於清政府的衰敗，社會資源急遽分散化，越來越多地掌握在士紳、軍閥等地方豪強手中，而這些地方豪強在壯大了自己的力量之後，又成為抵制中央政府集中資源的力量。從某種意義上說，外強的入侵、工業

207

第五章　現代傳統：大眾消費與時尚意象

化的緩慢、頻繁的社會動盪，都與近代中國的社會資源處於高度分散狀態有關。總體性社會的突出特徵之一就是極強的動員能力，它可以利用中國性的嚴密組織系統將中國的人力、物力資源動員起來，從而有力地促進了中國的工業化進程。總體看來，高度的社會動員能力除調動全民積極生產的熱情外，也使當時的玉器藝術品形成了極富時代特色的風格。此時出現的人物題材以及反映人民生產生活、安居樂業的題材可謂時代特色的創作。（見圖5-3a、b以及5-4a、b）

圖 5-3a 毛澤東像

圖 5-4a 海棠玉兔

圖 5-3b 兄妹開荒

圖 5-4b 黃道婆

一、分散—合作化—集散：玉石經濟的民主化進程

「單位」作為特殊時期，有組織進行文化實踐的一種機構，既提供保障，又侷限了藝術品的創造與個人風格的創作。民眾與國家的關係在這個時期表現為一種組織性依附。因此，工人在社會上和經濟上依附於單位，在政治上依附於管理層，在個人上依附於上級領導。一個人的社會角色、身分、地位等，很大程度是由其所屬的單位賦予的。「在改革前的總體性社會中，中國並沒有世界上普遍實行的身分證制度」，而當時在社會上造成身分證作用的除了工作證，就是單位的介紹信。需要指出的是，1950年代「以廠為家」的制度，使許多手藝人只有在完成廠裡的活計之後，才能回家潛心書畫的臨摹與創作。制度不允許，也沒有做私活的可能性。（見附錄D）

身分是指社會賦予個人的、與其職業及其他社會角色相聯繫的、旨在標明人的社會地位的類別標誌。

儘管c模式的「II+III」區出現身分混雜的情況，但其中仍然存在實質的劃分。改革開放前，中國的總體性社會中主要有四種身分系列，即政治身分、城鄉身分、職業身分、所有制身分。1949年至1978年以前，中國社會的階級身分系列具有一定的先賦性及難於改變性。在大多數社會中，職業並不能構成等級身分，因為職業帶有很強的可變動性。但在改革開放前的中國，「幹部」與「工人」的身分是相當固定的。「1955—1956年期間，對城市手工業與私營工商業實行社會主義改造的結果，是簡化和歸併了城市居民的職業身分」。由此，原來僅在政府部門與國營企事業單位中存在的「幹部」與「工人」身分系列被推廣到所有非國營企事業中，從而使得城市中的在業者取得了「幹部」與「工人」的身分。「幹部」與「工人」的職業身分系統，實際上將中國城市中的所有職業劃分為兩類：一類是只有「幹部」才能從事的職業，一類是只有「工人」才能從事的職業。「幹部」與「工人」的劃分也存在於這一時期的玉石生產合作社、玉器廠等企業之中。合作化制度下的單位裡，傳統的工即等於現代的工人，製造能夠為國家建設帶來經濟效益的玉

第五章　現代傳統：大眾消費與時尚意象

石工藝商品。手工藝領域的高水準藝人和普通的工人一樣，被限定了「工人」的身分，而一些「工人」出身的高水準藝人也能透過「以工代干」的方式獲得「幹部」身分。這種系列化且具有等級性的職業身分在目前的玉石生產企業中依然存有影響。

1950 年代中期，對城市手工業及私營工商業實行社會主義改造後，所有制身分則透過全民所有制和集體所有制的身分體現出來。「全民所有制工人」與「集體所有制工人」都是不可輕易變更的社會身分。「這種身分制的形成，緣於稀有資源的嚴重短缺、稀有資源的全面壟斷、資源二次分配者的管理和配置能力三個因素間的複雜互動關係」。所有制身分既可以降低國家資源配置工作的複雜性，還能嚴格限制從業人員在社會上的流動性。

總的來說，改革開放前的中國社會是一個分化程度較低、分化速度緩慢、具有較強同質性的社會，其主要表現是：

第一，社會的政治中心、意識形態中心、經濟中心合而為一，國家與社會合為一體以及資源和權力的高度集中，故稱為「總體性社會」。當時工藝美術企業的經濟性質以集體所有製為主，中國 3000 多個縣屬以上企業中，90% 以上都是集體所有制，縣屬以下則全部是集體經濟。到 1956 年底，近 90% 的個體生產者被分別組織到供銷生產小組、供銷生產社和生產合作社之中。

第二，所有的社會組織，不管是行政的、事業的還是行政級別的，都可從政府那裡獲得按計劃分配的資源。當時，國家先後在 16 個省市擴建和新建了 29 個玉石礦和玉石收購站，開採和收購的玉石品種有瑪瑙、虎晶、紫水晶、翡翠、碧玉、青玉、白玉、岫岩玉、螢石、綠松石、芙蓉石、孔雀石、壽山石、青田石等，其中一些重要品種則由輕工業部工藝美術公司統一分配。1974 年，在出口創匯的業績方面，河南鎮平縣工藝美術品的總銷售額達 1490 萬，其中玉雕產品為 946.56 萬元，占總銷售額的 64.6%。

一、分散—合作化—集散：玉石經濟的民主化進程

第三，改革開放前的中國社會結構呈現出城鄉兩大社會群體和城市內部幹部、知識分子及工人群體間的劃分。這種分化不僅是職業和階層的差異，更是身分等級的差異，其最主要的特徵是身分等級間界限分明、進出規則清晰，一旦具有某種身分就很難改變。社會成員間有限的分化不是所謂的「自致性」分化，而是帶有很強的「先賦性」色彩。對於個人位置具有決定性意義的不是職業、地域、所屬組織或群體，而是身分。個人位置在各方面是高度整合的，即身分的差異與收入、聲望、權力上的差異同構。這些特徵是1949年以來一系列改造的結果，這些改造的實質可以用抑制分化來概括，即除國家規定的身分和等級（包括行政、工資、待遇、權力等）的差異外，人為地限制個人位置的分化，限制各種社會要素（如經濟成分、政治組織、文化、思想）的分化。這種限制和改造是透過大規模的政治運動（如農業集體化、工商業改造等）和各種制度政策（如統購統銷政策、戶籍制、勞動工資制度等）來實現的。

綜上所述，1949—1978年的中國，全體社會成員的身分是在國家強有力的控制之下形成的，它們的存在基本上切斷或者大大減弱了城市中及城鄉間的社會流動，從而使得當時城鄉人口的空間與社會位置分布都具有很高的穩定性。

（三）改革開放時期的集散模式：大眾意向的傳統方向

「文化大革命」期間，由於玉文化藝術反映傳統基因中的孔儒文化內容，玉石工藝品生產規模縮小，相關機構及企業停產或停辦，比如當時的揚州玉器學校。但是改革開放之後，傳統玉文化如何繼續發展、以怎樣的模式存在和發展等便成為亟待解決的問題。有很多玉業藝人感慨，「改革春風」的到來使自己迎來了「藝術創作的春天」，制度的改革使藝人們迸發出積蓄已久的創作熱情並擁有了極大的自主取向。

然而，市場經濟體制的改革既為藝人帶來「藝術創作的春天」，也提供

第五章　現代傳統：大眾消費與時尚意象

了經濟民主化醞釀與滋長的環境。玉石工藝品在以出口創匯為主要目標的同時，商品化的玉石工藝品逐漸成為大眾化消費的對象，而且品質也良莠不齊。業內人士認為，1980—1996年是中國玉石產業的恢復時期。進入市場經濟階段以後，玉石產業在傳統的以白玉、翡翠、岫玉、瑪瑙為主的工藝品類基礎上，開始迎合內銷市場，生產一些時尚首飾。然而，這時期的產品品質及藝術價值並不高。1996年之後，玉石加工形成產業化趨勢，並進入了快速發展的時期。針對大眾消費層，各地區相繼進行了產業結構和產品結構的調整，出現了由高級、中等、低階綜合構成的立體化消費品種。1997年亞洲金融危機是中國珠寶玉石產業及消費的一個重要轉折點，自此之後，中國的珠寶玉石消費在國際上一直占據重要的地位。以翡翠原料市場為例，儘管翡翠的原料產自緬甸，但80%的原料在中國內地及沿海加工銷售。不僅如此，截至2006年，中國玉石產業的從業人數達到近40餘萬。

　　改革開放以來，隨著經濟的發展，人民生活水準的提高，人們對玉器的需求也逐漸增加，原來玉器以外銷為主的格局逐漸轉變為內銷與外銷結合、擴大內銷市場的發展態勢。近四十年來，玉器生產的廠家隨著經濟體制的轉型也在不斷地重新組合。許多原有的國營玉器廠處境艱難，由大變小、由盛變衰，有的甚至瀕臨破產或解體。只有個別的廠家適應形勢，轉變經營體制，從而維持生產並有不同程度的發展。改革引起的社會變遷體現在玉器行業的諸多方面：中國各地的私營玉器廠和個體加工作坊呈井噴之勢發展，而這些私營玉器廠和個體作坊，有的是從國營、集體玉器廠離職、退休的工人創辦的；有的則以少量專業玉雕匠人為骨幹，外請畫樣設計人員，並依託農村廉價勞動力進行生產的。從而，在20世紀末，一批有特色的地方玉器市場繁榮起來。這些地方玉器市場逐漸由政府和非政府行業協會規劃為玉石產業基地與集散市場。它們主要依託玉石原料、加工生產及玉石資源和商品貿易的擴散能力來謀求發展。如今，中國有河南南陽鎮平、遼寧岫岩、新疆和

一、分散—合作化—集散：玉石經濟的民主化進程

田、廣東四會、雲南騰沖等玉石產業集散地。（見圖5-6）

不僅如此，改革開放以來，在稀缺資源多元擁有的市場經濟環境下，大大小小、完全或不完全的資本持有者、知識與技藝的持有者等在社會結構分化的過程中又存在著細微而重要的差別。正是在社會身分多元及分工細化的前提下，社會的中間階層，即民間統治精英階層與民眾階層才能得以擴張。（如圖5-2d）近四十年來的改革政策為民間統治精英階層與民眾階層創造了一個融合的良好氛圍。在這個過程中，新成長起來的中間階層在數量、規模、個人素養、資本占有等諸多方面都發生了根本性的變化。這個新的中間階層正在以相當快的速度成長，並在國家、民間統治精英以及民眾之間形成一種新的互動關係。有些學者認為，這是中國中產階級（Middle Class）在當代的興起，而本研究之所以將其界定為中間階層而非中產階級，是因為中間階層的擴張並不代表中產階級的各項評價指標均已達到。在中國，這個中間階層的產生是與「自由流動資源」和「自由活動空間」的出現聯繫在一起的。孫立平將中國私營、個體經濟的發展劃分為兩個重要階段：第一個階段是從改革開放初期到1986年前後，這是私營、個體經濟大發展的第一個時期，之後曾出現過停滯甚或極短時期的衰落；第二個時期是1992年至今，這是私營、個體經濟發展的第二個黃金時期。

這兩個重要階段也是大眾追求經濟民主化的時期。改革開放以來，中國社會最引人注目的變化就是社會結構的劇烈、持續、深刻的分化。一方面，結構分化促使社會異質性的增加，即結構要素，如位置、群體、階層、組織的類別增多。另一方面，社會結構的變化導致不平等程度的加深，即結構要素之間差距的拉大。結構分化作為社會變遷的主要形式之一，對玉石生產的現代化產生積極的促進作用。首先，社會分工和專業化組織對玉石行業的生產效率有根本上的促進作用。其次，身分角色多元化和職業等級差異對階層多元化、社會資源流動以及文化資本的教育普及等也有很大的影響。而這些

第五章　現代傳統：大眾消費與時尚意象

都有助於消除傳統的「先賦性」特權，有助於大眾意向的形成。

可以說，市場經濟下的大眾意向改變了傳統玉石經濟文化的格局。國家對玉石資源進行的大規模勘查工作，則極大地促進了玉石資源在中國範圍內的開發利用。但近年來，不少私人企業在市場利益的驅使下，未取得開採權就濫採濫掘（見圖5-5a、b），造成各地的玉石資源日益枯竭。不僅如此，大規模的開採、加工、生產、銷售也催生出一大批分散的中小型企業。1990年代，國家對這些分散的中小型企業進行了規範管理，形成現今的玉石特色產業基地。據中國珠寶玉石首飾行業協會統計，截至2006年11月，中國已形成的特色產業基地有十餘處。（見附錄E和附錄F）

改革開放以來所形成的集散模式之所以成為大眾意向的現代傳統特點之一，一是因為在這個過程中，有大規模的民眾參與到玉石的開採、加工、製作、銷售、消費領域的活動中來；二是因為「四大身分」系列逐漸在社會結構和體制改革中消除了等級界限，並形成了以職業來劃分群體身分的新標準。經濟結構的調整引發社會結構的變遷，眾多農村人口介入玉石企業後，逐漸消融了原有的「城鄉」身分差別。單位體制的改革又改變了原有的「全民所有制與集體所有制」身分、「幹部與工人」身分。在這些身分轉化為「生產者」「設計者」「製作者」「管理者」「消費者」等身分的過程中，並未完全消除先前的身分印記，從而使社會構成及身分隨市場經濟的發展和社會分工的細化變得更加複雜

a

b

圖5-5 和田玉礦四處濫掘的場景

化、多重化。

　　例如，玉石行業中擴張的中間階層，其身分就具有多重性。中間階層作為社會上層和底層之間聯繫的紐帶和緩衝，只有它占據社會的主體，現代社會才會趨向穩定的發展。而中間階層的形成，離不開較長的產業化發展階段，只有產業化階段才能形成一個含管理層、技術層、商業層、職員層等的中間階層。這一中間層是一個龐大的、不直接參與生產勞動的階層，也意味著社會的職業變遷。除此之外，教育作為獲取文化資本的方式之一，也是促成中間階層成長形成的另一要素。從某種程度上講，時尚意象和大眾消費的現代社會中，中間階層乃至中產階級的發展和定型，是現代玉文化傳統傳承的重要基礎之一。它是古典時期玉文化需要群體、技藝傳承群體在現當代的演化和發展。

　　可以說，市場經濟的快速發展在一定程度上刺激了玉石資源、產品行銷領域新鮮元素的產生和較快頻率的更新。若以經濟為衡量標準，改革開放以來人們的生存問題逐漸解決，就業機會隨著社會分工的細化有所增加，人們生活水準的各項指標均有所提高，尤其是在20世紀末，物質消費的大眾化趨勢加快了玉石經濟的民主化步伐。

二、時尚的符號：玉文化的民主化發展

　　在追求經濟民主化的進程中，玉石產業的規模不斷擴大，形成從高級到低階的立體多層的產品行銷結構。產業化集散形式也是玉文化傳統在發展社會生產、市場經濟繁榮方面的必然產物和特殊結果。這種立體多層的產業化方式滿足了社會結構中不同層面的消費需求。其實，自古以來玉石工藝品最大的消費環境和市場就是中國本身。然而，現代的規模化生產與消費能力之間是否能形成良性發展是一個值得探討的問題。不可否認，高階的玉石工藝品仍然保持相對固定的消費群體，而中階、低階的玉石商品不但承擔著大眾

第五章　現代傳統：大眾消費與時尚意象

均可消費享有的重任，還需在其中努力製造出商品的差異性。這種差異與時尚相關，在基本保證達到大眾化經濟消費能力的前提下，開始轉而投向一種文化的消費。大眾消費的力量形成一種大眾意向的玉文化傳統，這便是玉文化的民主化發展過程。

時尚的符號，一方面是指具有時尚意味的玉石商品，它們被符號化，具有「符號差異性的功能」，以表徵時尚消費的大眾意向；另一方面，時尚的符號又是參與構成時尚文化的人本身，而且主要是玉石商品的消費者，他們不但用各樣的時尚符號裝飾自己、顯示自己，還用各類文化領域內的消費形成一種時尚。他們自身也是時尚中的符號，他們不斷變動的慾望和需求恰恰符合時尚的特質，他們不斷追求的不僅是時尚的符號，而且追求著時尚的易變性。

時尚具有的易變性必須在一種社會變動的前提之下，這也就是說，穩定的社會階級構成中時尚的存在是相對穩定的，其變化也是緩慢的，但並非沒有時尚。任何意義上的社會變遷都會導致某種程度的階層動盪和群體構成的變化，潛在的實質性傳統繼續的同時，時尚也悄然地或激烈地發生著。

進入當代，一種消費為導向的經濟方式、認知理解對社會產生了至關重要的影響。人們消費的不僅是必需品，還消費必需品之外的非物質內容，這種精神層面的消費不斷在成長。（見表5-4）從1978—2006年城鄉居民家庭恩格爾係數的下降趨勢可以看出：無論是中國的城市還是鄉村居民，生活水準都很大程度地提高，這也從側面反映出物質消費滿足程度的成長以及社會消費的非物質化趨勢，即人們在文化、教育、娛樂、服務等領域的消費持續成長，對此進一步的說明可見後文的研究內容。

二、時尚的符號：玉文化的民主化發展

表 5-4 1978—2006 年中國城鄉居民家庭恩格爾係數（%）

年分（年）	城鎮	農村	年分（年）	城鎮	農村
1978	57.5	67.7	1993	50.1	58.1
1979	57.2	64.0	1994	49.9	58.9
1980	56.9	61.8	1995	49.9	58.6
1981	56.7	59.9	1996	48.6	56.3
1982	58.7	60.7	1997	46.4	55.2
1983	59.2	59.4	1998	44.5	53.4
1984	58.0	59.2	1999	41.9	52.6
1985	53.3	57.8	2000	39.2	49.1
1986	52.4	56.4	2001	37.5	47.7
1987	53.5	55.8	2002	37.7	46.3
1988	51.4	54.0	2003	37.1	45.6
1989	54.4	54.8	2004	37.7	47.2
1990	54.2	58.8	2005	36.7	45.5
1991	53.8	57.6	2006	35.8	43.0
1992	52.9	57.3	—	—	—

　　消費既是人們最主要的社會活動，也反映出不同社會群體的價值觀。社會的富有標準、平均生活標準以及貧窮標準都在不斷提升的經濟中，能夠明顯地發現一代代人的社會身分之成本也在提高。法國學者尚‧布希亞在其《消費社會》中說過，人們的需求從來都不是對某一物品的需求，而是對差異的需求，這種需求是對社會意義的慾望，它說明人們永遠不會有圓滿的滿足，需求因而不具有確定性。（見圖 5-11）

　　就玉石商品而言，在文化民主化的過程中，其表現的主要特徵有以下幾個方面：

　　一、商品化的玉石工藝品數量和種類劇增。這表現在技術背景下，商人謀劃的生產為主的時尚文化，試圖用不同級別層次的玉石商品來塑

造不同群體的形象和身分。

二、玉石工藝品的市場不斷得到拓展，形成新的地域文化板塊。從改革開放前「京派」「海派」「揚派」「南派」的地域文化板塊特徵演變為新疆、遼寧、河南、江蘇、廣東、雲南、青海等省區市形成諸多的玉石加工貿易集散地特色產業模式。（見附錄 F）與傳統社會「玉石之路」權勢話語的集中與權威相較，當代的玉石之路反映出的權勢話語在交通、經濟、文化、科技等領域的繁榮、便利、流動性語境下，形成重新割據的狀況。集散形式顛覆原有的話語權，亦使趨同性與差異性在地方玉文化中反映出來，這也是玉文化民主化發展的一個方面。

三、設計師、製作企業的署名性增強。玉石商品形式設計在時尚消費中越顯重要和多樣，與此同時，各種設計的知識產權、品牌形象以及技術專利等，都標識出玉石設計製作方面所含附加值的成長，這反映了玉石產品的文化屬性隨著非物質消費的成長漸漸被各階層群體所重視。

四、社會群體為了區分或認同所屬的社會身分，對與玉文化相關的文化資本的持有就顯得越來越重要。購物場所不斷增加、消費方式越來越自由，比如許多大型購物場所的品牌珠寶攤位、珠寶玉石的專營商店、古玩街、商品批發零售街、文化街、旅遊景區、前店後廠的生產地，不勝枚舉。另外，與之相關的媒體廣告頻繁播放、宣傳手段多樣。不僅銷售玉石商品的廣告日漸增多，更具代表性的是各類高級鑑定認證班、技師培訓班的宣傳透過網路、郵寄等管道大量出現。與此同時，不僅收藏、拍賣等活動逐年增多，博物館、展會、比賽、發布會等涉及收藏和拍賣的機構、活動也紛紛湧現。

總體來說，玉石商品作為時尚的符號，益助人們形成消費為主導的價值

二、時尚的符號：玉文化的民主化發展

觀。民主化也從大眾參與生產的單純模式走向大眾參與消費的多層模式。在時尚營造的差異性與趨同性需求和消費中，表達技藝話語權、凝結傳統文化意義的署名權利得到進一步重視。當然，在改革開放以來不斷進步的技術背景下，諸多商人在玉文化民主化過程中造成積極的推動作用。甚至可以這樣說，正是商人的策略，使得玉石商品形成一種生產為主的現代時尚。

（一）工藝技術與商人的策略：生產為主的現代時尚

工業技術的速度、效率為資本受益者創造了條件，也為玉石工藝品的大規模複製描繪了炫目的前景。同時，現代技術與市場的作用，使時尚更新的頻率加快，數量增多。一方面，大眾眼光從對生活必需品的追求漸漸轉向原來那些貴族身分的奢侈品；另一方面，工業化生產的成熟條件為經濟的民主化拓展開了道路，大眾消費便開始在中國孕育發生。在中國傳統社會，玉石這種高貴物品的享有權是受森嚴的社會等級制度限定的。普通百姓不但沒有資本擁有它，而且各種例律也不准許他們享有。傳統社會的巨大變遷徹底改變了這種不可能，在工業技術背景之下，商人逐「利」的策略使得民眾未曾享有的體驗和渴望逐漸變為現實。現代時尚意圖顛覆中國傳統社會玉文化中的權威性，我們已不能輕視當代大眾的文化權力。當代大眾甚至可以消費比舊時貴族們消費得多得多的物品種類以及教育、娛樂、服務項目。

商人逐「利」的基本做法就是將一件受歡迎的商品複製成千萬件，而在追求這一目標時，他們選擇了機器和組織管理手段，而不是純粹依賴技藝高超的工匠和手藝人。首先，他們需要的不是一兩件精品，而是成千上萬件商品，而且社會現實情況是優秀的琢玉藝人很稀少，僅靠為數不多的優秀藝人的力量絕對製造不出大量的商品。其次，商人給優秀的琢玉藝人或技師的薪酬較一般工人高出很多，因此，商人寧願將工作分解，並由大量無技能或少技能、低報酬的一般工人組成生產線。

傳統社會的琢玉手藝與琢玉藝人的生活息息相關，生活中充滿著手藝，

第五章　現代傳統：大眾消費與時尚意象

藝人們都持有手藝，然而手藝水準卻參差不齊。參差不齊，是構成現代社會玉石商品消費中差異性、個性化行銷的重要因素。手藝的行銷往往要求消費者具有鑒賞能力，然而這種鑒賞能力也是參差不齊的。手藝的行銷使不同地位和身分的消費者面對一個複雜的系統，除了需要具有鑒賞天分之外，還要盡可能地具備受教化的經驗。

批量化生產的玉石商品犧牲了手工藝品的複雜性、多樣性和差異性。一些商人為了破除差異性，便降低「高貴／卑微」的門檻，而使更多、更廣的大眾成為玉石商品的消費群體，製造出眾多粗糙的、標準件式的串珠、環扣，以謀求其中的毛利。（見圖 5-6a、5-6b）。不容忽視的是，謀取利益、降低標準的做法極大程度地影響了現代社會中玉石工藝品的形式風格乃至文化特徵。

圖 5-6a 潘家園古玩批發市場上真假混雜的翡翠玉鐲

圖 5-6b 廣州玉器街上種類紛繁的仿古飾件

一般來說，從事玉石行業的商人大多是愛玉、崇玉、懂玉之人，但是生產低端玉石商品的企業主、商人恰恰缺乏這種文化素養與內涵。有些人看重玉石產品的經濟價值，甚至將其視為一種無差別的機械化商品。不少店鋪的兜售者謊稱阿富汗玉和岫玉是和田玉，將馬來玉甚至料器說成是翡翠。大眾在接受這種向來都是貴族享用的消費品之初，並非所有人都有足夠的鑒賞與先驗知識。一種賦予了虛假意義的玉石商品在大眾化消費的過程中堂而皇之

二、時尚的符號：玉文化的民主化發展

地傳播。之所以形成假冒偽劣、濫竽充數、以次充好的社會現象，在買賣雙方之間而言至少有以下三方面的原因：

第一，銷售者的無知（本身接受了錯誤和虛假的知識訊息）而非故意的銷售行為。（見附錄 G）

第二，銷售者有意將錯誤和虛假的知識訊息傳播給消費者，並透過欺騙手段獲利。（見附錄 G）

第三，購買者因無先驗知識，容易受到錯誤和虛假知識訊息的影響，往往圖心情好、吉利、便宜而購買。（見附錄 G）

鄭也夫認為，「消費演進的最後階段，是完成它對一代民眾的塑造。自然，這是透過設置、行動、話語、氛圍全方位的誘導而完成的。最終它成功了，馴化的工作完成了」。波德里亞同樣認為，消費社會中，消費者得到了馴化，但是消費者並非單方面地接受這種馴化。當代玉石工藝品的消費不同於高科技產品的消費與時尚服飾的消費，傳統的文化因素在這種「比德」觀念的消費品中仍然具有絕對的影響力：大眾消費者不僅僅是由於炫耀的本能而購買玉石商品，他們可能並不借助消費氛圍的營造，而是憑靠對傳統文化的理解認知作出理智性的選擇與消費。也就是說，玉石商品，尤其是傳統的玉石工藝品（除現代珠寶首飾外），具有很強的傳統文化屬性，其傳統文化內涵對消費者提出一定的文化素養要求，不懂的、非專業的人士通常不會輕易進行高額的消費。

從破除、降低門檻到有意地製造門檻，都是商人不斷推崇的策略。時尚本身是變動不居的，商人們要獲得更大的利潤，勢必要迎合時尚的易變屬性及消費者個性化的需求製造出一種差異性的消費。由此，手藝重新受到商人的重視，甚至漸漸成為玉石商品中的高級行銷品。消費者從中尋找到的是具有區別性、個性化的身分象徵物。正如鄭也夫所說，機器生產儘管也能製造出區別，但那要刻意而為，同一種機器製造的畢竟是無區別的產品；然而手

第五章　現代傳統：大眾消費與時尚意象

藝不同，它以區別性為基礎，它的差異表現在品質與品位方面，其譜系最寬。從這個意義上看，「在機器幫助人脫貧之後，手藝將有回升之勢」。

對於手藝的消費，其區別性既是基礎也是關鍵。然而，高仿的玉器或其他工藝品本身反映出的與真品之間手藝的區別性可能不是一般人能夠識別出來的，它對識別者提出了較高的鑒賞要求，這也正是手藝的精妙之處。手工藝品的品質級別也是十分立體的，越是品質高的對鑒賞者的文化素養要求越高。

從以上關於商人、消費者與大眾對玉石商品的傳統文化內涵認知可見，其長久以來歷史形成的文化屬性仍具有權威性。可以說，至今對玉石工藝品中傳統符號與題材的認知反映出一種未斷裂的文化傳承現象，它就是玉文化傳統中的「實質性傳統」。這一點不但可以借「生產」說明，還可以用「消費」說明。

時尚代表了嬗變，映射著經典與世俗間的消長關係，無論是由上自下的教化性滲入，還是由下至上的模仿與改造。時尚具有「易」的屬性。傳統經典的符號、題材內容不斷被世俗化，而世俗化過程中的仿造與假冒卻也表示出對傳統經典的確證與加強。民間的「五福」文化，即福、祿、壽、喜、財，常作為玉石工藝品的主要裝飾題材，所謂「福（蝠）在眼前（銅錢）」「福（蝠）壽（獸或壽桃）雙全」「一路（白鷺）連（蓮花）科」「金玉（玉蘭花）富貴（牡丹花）滿堂」「平（葫蘆瓶）安富貴（蝠或牡丹花）」「財源廣進（一串銅錢）」等，都具有一定的寓意，而這些題材中很多都曾是統治階級極力維護的皇權符號。

這就是說，經典世俗化的過程也能夠使人們用時尚滿足追求個性與共性的願望需求。但是為了達到共性，必然採取的方法就是複製。鄭也夫認為，複製至少有自身的複製、行為的複製、文本的複製、產品的複製四種類型。那麼，工業生產中的產品複製向大眾提供了現代消費的前提條件。生產為主

的現代時尚情境下，大眾化玉石商品所進行的無非就是一種產品的複製。

複製，不僅是複製形制，透過複製傳統玉石製品，其象徵意義也得到加強。自古以來，最具權力象徵意義的物品不外乎青銅與玉石，但二者卻行徑相異。「在玉的直接使用性衰弱後，它的價值、裝飾性、象徵性繼續提升並保持。而青銅在作為武器的功能被鐵器取代後，其權力象徵的功能也一下子衰落下去，僅淪為古董和文物。這恰恰說明象徵物必備的一個特徵：其本質屬性必須是獨特和稀缺的，保持不住獨特和稀缺就只好放棄制定意義的特權」。和田玉的原料不斷消耗，使其在歷史上乃至現當代都是獨具稀缺性的資源。它的象徵意義在當代得到加強，不僅是因為對這種稀有材料資源的占有和爭奪由來已久，從另一個側面來看，現今市場上各種仿造和田玉質或冠名和田玉貼標出售的玉器數量不菲，正是透過世俗手段對經典的加強，對其象徵性的確證。

「尚古」和「求新」是時尚轉變自身形象的兩種主要方式。對於玉器商品而言，其歷史文化內涵及人們對玉石習得的認知經驗導致這種物品朝「求新」方向發展較難。許多琢玉藝人反映，自己結合時代氣息創作出來的作品賣不出去，沒人願意掏大價錢購買大膽創新風格的玉器，因此，眾多玉器在題材和形制上幾乎承襲保守的傳統內容。由此可見，尚古仍然是玉器商品在時尚領域的主要路線。當然，「尚古」也會因市場需求、原料短缺等多方面因素作用而有選擇性與階段性的變化。比如，揚州玉器廠翎毛類玉器產品的製作技藝就在日漸減退。（參見「德符之辨」部分內容）

（二）從精英到大眾：時尚消費者的身分與地位

「舊時王謝堂前燕，飛入尋常百姓家」。對權勢壟斷的顛覆、商品化的市場導向和生產為主的模式，降低了形形色色的消費者介入消費世界的門檻。無論是「由上至下」還是「由下至上」的時尚，都導致一個擴大了的和擴大著的消費群體出現，都共同勾勒著當代這個時尚意象的社會。

第一，時尚消費者經歷了從精英到大眾群體的變化。其特徵可從圖 5-2 中 c 模式→d 模式的變化中看出。其中的構成變化也能說明「由上至下」「由下至上」的時尚形成的社會結構基礎。

圖 5-2c 模式的「Ⅱ＋Ⅲ」區說明總體性社會時期，中國國情的需要使精英存在於大眾群體之間，在精英與大眾彼此之間發生互為的影響也是社會結構和制度決定的。此時，社會階層的身分與地位具有總體性社會的特徵，然而「Ⅱ＋Ⅲ」區的混合則表示總體性時期的社會結構為改革開放後市場經濟體制下消費群體數量的增多、規模的擴大、身分屬性的變化奠定了必要的結構基礎。

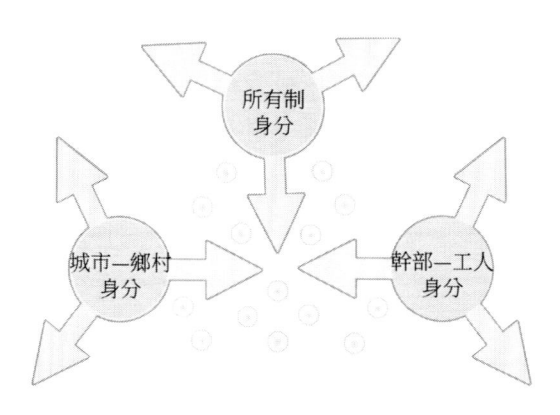

圖 5-7 改革開放以來三種身分的結構鬆動

圖 5-2d 模式的「Ⅱ」「Ⅲ」區代表改革開放以來引發的社會結構的重大變遷，社會群體的身分已非總體性社會的四大身分系列，其界定標準有了新的參照。經濟與文化知識等領域逐漸凸顯出一批精英，這些人漸漸從原有 c 模式的「Ⅱ＋Ⅲ」融合狀態中分離出來，成為聯結社會上層與下層群眾之間的關係紐帶。目前，有學者將這個群體稱作「中產階級」，但本研究使用「中間階層」這一概念，以表示這一階層群體在現代歷史進程中因發生變化而帶有（圖 5-2d 中）「Ⅱ」「Ⅲ」區的階層屬性。

第二，從精英到大眾的消費群體變化主要反映在具體身分系列的結構變遷方面。以所有制身分、幹部與工人身分、城鄉身分的鬆動變化為例，對大

二、時尚的符號：玉文化的民主化發展

眾化消費形成發展的客觀因素進行分析（見圖5-7）可以發現：隨著市場化改革的進程，資源擁有和配置方式發生變化，民眾的構成及自身特點也發生明顯的變化。在改革開放前的總體性社會中，有一個所謂的公有制「貴族」群體，其包括：幹部群體、全民所有制的工人、集體所有制的工人以及非國營、集體企業工人的城市居民和農村中的「非農業人口」。在1980年代中期以後，改革逐步侵蝕到公有制「貴族」的特殊利益和特權，而與此同時，快速的社會分化過程，無論是在事業幹部、工人，還是在農民，分化的趨勢都越來越明顯。即使是不同所有制的工人，其分化也很明顯。

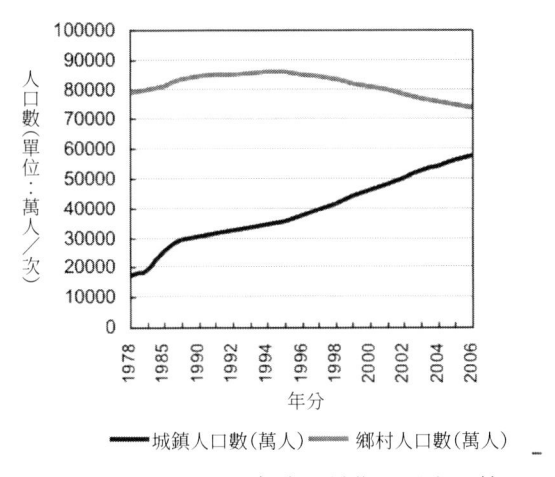

圖5-8 1978—2006年中國城鄉居民人口數

另外，城鄉二元結構的鬆動使得社會流動性增加，圖5-8記錄了1978—2006年間，中國城鄉居民的人口數，從中不難看出城鄉人口比重漸漸趨近於持平的特點。1978年，城鎮人口數為17245萬人、鄉村人口數為79014萬人，但到2006年城鎮人口數為57706萬人、鄉村人口數達73742萬人，城鄉人口比重由1978年的17.92%比82.08%發展到2006年的43.9%比56.1%。不但如此，消費者的大眾化趨勢在1978—2006年中國城鄉居民家庭恩格爾係數中亦有體現。（見表5-5）

第五章　現代傳統：大眾消費與時尚意象

可以說，三種身分結構的鬆動促使大眾群體及中間階層的身分複雜化、多重化。首先，所謂「大眾」之中不僅包括大眾消費者，也包括流動人口中從事生產、加工、銷售等行業的群體。他們進入各類職業學校和工廠從事開採、加工、銷售等工作。這些人是目前玉石經濟中主要的生力軍。原有的嚴格區分的身分系列，其結構被打散進行著重構，並在大眾消費文化領域形成一種新的總體分層，即「精英—大眾」的時尚消費模式。

其次，城鄉經濟體制改革後，社會身分結構出現程度不一的鬆動，也導致了身分的多重化與複雜化。由於經濟建設成了國家工作政策的中心，社會生活中的政治色彩開始淡化，即社會對個人身分的評價標準不再首先看重家庭出身，而是強調能力與成就，因此原有的階級身分系列在幹部與工人、城鄉身分方面日益弱化。與此同時，體制外經濟的迅速發展，促使經營與分配相對靈活，人們的評價標準趨向經濟效益為主，這也模糊了原有的所有制身分界限，並使所有制身分存在的意義減弱。直至目前，中國社會的身分類別都在發生著劇變，「一種新的、具有自致性和可變性的、以職業身分為標誌的身分系列正在逐漸取代以往的各種城鄉身分系列」。但是我們不難從中發現，原有身分系列的評價標準在當今仍然起著作用，「政治評價體系與利益評價體系的並存，導致了人們身分系列與社會地位的多面性」。隨著幾種身分系列的鬆動，社會流動呈現三大趨勢：社會精英流向多元化，農村剩餘勞動力向城市流動，體制內的工人和幹部向體制外流動。這些趨勢正改變著中國社會的人口空間分布以及「精英—民眾」的社會結構。

第三，從民主化的影響來看，政治民主化引發著經濟民主與文化民主。社會結構的變化也反映出人們經濟地位、社會地位多層面的變化。民主化浪潮使得多種社會角色（包括社會地位低下者）、多種風格（包括平民的風格）都登上了舞台，為大眾提供時尚的候選。「由下至上」使普通大眾也可為社會提供時尚的候選，這既是文化民主化的結果，也是文化民主化新的標誌和

二、時尚的符號：玉文化的民主化發展

階段。它標誌著下層已經不是只靠模仿上層來追求特殊性和他人的關注，還透過風格上的叛逆以及標新立異使上層從下層中尋找反主流的時尚元素。

民主制在政治上表現為政治家提出見解，大眾選擇。民主制在經濟和文化上的表現則是商人提供商品或服務，大眾選擇。前者演化成了代議制。後者的機制是時尚，表現為大眾文化。傳統社會的貴族文化並非這樣，那時的文化產品的生產力小，文化的生產者少而精，並且大多數是服務於貴族的。他們生產出來的產品首先在貴族的小圈子中鑑別、篩選。被小圈子選中、接受、享用並逐漸完善的東西，緩慢地從小圈子中流溢出來，走向社會。可以說，那裡有貴族文化時尚的引導者，他們是文化素養較高的、持有更多文化資本的人。與傳統社會有天壤之別的是，現當代大眾文化中的商品或風格，是商人的策略。大眾跟隨所謂時尚潮流，他們之中缺少時尚的引領者，因而這種時尚的流行帶有盲目性。然而，現當代的生產力和所謂「創造力」又是巨大的，於是一種作品產生了，還未來得及經過小圈子深化，就迅速面對大眾，在大眾相互依賴的盲目抉擇後，要麼破滅，要麼風光，乃至成為時尚。比如，1980年代以來，玉石工藝品的「瑪瑙」熱、「珍珠」熱、「水晶」熱、「寶石」熱、「翡翠」熱、「白玉」熱等，都成了呈現一時的時尚潮流。

玉文化古典傳統中對資源的占有之所以突出，不僅僅是因為對資源的持據牽動著整個政治、經濟權力中心的命脈，更甚地是因為人類的精神需求及財富必然要求對應的物化形態來體現。鄭也夫認為，現代社會與現代人並沒有比遠古人走得更遠，他們在本質上仍然貫徹著用資源、舉止標識自己觀念與身分的邏輯。人類學家所謂「消費群體就是部落，商品就是圖騰」，也說明了商品對幫助現代人制定意義、劃分等級的重要意義。為何玉石這種一直以來賦予神性、權力、財富、德性的物品成為一種需求層面廣、數量多且品類豐富的商品？需要明確的是，不是所有商品都可造成劃分社會等級的功能，不是所有的商品在劃分等級時都能造成同樣的效果。赫什認為，象徵與實

用的關係是理解消費的關鍵,「地位性物品」可以提供意義和象徵,可以實現地位滿足和實用滿足的混合。玉石商品的層次幅度很寬,可以說,玉石商品的價值和使用價值存在於市場系統中,但它的象徵與實用關係存在於社會系統中。

古代社會有無時尚?我們可以作出肯定的答覆。但是,古代社會是一個資源與文化壟斷的社會,社會等級的嚴格限定致使社會結構長期處於穩固狀態。古代的某個時尚能夠持續很長時間,其變化緩慢,數量有限。與之相較,現當代時尚卻在技術與市場的力量下快速更新,且成為消費社會的重要特質。現代社會初期,正是齊美爾所描述的社會,很可能是平民效仿貴族。因為一方面是貴族時代遺留下來的、令大眾嚮往且尚未普及的東西還有很多,另一方面是時尚的生滅遠沒有今天這樣快速和短促。現代社會的中後期,即兩次世界大戰以後的時代,也是范伯倫和齊美爾謝世以後的時代,一方面是時尚生滅的速度陡然加快,另一方面是貴族時代的時尚遺產大多已經複製和普及,然而「當無數人依賴物質主義去增加區別性,足以使物質最終喪失了對時尚之基礎的壟斷」,人們在物質屬性中尋求不到或很難尋求到區別性,從而引發了人們對非物質的需求取向。表 5-5 以布波族為例,透過比較闡釋了精英與大眾在消費中時尚意象的變化。他們共同建立著物質消費與非物質消費中存在的顯隱關係與張力。(見圖 5-9)

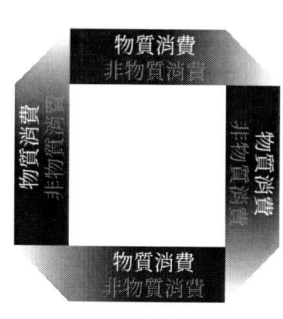

圖 5-9 「莫比烏斯帶」式的物質消費與非物質消費中存在的顯隱關係

表 5-5 現代傳統的民主化特徵分析

時代	菁英(以「布波族」為代表)	大眾
20 世紀末以前	以物質為重心的消費追求	以精神為享樂家園
20 世紀末至今	以非物質為重心的消費追求	以物質為重心的消費追求

當然實質上這種布波族的現象，揭示了在共性與個性區別的追求張力之中時尚具有的真正內涵。布波族精英所謂的反物質追求，實質上離不開甚至更大程度上依賴於堅實的物質基礎。就像這條莫比烏斯帶，精英與大眾消費追求出發的起點不同，一者處於顯性的一面，一者處於隱性的一面；一者始於物質追求，一者則處於精神家園的駐守當中。可以說，「布波族暗示著一種不以物質為重心的時尚從社會底層進入精英群體，他們將一種精神需求元素帶到精英階層的意識理念中，形成新的時尚意象，並可能導致消費領域中最深刻的變化」。

（三）從匿名到署名：設計身分的凸現與職業身分的多重化

從匿名到署名，凸現了設計製作者身分的重要性，也反映著 20 世紀末玉文化的民主化。

首先，設計製作者的身分群體依靠原有的單位體制凸現出來，出現了技師、工藝美術師、「大師」等專業和綜合身分。

其次，作為改制後的企業，貼簽生產意味著留名、署名制度為設計製作者提供了史上前所未有的話語權，儘管這種署名是借助「某某廠製作」「某某牌商品」等隱含了設計師姓名的方式，但還有一些是直接署名的作品，如比賽展覽中的玉器工藝品大都標有「某某大師」「某某單位」「某某獎項」等。與之相應，越是有名的設計製作者，其玉器工藝品署名的價值越高。

從另一角度來看，設計製作者身分的凸現離不開支撐其存在的消費環境。社會上具有經濟實力的人，往往透過財富和不同的生活方式把自己與大眾區別開來。然而，這些精英有時也被孤立於大眾之外，漸漸形成相似的生活方式，比如追求同樣高等的品牌、光顧同樣的商店、雇用相同的建築及室內設計師或首飾服裝形象設計師等。這些精英分子為了尋求他們之間的區別性，就會透過不同方式的行銷展現趣味、品位的差異區別。他們會追逐更高級的設計師所設計的珠寶首飾，收藏更有名的藝術家和工藝美術大師創作的

作品。設計製作者的地位及其自身的一種「文化身分」在這樣的社會情境中突現出重要性。

玉文化中反映的文化身分具有歷史性和變異性，歷史性表示了「中華民族共同的歷史經驗和共有的文化符碼」。歷代玉石製品和其設計製作者揭示著「歷史文化的真實及身分」。然而，文化身分的變異則是文化變遷過程中，「本源文化的持續、擴展與壯大，或耗散、蛻變與消解的變化」。從匿名到署名，署名方式大致有表 5-6、5-7、5-8 所列的三種。

表 5-6 （第一種署名方式）設計者、製作者署名

大師	中國工藝美術設計──工藝雕刻類（政府評選認定）； 玉雕大師（中寶協）； 初級、中級、高級技工；技師、高級技師（工藝品雕刻宮的五個級別）①
設計師	首飾設計師（現代職業教育與大學教育體系下培育的職業）
其他	愛好收藏，懂得雕刻、繪畫的非專業人員
①李硯祖：《設計的文化身分》，《南京藝術學院學報（美術與設計版）》2007 年第 3 期，第 14-17 頁。	

表 5-7 （第二種署名方式）設計、生產、銷售企業（單位）署名

設計企業與團隊	政府行為的「86 工程」（1982-1989 年四件國寶玉雕藝術品的設計製作）； 奧運徽寶、奧運獎牌設計（設計工作室與大學設計團隊）； 地方特色及知名企業品牌（如揚州「玉緣」牌玉器、南陽「拓寶」牌玉器）
生產、銷售廠商	品質保證、生產合格標籤與售後服務等署名

表 5-8 （第三種署名方式）政府及行業組織署名

政府	專業珠寶玉石檢驗師等職業與水準的認證、品質認證鑑定證書； 部優、省優、名優產品（如「中華老字號」等）； 中國工藝美術作品； 非物質文化遺產 中國工藝美術大師作品；
行業組織	中國玉石雕刻「天工獎」； 展銷會、博覽會等獎項名稱（如「優秀旅遊工藝品」獎；「某博覽會金獎」）

隨著改革開放的深入，從玉者的身分也有多重化的現象。有些設計製作者，比如「大師」、工藝美術師等專業技術職稱的從業者，既從事設計製作，又有可能經營管理自己的工作室或企業。同時，他們還擔當著協會、學會、評比委員會、鑒定委員會等社會上各類組織的職務。據《第五屆中國工藝美術大師評審工作績效》中關於「工藝美術大師權利與義務」的調查結果可知，專業領域的大師及技術人員絕大多數都認為「大師」的主要參評標準應是「專業技藝水準高超，代表行業水準」；而從事行業管理與企業經營的人士則大多認為「大師」還應該在當前形勢下注重產業經濟效益，並對本地區、本行業的發展造成引領、推動的作用。可見，身分多重化亦是整個社會文化事業、經濟產業共同作用的結果。

三、從經濟資本到文化資本：當代玉文化的權勢話語

據統計，2005 年，中國奢侈品市場的年銷售額已達 20 多億美元，占全球銷售額的 12%，中國已經成為世界第三大奢侈品消費國。據專家預測，至 2015 年，中國將取代美國成為世界第二大奢侈品消費國，年銷售額將達 115 億美元，占全球奢侈品消費總量的 29%，僅次於日本。2005 年，僅是中國的珠寶首飾消費市場就已躍居世界第二。另據相關資料顯示，2005 年中國珠

寶玉石首飾銷售額突破 1600 億元，進出口總額超過 59 億美元，中國加工企業超過 5000 家，從業人員 200 多萬。近年來，中國珠寶玉石首飾銷售額平均每年增速達到 10% 以上，已成為全球發展速度最快的珠寶玉石首飾消費市場和加工地。

（一）田黃之金：當代玉石經濟資本

「一兩田黃五兩金」，儘管田黃並非傳統意義上的「玉石」，但在現當代，它卻是玉石經濟價值直線上升的形象比喻。據行業資料統計顯示，和田白玉籽料的市場價格以驚人的趨勢逐年成長，1980 年每公斤 100 元，1990 年每公斤 2000 元，2000 年每公斤 12000 元，2004 年每公斤 35000 元，2006 年每公斤 100000 元。而受玉石原料價格上漲及黃金市場帶動等多種因素的影響，2007 年前 4 個月翡翠價格已上漲 30%，且高過了黃金的漲幅。

獲取更多的物質基礎、占有更多的物質資料是占據生存領地的強力保證。的確，在資源匱乏、技術相對落後的時代，物質資源是人們過上舒適生活的基本條件，也是身分、地位炫耀的最初手段。中國傳統社會，皇室對玉石礦產資源的壟斷和爭奪，不逾此理。現當代發生的一個巨大轉變是，當人們無法以更大的胃口消化自己占有的物質資源時，物質資源占有的侷限性便顯露出來。然而「炫耀」作為人類和生物的本能，又是不可遏制的，為了避免直接占有物質資源帶來的侷限，人們開始將商品的交換價值作為炫耀的內容，因此商品拜物教成為交換價值帶來的一種崇尚追求商品交換價值的觀念而出現。人們無法耗盡物品的使用價值，但能夠透過占有更多貨幣財富表徵自身擁有更多物質資源的能力。「亂世藏金，盛世藏玉」，現代社會的玉石工藝品，尤其是時作玉器藝術品和古玩收藏品並無實際用途，卻具有高昂的保值、升值價值。這也是那些占有更多經濟資本的階層，以貨幣價值和藝術化的生活追求來炫耀身分和地位的手段。與之相較，更多更廣的大眾群體，在基本滿足生活必需的前提下，相當多的人仍以擴大物質資源的消費為主要炫

三、從經濟資本到文化資本：當代玉文化的權勢話語

耀的方式。現當代的玉石工藝品，價位由天至地，品質高低參差，這恰恰滿足了大眾群體的炫耀需求。

現今，儘管和田玉的產業鏈幾乎讓參與其中的所有人獲得利益，但是這些人的獲利程度很不對稱。通常和田玉的流通線路是：玉石原料開採者→（現場）玉石採購商→和田玉零售商（加工、製作、銷售）→玉石消費者（使用或收藏者）。但是，其中常有各種變化，比如和田玉在玉商之間倒手數次或者收藏家將和田玉再次出售返回到流通管道等情況亦不鮮見。在和田玉的利益鏈中，開採玉石原料的工人無疑是最辛苦的。數以十萬計的玉石開採者，往往要投入很大的生產成本或時間成本，才能得到為數不多的和田玉料。與流通領域和收藏領域的人相比，玉石開採者的收入微不足道。和田玉增值速度飛快，可以說，玉商、收藏家在和田玉的利益鏈中獲益最多，而某些地方好的設計製作者（如「大師」級人物）也獲利驚人。

從1980年代至今，無論是玉石原料價格還是加工製作費用，漲幅都十分驚人。「1980年代，加工生產玉器的還主要是國營玉器廠，那時進貨都是按噸來計算；到了90年代，玉石交易是用8公斤到10公斤左右的箱子交易，單位就是箱子；到了90年代末，就過渡到了用公斤作為交易的單位；2003年之後，所有的和田玉料都用克來交易，一直到現在」。就加工費而言，設計製作者的身分級別不同，其加工費亦有所不同。「加工一個玉薰爐，在80年代就是國營廠工藝師的工資；90年代時不算工時，離一件要2000元；到了90年代末漲到1萬元；現在加工費用在3萬元至5萬元，要是「大師」級的更是另當別論了。一塊標準玉牌的加工費，在90年代初也就200元至300元；90年代末就漲到1000多元；2003年上半年是5000元至6000元；現在即使是一個普通的工藝師，收費也會達到這個價位，而「大師」級的更有10萬元左右的高價」。

可見，在玉價一路飆升的市場行情背後，潛藏著一股強大的經濟資本力

量。目前，中國市場的玉石工藝品並不僅限於某個玉種的時尚流行，而是形成一種多品類、多層次的立體式市場消費品構成。比如翡翠飾品、和田玉把玩件、崑崙玉奧運獎牌以及岫玉仿古件等。

中國人對玉的投資熱潮也引起國外一些新聞媒體的密切關注。隨著中國的玉石價格暴漲，夢想著一朝暴富的人們像螞蟻一樣聚集到了產玉的新疆地區。新疆和田一帶以出產中國最好的白田玉而聞名，由此這裡颳起了「玉風暴」。電視台報導說，出產上等玉的玉龍喀什河一帶因瘋狂挖掘，河道都改變了，來自中國各地的採玉人有數萬之眾，可謂是人山人海。不僅是外地人，當地人也撇下生計，扛著鍬加入了採玉大潮。據媒體稱，僅今年的玉價就上漲了4倍。最近重15.8克的最高等級的玉交易價達到了12萬元人民幣。每克價格7600元左右，是每克183元的黃金的40多倍。玉能夠在中國成為投機對象，是因為市面上資金過剩。預計年末將達到3000億美元的巨額貿易順差和湧入的套利資金等流動資金不僅輾轉股市、房地產抬高價格，還席捲普洱茶、珍珠、藝術品、玉等所有能夠賺錢的領域。玉在經歷各朝各代之後，成了上流社會財富的象徵，也成了身分的象徵。中國人沒有簡單地把玉看作是「昂貴的石頭」，而是相信玉是有生命的，因此才有了「黃金有價玉無價」的說法。

為了牟取暴利，不惜破壞資源，不惜投入重力機械開採，大海撈針似地搜尋致富的原料。甚至利用有鑒賞力的消費群體仍屬少數的現況，以次充好，以假亂真，以欺騙的手段牟取非法利益。這涉及玉文化傳統比德價值觀的轉變。無論是「昂貴的石頭」還是「瘋狂的石頭」，都反映了當代人們「利」「欲」價值觀的強化和「德」「信」價值觀的弱化。有關玉文化傳統比德價值觀的變化問題，將在本章第四節有所論述。

(二) 無價之玉：文化資本及其投入

布爾迪厄將資本概念擴展到所有的權力形式，即物質或經濟的、文化

的、社會的和符號的資本。其中，文化資本包括有教育文憑在內的文化商品與服務等。

布爾迪厄還進一步提出經濟資本、文化資本、社會資本之間是可以相互轉化的，只是轉化的方向與程度不相同。事實上，文化資本不可能像經濟資本那樣獨立存在，對文化資本的占有需要投入更多無法估量的經濟資本乃至社會資本。因而，如果把經濟資本比作是「一兩田黃五兩金」這種可估資本的話，那麼，文化資本就更接近「黃金有價玉無價」的無形投入。

1. 文化資本的存在形式

具體來說，玉文化資本的存在形式可分為以下三種：

首先，文化資本以身體化的狀態存在，是一套培育而成的傾向。這種傾向被個體透過社會化而加以內化，並構成了欣賞與理解的框架。藝術價值高、歷史文化價值高的玉石藝術品屬於文化商品，與人們消費的物質商品不同，文化商品則要求鑑賞者真正具備文化鑑賞能力。因而，文化鑑賞能力就是玉石文化資本的一種形式。

其次，文化資本是以一種涉及客體的客觀化的形式存在的。玉石藝術品收藏與鑑賞對人們提出了專門的文化能力要求，對人們的思想認知有所改造。不僅如此，玉石藝術品本身也是一種客觀形態的文化資本。

最後，文化資本以機構化的形式存在，即布爾迪厄所指的教育文憑制度。文憑使得受教育的人最終可能在職業市場上「獲利」。這個投資過程便是將經濟資本轉化為文化資本的過程，而具有較大經濟資本的擁有者更容易將其轉化為文化資本。以如今的高級收藏鑑定培訓班為例，這些經濟資本的持有者一方面透過資格認證，另一方面透過將經濟資本轉化為可見的玉石藝術品，從而比其他人更容易獲得文化資本。

2. 文化資本的投入

玉石自遠古以來被賦予的「神性」經歷了衍化。這就是說，君權德威的

第五章　現代傳統：大眾消費與時尚意象

時代與大眾消費的時代，神性並未消失，而是隱藏在新的表現形式當中。在現當代，人們崇玉、珍玉、藏玉，其原因是多方面的。玉石的經濟價值在經濟民主化的過程中被「神化」，它帶給人們可以依靠與寄託的財富保障，這是神性潛在的一個方面。另一方面，玉石製品的藝術價值、文化價值、歷史價值成為文化民主化過程中難以在短期內向大眾普及的內容，這就促使當今玉文化傳統中追逐文化資本的諸多現象產生。進一步來說，在追逐文化資本的過程中，人們不由自主地將玉文化傳統「神化」，並透過收藏方式來表達對「神性」的崇敬情感從而獲得「神性」。

（1）收藏

俗話說，「亂世藏金，盛世藏玉」。據不完全統計，中國現有各類收藏協會、收藏品市場近萬家，收藏團隊多達 9000 萬人，中國似乎進入了全民收藏時代。業內人士認為，導致這種收藏熱潮的原因是：「近幾年中國的金融證券業的平均投資回報率是 15%，房地產業是 21%，而藝術品收藏投資的回報率卻在 30% 以上。」的確，高回報率讓藝術品收藏成為最賺錢的行當，這也成為全民收藏風潮興起的根本原因和大眾極力占有更多經濟資本的動機。現如今，一講到收藏，人們關注更多的是這種藝術品的升值空間，怎樣為自身帶來更多的財富。這就導致人們產生一種畸形的收藏心態。收藏家與收藏者不同，正如歌德所言，收藏家是最幸福和快樂的人。需要指出的是，這種幸福和快樂並非僅來自他所占有的財富，更主要的是來自收藏過程，蘊含於玩賞與研究中的文化實踐、精神及情致的享受。「收藏需要一片土壤和一種氛圍，這片土壤就是良好的社會環境和經濟環境，而這種氛圍則是文化，一種積澱而成的文化，或者說是一種沒有浮躁心態和銅臭氣的文化」。

可以說，收藏是玉文化傳統得以傳承數千年的一個主要而有效的途徑。傳統社會，透過皇室貴族的收藏與使用，統治階級相對穩定地保留下來豐富的玉石物質文明。即使是祭祀用玉，也多是權貴者在生前所好之物。如今，

三、從經濟資本到文化資本：當代玉文化的權勢話語

大眾消費驅使的經濟利益帶動的大眾化收藏，已非傳統意義的收藏。作為奢侈品或文化意味濃厚的玉石工藝品，對收藏者提出較高的資質要求，即我們所說的文化資本。收藏者可以是廣泛意義上的文化資本持有者，也可以是專業資本的持有者，為了滿足這些不同類型的收藏者，社會發生出了一系列可選機制。具體包括博物館、藝術館（國家的、個人的）、展覽（銷）會與博覽會、培訓班、電視節目、網路傳媒、書刊及影音製品等諸多方面，圖5-10所示正是因收藏發生或與收藏相關的玉文化傳承機制。某些機制是在市場經濟商人謀略的促使下形成的。這種在文化、娛樂、教育、服務領域的消費，尤其是奢侈品方面的消費需求，近幾年呈現上漲趨勢，表5-9說明了1990—2005年城鎮居民家庭平均每人在教育、文化、娛樂、服務方面的消費性支出狀況。儘管表5-9中的消費數字不是玉石文化消費領域的微觀數字，卻在總體上反映了近年來大眾的價值取向與需求趨勢。

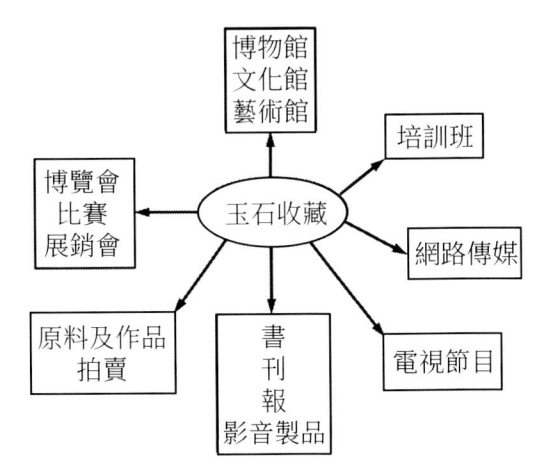

圖5-10 因收藏發生的玉石文化資本投入

各類展會和比賽一方面是設計者、企業提高知名度的管道，另一方面又是使群眾廣泛參與其中的手段。形形色色的比賽、展覽（銷）會、博覽會逐年頻繁，不但有國家文化及行業形式與規模的，還有地方性質的。各類比賽

第五章 現代傳統：大眾消費與時尚意象

與日俱增，如「中國工藝美術大師」評選，中國玉石雕刻作品「天工獎」評選等。除此之外，各類展覽，如「中國工藝美術大師作品暨工藝美術精品展」，國際珠寶首飾博覽會（上海），中國國際珠寶展（北京），國際珠寶展（武漢），中國國際黃金珠寶玉石展覽會（上海）等大規模性質的展會，也都逐年定期舉辦。與此同時，各地方為了宣傳特色玉文化以帶動產業經濟，也會定期或不定期舉辦一些展銷會或文化節，如「新疆和田玉石文化旅遊節」「梧州國際寶石節」等。

作為國家最高榮譽並由政府認定的「中國工藝美術大師」榮譽稱號，其中玉石雕刻設計製作的獲評者總6屆達52人次，約占總6屆大師總人數（443人）的12%（見附錄H）；由中寶協每兩年評定一屆的「中國玉石雕刻大師」僅第一屆就有56人次。不僅如此，玉石雕刻行業內的最高榮譽與作品獎項中國玉石雕刻作品「天工獎」，至今也已進行了16屆。名家名作是當代玉石工藝品收藏者主要追逐的對象。透過這些比賽、展會，收藏者也獲得了相關資訊和藝術鑒賞的機會。

為了使大眾消費者更廣泛地獲得玉文化（如收藏鑒定、歷史文化等）方面的知識，書刊、影音製品成為相關知識及訊息傳播的主要載體，在這些方面的文化資本投入也在逐年成長。就中國關於珠寶玉石首飾的書刊而言，以收藏鑒賞、拍賣與市場資訊、企業經營管理、專業研究為主。據中國新聞出版業基本情況統計顯示，近年來，藝術類書刊總數及新出版數量也呈現成長趨勢。（見表5-10）

表 5-9 城鎮居民家庭平均每人消費性支出

年分（年）	1990	1995	2000	2004	2005
教育、文化、娛樂、服務的消費性支出（元）	112.26	331.01	669.58	1032.8	1097.46

三、從經濟資本到文化資本：當代玉文化的權勢話語

表 5-10 2004—2006 年藝術類圖書出版數量情況

年分（年）	出版總數（萬冊）	出版數（萬冊）
2004	10067	7022
2005	10622	7258
2006	11905	7722

另外，拍賣公司也是近年來湧現的新型機構，它為玉石藝術品的市場流通與消費提供了特殊場所。《2005 年古董拍賣年鑒（玉器類）》統計表明，有 40 餘家拍賣公司參與玉器類藝術品拍賣，其中有中國嘉德、北京翰海、德國納高、佳士得（紐約、香港）、蘇富比（紐約、香港）、中鴻信、北京榮寶、中貿聖佳、中拍國際、北京九哥、時代國際、北京傳是、北京誠軒、廣州嘉德、朵雲軒、上海保利、上海嘉泰、上海東方、上海大眾、上海工美、天津文物、天津國拍、藍天國拍、雲南仁恆、太平洋、誠銘國際、西泠拍賣、東方國際、上海敬華、上海崇源、上海信仁等。

(2) 教育研究機構

除了收藏性質的傳承外，還有一種是與玉文化傳統研究教育緊密相關的傳承機制，這種機制也是人們獲取文化資本的途徑之一。（見圖 5-11）

此外，與玉石相關的行業協會、學會、研究所、研究中心、商會等機構也在近十年湧現出來。就鑒定機構而言，目前，中國正規的珠寶玉石鑒定（檢測）中心在各地均有設立，如北京、上海、天津、重慶、湖北、浙江、江蘇、福建、雲南、四川、江西、湖南、陝西、甘肅、遼寧、山東、河南、河北、新疆等地。

除了鑒定機構以外，對大眾範圍的傳統文化宣傳與知識教育也是近十年來國家相關部門採取的方式之一。以非物質文化遺產保護項目為例，其中就包含了幾項重要的玉石工藝文化。如作為歷史聞名的岫岩玉雕、阜新瑪瑙雕刻、揚州玉雕以及酒泉夜光杯等製作技藝都列入了 2006 首批國家非物質文

第五章　現代傳統：大眾消費與時尚意象

化遺產名錄。從 1984 年與 2005 年傳統玉器省市分布情況可以看出，合作化制度下形成的玉器廠在 1984 年的統計中仍有所反映：改革開放初期，幾乎每個省區市均有當地特色和名稱的玉器工藝。然而，改革開放四十年來，這種各地均設的工藝項目逐漸轉變為特色產業集散地的形式。（見附錄 I）不僅如此，中國的一些玉石產業集散地也在推廣傳統玉文化方面做了諸多工作，如玉石文化節、學術研討會、藝術品交流會等。（見附錄 J）這些文化推廣的舉措為人們提供了鑒賞、學習、交流玉器藝術品知識的文化實踐場所。同時，各地政府也適時頒布了產品知識產權保護的相關法律條例，如遼寧岫岩縣為有效保護岫岩玉地理標誌產品、規範生產經營秩序，在 2007 年頒布實施了《岫岩玉地理標誌產品保護管理辦法》，透過政策法規加強了玉石製品品牌的文化資本屬性。

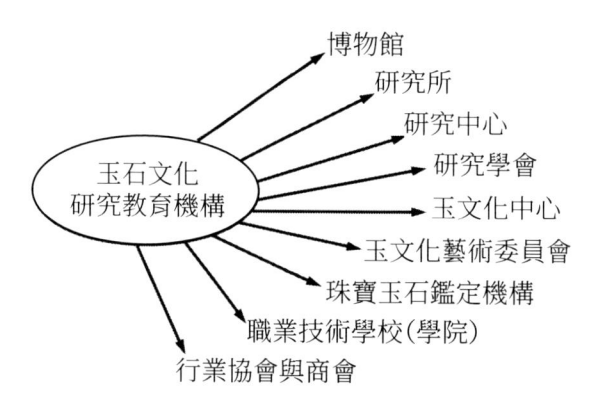

圖 5-11　因玉石研究教育發生的玉石文化資本投入

　　此外，各大玉石特色產業基地以及一些主要的消費地區，也透過教育及專業鑒定等機構向社會培養、輸送一定規模的玉石經營、管理、銷售、設計、加工、科學研究、教育、評估、鑒定等方面的人才，其目的是提高從業人員的整體綜合素養。實際上，這種做法又是推廣玉文化民主化的一種文化資本的形式。

　　如鄭也夫所說，古典教育與現代教育的最大差別在於，古典教育教人做

三、從經濟資本到文化資本：當代玉文化的權勢話語

一個生活者，而現代教育教人做一個生產（工作）者。實際上，目前的情況是，「平民的物質資源占有已經達到了昔日貴族的水準，藝術化生活的教育已具備經濟基礎」。換句話說，作為玉石技藝傳承的培育機構——中國僅有的一些玉器學校、工藝美術職業培訓學校——教育他們學習製作玉器的技藝不能只是為了培育級別不等的廣義的生產者，而應該注重藝術鑒賞力的培養和文化素養的提高。

俗話說：「一代學穿，兩代學吃，三代學古董字畫。」「玩」是要學的，一切有深度的遊戲，都有較長的學習過程。鑒賞玩味需要文化的積累，換言之，若不能從祖上襲傳，只有靠不斷地資本投入，方能獲得這種更高級文化消費的資本。目前，鑒定培訓、職資認證以及電視、圖書、報刊的鑒賞節目廣告令人眼花繚亂，在這種驅動力下，大眾就會成為懂得玩味鑒賞的貴族嗎？文化資本如今已成為區別經濟資本的一種權力資本形式，投資文化的資本也被視為一種更高級且不斷呈現區別性的時尚消費，擁有文化資本被視為更高層的消費者。然而，對文化資本的投入不是一朝一夕就可以取得成效的，它與急功近利的節奏相對，不是「速食麵」式的即成品。

布爾迪厄認為，文化品味是行動者的階級、社會等級歸屬的標誌。也就是說，文化品味表露了一個人的社會地位（Position Taking）。玉石鑒賞是一種文化能力，它是獲致性的能力，而非僅憑天賦。「鑒賞力使對象分類，也使分類者分類。經各自的級別分類的社會主體以其在美與醜、傑出與庸俗之間作出的區隔（Distinction）特徵區別著自身，透過這些區隔，他們在客觀級別中的地位便被表達或被暴露出來」。目前，越來越多的人努力培養自己的玉石鑒賞能力，透過觀看收藏鑒賞節目、遊覽古玩市場、參加鑒定培訓甚至職業水準認證等，他們有深刻的願望透過利用文化資本的區別性來表徵自己在這個時尚社會中地位與身分的差別。藝術欣賞和感知作為一種文化習性、文化資本，只有經過教育和培養獲致，非先天所能。沒有受過美育教

第五章　現代傳統：大眾消費與時尚意象

育的民眾可能不具備對藝術作品完全意義上的解讀能力，他們無法釋讀一件作品與某個派別、時期、作者風格的隱蔽聯繫，也就是無法從日常經驗所把握的意義的初級層面進入到「意義的第二層面」，即「被意味之物的意義的層面」。

在北京、上海、廣州等各大收藏品市場中，玉器商家隨處可見；在工藝美術大師作品及精品展、北京國際藝術博覽會、北京古玩博覽會等一系列文化展覽活動中，各式各樣的玉器作品也占據了相當大的比例。數年以前，玉器收藏還是一種「專業」，換句話說，只有玉器收藏者在買玉。如今，不論是哪個門類的收藏者，說玉、道玉，都有自己的認識和理解。玉器收藏不再僅為收藏者所獨享，這也從另一個層面反映出收藏者範圍的擴展與玉文化民主化趨勢之關聯。從農民到教授，從工人到富豪，全民性的藏玉熱情已被喚醒且越來越高。大量走入玉器收藏圈的人清醒地意識到，原料的稀有性增添的經濟價值、工藝大師的藝術創作增添的文化附加值。當然，並非所有的收藏者都從玉石收藏品的歷史屬性與人文屬性出發來進行收藏投資。同樣是收藏擁有一件玉石藝術品，其中暗含的意味卻不相同，在那些只瞄準玉石收藏品經濟價值的收藏者眼中，收藏品不過是數字的轉換符號，能夠帶來更多潛在的財富。換言之，一件玉石藝術作品對有文化感知能力的人來說，是有文化價值和意義的，而對於缺乏文化感知能力的人來說，這件作品的經濟價值無疑成為其收藏的主要動機。因此，缺乏對藝術作品的解碼能力就成為大眾收藏玉器凸現的重要現實問題之一。

3. 文化資本的持有者

透過以上對文化資本的投入、文化資本的存在形式的分析，自然會引發一個疑問：文化資本的持有者究竟有哪些？本研究根據文化資本的存在形式，將玉石文化資本的持有者劃分為以下幾種類型。

一類屬於收藏者，既包括個人也包括國家。個人收藏要求作為收藏者的

三、從經濟資本到文化資本：當代玉文化的權勢話語

個體提升鑒賞能力和受教育水準。大眾化趨勢的個人收藏與現代玉器拍賣市場的迅速升溫相關，當然，不可否認的是，現代玉石精品的藝術價值、文化價值乃至原材料的經濟價值都極為可觀，從而為不懂而又希望進入另一種社會群體、標識自己身分地位的人打開了一扇大門。從文化資本的角度來看，其反映出收藏者之中存在藝術鑒賞力不足等問題。以從眾的心理來進行收藏意味著收藏者無需太多歷史文化知識，只要介入當代眾人追捧的大師、名家、玉種，就能讓已經擁有的經濟資本實現保值或升值。從各拍賣行玉器的拍賣來看，現代玉器中凡是玉料上乘、名家大師的作品，都會受到藏家的追捧。例如，中國嘉德在 2005 年春拍中推出的一條雙串翡翠珠子項鍊以 198 萬元的高價成交，中鴻信拍賣公司在 2005 年春拍中推出的一件現代玉雕大師作品「吉祥如意」更是拍出 880 萬元的天價。顯然，對古玩和新玉收藏投資不同的態度與經濟、文化能力，一定程度上反映出經濟資本與文化資本之間因矛盾形成的張力：對高古玉器來說，收藏者需投入較現代玉器更大的文化資本；而對於剛剛介入投資收藏場域的新手來說，經濟資本和文化資本都較為有限；有一些具有世襲文化資本的人，雖然可透過家庭傳承而獲得玉石文化資本，但並不一定具備較強的經濟資本能力；此外，還有一些人雖然缺乏或沒有家庭承襲的玉石文化資本，但可透過社會教育與個人的努力來獲得文化資本，從事與玉石文化、經濟等相關的行業工作，在沒有大量經濟資本的情況下，他們通常較多地從事鑒定、拍賣等工作，而非專業收藏。

珍品及精品大多為國家收藏。國家收藏最主要的形式就是博物館、藝術館、文化館等場所的陳列，它為大眾的欣賞和教育學習提供了重要管道。目前，中國博物館的數量比 1978 年成長了 5 倍以上。表 5-11 統計的改革開放以來國家建設博物館、文化館及公共圖書館的數量表明，國家及私人博物館、收藏館的數量逐年增加。特別是近年來，一些專業化的玉石博物館、文化館紛紛建立，其中還有一些正在建設中的。（見表 5-12）與此相關，國家

第五章　現代傳統：大眾消費與時尚意象

在文物保護、鑒定等方面的資金與機構也相應增多，與收藏需要相伴出現的專業培育機構、職資認證機構在各地也紛紛湧現。

表 5-11 改革開放以來國家建設博物館、文化館及公共圖書館的數目

年分（年）	博物館數量（個）	文化館數量（個）	公共圖書館數量（個）
1978	—	2700	1256
1979	—	2892	1651
1980	365	2912	1732
1981	383	2893	1787
1982	409	2925	1889
1983	467	2946	2308
1984	618	3016	2217
1985	719	3029	2356
1986	777	2992	1406
1987	826	2980	2432
1988	893	2975	2479
1989	958	3002	2507
1990	1012	3000	2527
1991	1097	2977	2536
1992	1085	2911	2563
1993	1116	2897	2585
1994	1140	2875	2597
1995	1165	2890	2619
1996	1205	2864	2641
1997	1218	3097	2690
1998	1289	2915	2721
1999	1371	2899	2765
2000	1373	2911	2769
2001	1394	2899	2689

三、從經濟資本到文化資本：當代玉文化的權勢話語

2002	1451	2847	2689
2003	1519	2892	2708
2004	1509	2858	2710
2005	1556	2868	2736
2006	1593	2889	2767

表 5-12 近年來中國主要的玉石博物館、藝術館及文化館等

名稱	所屬特色地區
揚州玉器藝術館	揚州玉器文化景區之一
中國玉文化博物館	河南鎮平玉雕特色產業
內蒙古巴林奇石館	內蒙古巴林石特色產業
壽山石文化博覽館	福建壽山石特色產業
世界玉雕博物館	遼寧岫岩玉特色產業（籌建中）
翡翠文化園區（集博物館、文化館、藝術館於一身）	雲南騰衝（籌建中）

需強調的是，本研究中的文化資本又可分為專業文化資本和寬泛意義上的文化資本。前一種文化資本持有者以從事玉石行業（如生產、設計、製作、銷售、收藏、拍賣等場域中）的人為代表，他們具有與玉石文化密切相關的知識和能力。後一種作為社會普及文化教育的產物，其持有者是受到家庭教育或學校教育而獲得文化資本的人，他們構成社會中玉石消費的主要力量，而且是一個規模廣泛的群體，其中包含各行業領域的精英、社會的中間階層以及大眾，他們不一定擁有專業的文化資本，卻具有相當的經濟資本（或玉石經濟資本），在玉石消費領域中具有話語權。

對於具有專業文化資本的個人而言，其文化資本的來源主要有以下幾種：首先，可能是家庭世襲傳承教育。其次，可能透過學校教育或培訓機構，獲得專業文化資本。最後，可能透過先將在長期的生產、加工製作、銷售中積累的經驗轉化為非正規教育得來的文化習得能力，之後經過專業技術水準的

資格認證獲得認可的專業文化資本。（見附錄 D）目前，獲得專業文化資本的方式主要為後兩種。透過培訓機構或學校教育，有的人能夠很快將專業文化資本轉化為經濟資本，即成為收藏者或投資者；有的人沒有足夠的經濟資本，而成為相關鑒定、保護、設計、銷售、拍賣、科學研究等領域的專業文化資本擁有者，他們先是將文化資本轉化為經濟資本，而後又將經濟資本轉化為專業文化資本或寬泛意義上的文化資本。

表 5-13 1988—2005 年揚州玉器廠職工的文化結構

年分（年）	大學（人）	大專（人）	高中（中專）程度（人）	國中程度（人）	小學程度及以下（人）
1988	—	17	80	351	112
1989	—	16	85	347	109
1990	—	18	147	350	103
1991	—	19	145	341	98
1992	—	20	148	342	96
1993	—	20	163	328	93
1994	—	21	148	318	88
1995	—	22	156	299	85
1996	—	21	154	289	76
1997	—	21	147	277	70
1998	—	23	141	261	59
1999	—	26	123	237	48
2000	—	25	122	195	29
2001	1	24	116	160	25
2002	1	23	109	147	24
2003	1	23	105	139	22
2004	1	23	102	131	18
2005	1	19	101	125	17

三、從經濟資本到文化資本：當代玉文化的權勢話語

表 5-14 1988—2005 年揚州玉器廠職工的年齡結構

年分（年）	20 及 20 歲以下（人）	21-35 歲（人）	36-50 歲（人）	51 歲以上（人）
1988	18	278	223	41
1989	26	282	212	37
1990	31	318	224	45
1991	31	294	226	52
1992	14	301	235	56
1993	26	281	239	59
1994	19	254	237	65
1995	20	237	230	75
1996	6	232	223	79
1997	2	218	212	83
1998	1	202	207	74
1999	1	162	205	66
2000	—	129	198	44
2001	3	98	191	34
2002	1	77	187	39
2003	—	68	186	36
2004	—	60	183	32
2005	—	52	174	38

表 5-13、5-14 統計的是 1988—2005 年間，揚州玉器廠職工的文化結構與年齡結構，我們從中不難看出，具有專業文化資本的人員在企業構成中的分量。不但玉器廠對職工的學歷要求逐年提高，而且改革開放後，玉器廠實施的一系列人才培養及保留的政策，也使多數專業技術能力強的中青年職工成為企業的核心，而這部分職工由於在多年實踐中積累了豐富的文化知識，因而具有較強的專業文化資本。不但如此，揚州玉器廠還採取建設文化景區、申報非物質文化遺產、申請中華老字號、推薦職工參與中國外各大專業

247

比賽等方式，加大對文化資本的投入。

除了企業自主對文化資本的投入之外，政府行為也是一項強力手段。2005年，遼寧岫岩縣委就開展了「以玉創效益、靠玉走富路」的十萬玉女工程系列活動，活動內容包括在當地婦女中推廣10項玉雕技術，組織玉雕大戶與當地婦女結對互助，為其提供項目、資金、技術服務等。憑藉這種大規模的文化資本投入，截至2009年，岫岩縣已建立6個玉石產品生產基地，7個玉石產品經營專業市場。這項工程已使岫岩縣6萬多名婦女直接從事玉石開採、加工和銷售工作，擁有後天習得的專業文化資本。

四、傳統玉德觀念的轉變：德符之辨

「德」與「符」，即玉質與玉色，廣而言之就是玉所蘊含的品德內容與外在形式，它是中國傳統玉器審美文化觀念中存在的一對重要概念。在當代，飾玉表現出從傳統的「首德次符」觀念向「首符次德」觀念轉化的明顯軌跡。整體來看，其「符」（形色）與「德」（道德）的變遷主要有「首德次符」「德符並重」和「首符次德」三種表現形式，這種變遷實質上是文化變遷的縮影。

玉石工藝品從宮廷走向民間，從少數人享有的奢侈品到大眾消費的商品，這個變化在現代形成。玉石商品化使得評價經典的門檻降低，大眾消費的玉石工藝品、收藏品漸增。在市場經濟體制下，不同職業、文化教育、社會地位、地域、民族信仰等背景的消費者自始至終都是主要的考慮對象，這與古典時期唯權力意志存在根本上的區別。

如前所述，土庫曼斯坦手藝人設計製作地毯圖案時，可能並不熟知這些符號的象徵意義，也不去追問這些符號的起源。但是，這些商品化的符號為他人（購買的人）所有後，地毯手工藝人便開始關注別人怎麼看待這些符號。這就加速了所謂「本真性」、本土化象徵概念的出現。與之相似，琢玉藝人在迎合市場需求的過程中，對自己固持的本土、本地方文化也進行了主動的取

四、傳統玉德觀念的轉變：德符之辨

捨。如今依然存在的京派、海派、揚派、南派等地域玉石藝術特徵的劃分，儘管有時界限也很模糊，但從各玉石產業集散地的文化策略中亦可一窺其對地方藝術特色和文化內涵的發掘。（見附錄J）可以說，現當代玉石工藝品是融合了傳統宮廷藝術、文人趣味、民間工藝的綜合體，並形成了既經典化又世俗化的藝術風格。

玉石工藝品在古典時期表現出「技巧的、權力的、異化的」特點，這也是歷史上它主要作為宮廷貴族享有的奢侈品權力物而存在的原因。一件作品精雕細琢的前提是皇權保證的物質基礎和不計時間和勞力成本代價。儘管隨著「君子」內涵的擴張，出現了「理性的、文化的、雅化的」文人玉石工藝品，但其畢竟是少數。在皇權被顛覆的現代社會，尤其是改革開放以來，文人風格的玉石工藝品轉變成了城市風格的工藝樣式和類型，且在原料逐漸稀缺的情勢下，漸漸衝擊著宮廷風格的玉石工藝品樣式和類型。因此，「創意的、綜合的、世俗的」城市風格玉石工藝品與「技巧的、商品的、符號的」傳統宮廷風格玉石工藝品共同體現著現當代的玉石工藝品風貌。

（一）「符」與審美觀念的變化

玉文化的現代傳統標有大眾消費與時尚意象的印記，這就注定了「符」之意義的廣泛性。也就是說，用玉的對象較中國古代發生了變化：消費群體的擴大，消費者社會身分的不同，消費者經濟實力與文化資本的差異等。諸多因素影響下，人們對「符」這種外在形式的追求也不拘一格。時尚有「由上至下」和「由下至上」模仿的特性，高級玉石商品的消費者在自由的消費市場環境中，在身分區別的社會作用下以及追求精神自由的心理驅使下，也會尋求一些創意的、民間的、原典的、非精品化的中低等級玉石工藝品。因此，大眾化消費的情境中形成的審美觀念是多變的和複雜的，既有返璞歸真、追求自然美的原石設計，也有從白色為主到翠色、巧（俏）色、彩色為主，從突出內斂到彰顯品德的審美變化。

第五章　現代傳統：大眾消費與時尚意象

　　概括來說，審美產生變化的主要原因有：第一，客觀材料、工藝的改變；第二，人們的主觀審美意識與認知情感的改變；第三，客觀社會制度與經濟結構的改變，包括生產方式、組織方式、管理方式、銷售方式等諸多方面的轉變。

1. 自然美 —— 基於原石的設計與巧作

　　近年來，因優質玉石原料的逐漸稀缺，擁有上好的玉料而不輕易對其加工成為一些商人、消費者或收藏者的心理趨向，他們既希望在投資中獲得更多的經濟價值，又恰巧迎合了原石流露自然美感、返璞的心理。以山籽雕為例（見圖 5-12），玉石原料的質地細膩，色澤白潤，局部可達羊脂之質，但因為是山流水料，其間仍有雜質、絡裂和一條橫貫整體的黃色石帶。其設計製作者採用了去臟、去絡的做法，那些質地優良的部位均保留原石自然的溫潤如脂般的質地美感及和田白玉山籽的傳統形制。另外，揚州玉雕中的爐瓶素壺、素瓶也是尊重玉石原材料珍貴優質屬性而去雕飾的品類。還有時下的一些高檔翡翠首飾品，也多採用原石設計的手段。（見圖 5-13a、5-13b）

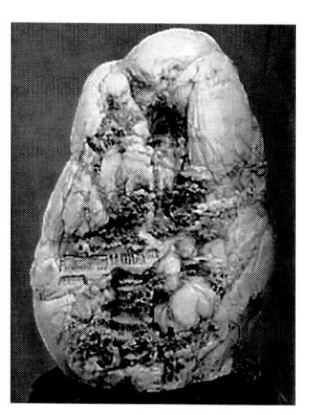

圖 5-12 當代山籽雕《華夏雄風圖》

圖 5-13 翡翠首飾中的原石設計

四、傳統玉德觀念的轉變：德符之辨

　　玉石工藝品設計製作的原則可概括為「巧」「絕」「俏」。對原料的皮、臟、綹等破壞原石美的地方進行巧色製作並非現代首創，早在商代就有了俏色鱉，歷代也有玩賞古玉之沁色的傳統。有相當一部分消費者喜好有自然皮料存留或土沁色彩的玉石製品，因而市場上出現了大量故作皮色、仿做沁色的產品。這種追逐自然美的需求卻誘發了社會上偽造自然品質、追求經濟利益的行為。a

　　「傳統文人工藝品的本質特徵是理性的，它不求奢華，而是量材為用，以『宜』為評價的標準，既有功用之宜，又有處置之宜、造型之宜，更有品格之宜……文人工藝在技巧上不事雕琢，即使有雕琢也是『既雕既琢、復歸於樸』，追求『飾極返素』」。因而與宮廷貴族追求的奇技淫巧相反，它是適度而理性的。此外，文人玉石工藝品的形制都含有較高的文化品位和內涵，因而它是雅化的，反映著文人的生活情趣及價值觀念。如今，城市風格的玉石工藝品並未完全失去文人工藝品的傳統意味，玉石藝術品的設計製作者也在極力尋找傳統與現代的結合點，並努力透過對傳統文化的再認識、意義的再生產來加深玉石藝術品的文化內涵。（見附錄 D）隨著中間階層在中國社會的不斷壯大，他們引領著一股新的審美取向，形成新的價值觀念。如今，玉石工藝品的形式更加多樣、題材更加廣泛，而且在更深程度上綜合了傳統文人氣質和現代時尚意象。

2. 形制與生理、心理空間關係的變化

(1) 製作工藝與尺度的變化

　　客觀來講，玉器的製作工藝受到技術發展的影響。到了現代，技術工具由舊時的水凳變為一些電動工具與配套設備。（見圖 5-14、5-15）先進的工具在極大減輕勞作強度、提高勞動工作效率的同時，單位時間的產品數量明顯增多。以目前市場上大多數的「飾玉」為例，尤其是價位在百元左右的商品，由原來的手工藝品逐步轉化為半機械化工藝產品。企業為了追求玉石製

第五章　現代傳統：大眾消費與時尚意象

品的經濟效益，透過批量化生產來增加產品數量。在某種程度上說，批量化就是將一種獨特的手性活動由「人─物」的直接交流模式漸漸推向「物─物」的間接模式。在由工具進步帶來的解放之中，琢玉人的雙手卻並未發揮出應有的創造力，而是淹沒在程式化題材與樣本的機械化製作活動之中。傳統的「思索」意義也在工具和工藝的改進中發生了變化，原來治玉不但是「思索」思想、「思索」人品，還是名副其實的「思索」工藝。（見附錄 D）而如今，由新材料製成的工具，加快了思索工藝的速度，使「思索」這一長時間的構想、製作過程有所縮短，傳統治玉講求的「欲速則不達」的旨意以及治玉過程中磨練人的品性的意義也有所削弱。現今玉器商品的市場價位參差不齊，低的幾元而已，高的百千萬不止。中低等級的商品附加值較低，故而製作粗糙，但也因此獨具概括、簡單、普遍化的特點。與此相比，一些昂貴的首飾件配合現代的寶石設計，使商品具有較高的附加值，而一些大師、名家製作的時下精品更是在經濟價值與藝術價值上獨領風騷。

圖 5-14 思索玉器的傳統水凳　　　　圖 5-15 製作玉器的現代電動設備

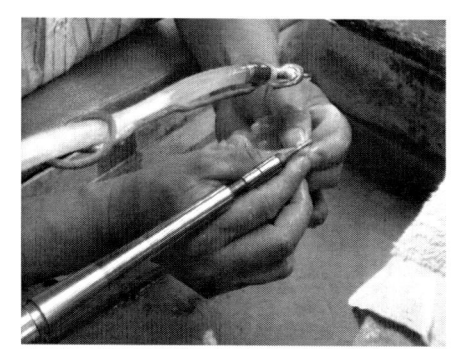

四、傳統玉德觀念的轉變：德符之辨

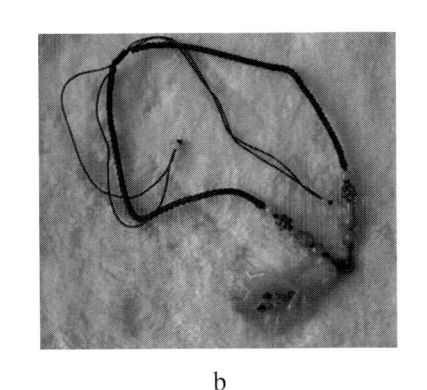

a　　　　　　　　　　　b
圖 5-16 造型簡單、價位低廉的掛飾與裝飾掛件中流行的花件

　　佩戴之用的玉器（以飾玉為例），其尺度與著裝、建築生活空間有著密切的關係。傳統的中國服飾講求飾品的佩戴規矩，飾玉作為飾品的一項，只能在一定範圍內造成真正的飾用。當冠服以儀的服飾制度被打破之後，佩戴飾玉的位置更加自由，不再過分講求與服飾之間的搭配是否合乎儀禮。一些飾玉不再藏匿於服飾之下作為庇佑或珍藏之物，而是顯露在敞領的脖頸與胸前、腰與腕之間。這種由內而外的變化，也是一種由含蓄到彰顯的變化。飾件裝飾的複雜程度也因服飾的繁簡有所差異，如翡翠掛件中的花件（圖 5-16a、5-16b）就是近年來新興的一類。作為一種有手工編織參與的胸前鏈飾，配合現代的纖毛紡織品服飾要比佩戴在傳統旗袍之上更符合時代的語境義。傳統把玩件的尺寸通常大於腰佩件尺寸，一是因其功用不同，二是因其攜帶方式不同。在當代，作為男士佩件的腰佩（以玉牌為主），因褲兜為擱置提供了安全保障，因而尺度方面也有新的變化。男士褲裝的兜部一方面提供了因尺寸較大佩件下垂產生重力的反作用力，另一方面建立了人手插入兜部把握飾玉的內在空間，使得僅以平面造型為主的傳統佩飾擴展到立體造型的佩飾（含部分把玩件）。就首飾方面的手鐲與戒指而言，物理尺度變小與當代

253

建築空間的變化存在某種關聯。翡翠手鐲與白玉手鐲由圓體轉變為扁體，既使內部更加貼近皮膚從而迎合了緊湊的建築空間結構之需要，同時又避免其他生活工作空間活動引發的不便。另外，若是手鐲本身環徑過大，環內空間再小也會帶來諸多不便的操作，這也是為何截面非圓形手鐲更具市場的原因之一。（見圖 5-17）戒指和手鐲普遍向形體縮小的方向發展，一方面是小與精緻相關、小與價格相關。另一方面則與玉本身的資源減少、成本增高、利用率提升、市場需求，甚至政治因素、社會因素等均有密切的關係。

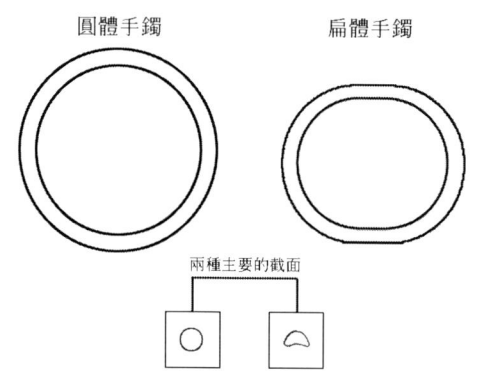

圖 5-17 圓體手鐲和扁體手鐲（含截面示意圖）

(2) 造型與紋樣的變化

由於材料稀有昂貴，平常百姓不可能具有足夠的經濟資本去購買收藏玉器擺件，因此小型的飾件和把玩件成為當下最多的品類，既可以滿足大眾化消費，又可以因體量小在製作上靈活多變。因地方文化和技藝傳統不同，飾件的造型與紋樣的設計、製作也有所差異。揚州、廣州、河南等加工玉器的地方均有各自的設計特色與固定做法。所謂「揚州工」以攻和田玉為主，而且多以擺件為主，一些小料也用來加工飾件。「廣州工」以攻翡翠為主；「河南工」擅用和田玉、崑崙玉、岫玉等多種玉石原料，且有表面不拋光的特點。現代翡翠飾件的造型方式從以翡翠雕琢為主漸漸轉變為減少翡翠雕琢的「寶石鑲嵌」風格，這在某種程度上繼承了「金鑲玉」的玉文化傳統。在

四、傳統玉德觀念的轉變：德符之辨

市場經濟條件下，不同價位的玉器與其造型紋樣的豐富程度和製作工藝相呼應。「物以稀為貴」，目前高品質的玉器設計精美、做工考究，甚至有些屬於專門定製、專人設計。與此相比，價位在 1000—3000 元之間的玉飾件雖然在中國具有廣闊的銷售市場，但其造型與紋樣不及前者有特色，主題大多數也是大眾消費群體所共知和喜愛的，如觀音、佛、葫蘆、壽桃、平安扣等。其中，很多是單獨的飾件。為了避免成本過高，一般不採用與其他金屬或寶石組合的設計。若是採用了手工編結的組配工藝，其價位較普通飾件也有所增高。（見圖 5-18a、b）

玉不琢，不成器。但在當代，保留玉質之美、天然去雕飾的做法已不罕見，如原石設計的自然美取向。《禮記》云：「大圭不琢，美其質也。」

a　　　　　　　　　　　　b
圖 5-18 手工編結的組配工藝

事實上，高檔的翡翠綠色通常也都是以「素」身的形式來表現其自然本質的。業內流傳有「無綹不遮花」的說法，即如果雕有美麗的花紋，那麼其圖案之下必有蹊蹺。現代高品質的玉材，尤其是優質的和田白玉和翡翠之所以通常不進行任何加工處理，一是出於原料升值考慮；二是在未有適合的設

計方案前,避免濫做而造成因小失大的後果。

目前,市場上常見的玉製飾件題材紋樣中,吉祥瑞意的紋飾居多,主要包括保平安、佑健康、祈升官、求發財幾個方面。(見表 5-15)

表 5-15 現今市場上常見的玉製飾件題材紋樣及其寓意

題材	寓意
竹	節節高升、虛心勁節
葫蘆	福祿萬代、子孫萬代
茄子	多子多福
佛手瓜	多福多壽
扁豆	連中三元、幸福長壽
辣椒	紅紅火火、君子之交
蓮+藕	連生貴子
荷花+梅花	和和美美、夫妻恩愛
蔥+藕+菱角+荔枝	聰明伶俐

不僅如此,一些小攤小販還自創出一些有意義的飾件式樣和搭配。據一位小店老闆說,現今的年輕人多喜歡星座、生肖之類的東西,而迎合這種心理製作的雙魚飾件、生肖掛飾都很好賣。在 100 元以內的小商品中,玉手鏈的五行玉珠樣式和玉鎖腰飾都採用了另種解釋方式,在大眾中繼續承延長久以來的傳統符號之意義。當然,翡翠掛飾中的觀音、彌勒、貔貅等題材,仍是主流、傳統的題材,而且這些題材多於和田玉製的掛飾。現代高級翡翠飾品不侷限於傳統題材,而是注重在當下的生活中尋找瑞意的題材,如在傳統蝠、獸、竹、鹿、如意、靈芝、佛手瓜、銅錢、壽桃及其組合的形象基礎上增加各種花葉、海豚、蜻蜓、蝴蝶、鑰匙、星月、天使等。造型方面,注重綜合考慮與其他飾件的搭配,如佩繩的搭配、金屬及寶石的搭配等。做工方面,利用現代技術創作出不同表面肌理,如啞光的效果,而類似的裝飾方法在傳統樣式中很少出現。與之相較,和田玉掛牌、把玩件多於翡翠,這也符

四、傳統玉德觀念的轉變：德符之辨

合兩種玉質所擅長傳達的不同文化內涵。即使大多玉器仍然繼承了中國傳統的造型與紋飾，但由於社會生活環境發生了巨大的變化，工匠或藝人受當下社會價值觀的影響，會在理解傳統題材時賦予不同的話語意義，這既可能是有意識亦有可能是無意識地賦予。

總而言之，翡翠更加注重裝飾性，即代表玉色和形制的「符」；和田玉則更注重玉的品質，即「德」的蘊意。在傳統造型及紋飾的承傳上，既有符號的轉借，也有技藝唯「宗」的做法。這些變化是現當代社會文化、思想觀念等矛盾共同作用的結果，但變化之中屬於實質性傳統的那部分內容仍透過轉借與唯「宗」的方式得以承續與發展。

（二）「德」與價值觀念的變化

清末民初，人們的價值觀開始發生重大轉變，即從強「利」「欲」到弱「德」「信」的現代價值觀轉向。

「真、善、美」是品評玉器最為適宜的標準。「真」體現在兩方面：一是玉質本身，二是從業者的職業道德。「善」也有兩個層面的意義：在製作層面強調使用能表現原料美的合理工藝，尊重使用的材料和設計的題材，而且不能以假亂真、以次充好。「美」強調的是立意美，而且做到工巧色絕。「惜材」是中國傳統的「物盡其用」設計思想的首旨。而今，耗材與惜材形成鮮明的對比，對不同玉種來說，反映的情況不同。與集體化生產時期相較，如今對材料的運用原則發生了變化，「惜材」在客觀的材料稀缺、價格上漲的情形下迫不得已為商人們採納。同時，由於材料價格及成本費用的成長、消費者審美趣味的轉變，一些傳統題材與工藝瀕臨失傳，如具有宮廷貴族工藝風格的翎毛類玉雕擺件。然而，獨山玉和岫玉的利用方面卻出現消耗材料的做法。一些不適合製作花鳥等題材的玉料未做到「天有時、地有氣、材有美、工有巧」。不但如此，社會上還有很多企業和設計製作者，頻頻模仿「大師」的作品形制與題材，對材料的認識淺薄，失去表現材質個性化與自身美的語

言，缺乏主導的文化理念。（見附錄 D）

在目前的玉飾市場上，以白色（主要是和田白玉、崑崙白玉、俄羅斯白玉）和翠色（主要是翡翠、翠玉、崑崙玉中帶翠）者為價高。寶玉石界制定的色與澤的等級標準，在成為人們色彩審美取向的新參照的同時，限制了人們對自然玉色本身的理解。因色與澤密切相關，故購買晶瑩剔透的玉更接近寶石級收藏價值的心理，這在翡翠飾件的消費中屢見不鮮。然而，「德」「符」兼具的玉石製品仍然屬於珍貴甚至稀缺的物品，大眾希望擁有這種珍貴的物品，但由於經濟能力不足和好玉的稀少，所以玉石市場上出現了大量的低俗產品。這些低俗玉石製品中存在頗多「以次充好、以假替真」的現象。（見附錄 G）如用岫玉充當和田玉，用馬來玉或處理過的 B 貨、C 貨假冒 A 級翡翠。巨大的商業利潤致使一些零售場所讓所謂優化處理過的貨品堂而皇之地上櫃銷售，不知情的消費者難免以千元甚至萬元的重金買到一塊只值幾十元錢的 B 貨。採用科技手段可以對玉質進行加工處理，以達到理想的色澤效果，但這種非自然方式的介入，不得不讓人重新審視玉文化所蘊含的「德」性在當代的衍變。在這種大眾消費中，玉質與玉色「真、善、美」的意義減弱了。可以說，當代玉文化的轉型，不僅完成了一次從重「德」到重「符」的轉變，而且透過大眾消費之手，透過大量生產和消費甚至「偽造」，使傳統玉文化完成了從尊顯到媚俗化的轉變。誠如波德里亞所說：「與獨創性的美學相對，媚俗提出了其模擬美學：它在世界各地再生產那些比原件更大或更小的物品，仿製材料（仿大理石、塑料等），笨拙地仿效各種形式或胡亂地將它們組合起來，重視自己沒有經歷過的式樣。」

透過對比 1996 年與 2003 年國家珠寶玉石的命名標準可知，修訂後的標準針對「天然」「仿製（處理）」等非「善」的現象有了規範。由此可見，產地名參與定名標準也是導致市場上不太認可一些玉種的原因之一。比如市場上所稱的青海玉（崑崙玉），其實這個玉種已有悠久的歷史，且與和田玉有著

基本相同的物質組分、產狀、結構構造特徵,但到了現當代,卻淪為和田玉的替代品,甚至被誤認為假冒的和田玉。目前,市場上流通的白玉基本上是青海玉以及俄羅斯白玉,這一事實早已為珠寶業內人士所共知,但商家對消費者並不如實相告,一方面說明了市場對青海玉的接受程度不高,另一方面說明了歷史悠久的產地名「和田玉」已在中國民眾的心中有了深刻的文化印跡,認為其他的白玉種都是不及「和田玉」的次品和假冒種類,只有「和田玉」才是具有傳統文化意味的「正宗」。然而,在經濟民主化、文化民主化的過程中,大眾化消費的動力使得一些商家採用非「真」和非「善」的手段謀得私利。自1994年以來,新疆市場上出現了大量產於青海省的軟玉製品,由於其與傳統和田玉既有相似之處又有明顯不同,且供貨量大、價格相對低廉,一時對軟玉市場造成較大的衝擊。而事實上,青海白玉填補了目前市場上中檔白玉的空缺,身價在不斷上漲,每年增值幅度在30%以上。青海玉與和田玉的尷尬關係持續至今,一方面,有些商家為了維護和田玉的「正宗」地位,對外宣稱不經銷青海玉,以排除與青海玉之間的瓜葛;另一方面,近年的珠寶市場上,一些青海白玉製作的精美工藝品也因擔心市場接受程度而不願言明原料產地。但同行不難發現,在這些雕件上看到的「煙灰色的雲霧」(煙青玉)和「翠綠色點綴」(翠青玉),便是青海軟玉無法掩飾的「胎痣」。

(三) 德符之辨

首德次符、德符並重、首符次德這三種德符關係是現代乃至當代最為重要和緊密的一對消長關係。傳統社會首「德」次「符」的品玉觀一直持續到明清時期。在當代,首「德」次「符」作為延續傳統玉雕審美文化的重要內容,雖然仍潛在地影響著一些地區和人群的選玉、用玉觀念,但其在當代玉文化的消費中並不占據主導地位,文化變遷的錯綜複雜性使得「德」「符」並重及首「符」次「德」兩種觀念逐漸成為當代玉文化消費中的主導性趨勢,顯現出時代的獨特性與必然性。

第五章　現代傳統：大眾消費與時尚意象

1.「德」「符」並重

當代玉器消費的主流觀念是「德」「符」並重。翡翠因色彩豐富且更具裝飾性，受到很多人的喜愛，但並不表示人們對玉質的要求有所降低。相反，當代品評翡翠價值的色澤等級標準是色與質同優，這樣的翡翠才能稱為上品乃至極品。與翡翠相比，和田玉則更注重玉的品質，即「德」的意蘊。和田玉的玉質溫潤含蓄，自古即藉以比喻君子恭謙、內斂、包容、儒雅之德性。在當代寶玉石學中，人們把玉按色澤分為若干等級，如和田玉被分為：白玉、青玉、黃玉、黑玉、糖玉、花玉。每一類還可以細分，如和田白玉可細分為羊脂白、雪花白、梨花白、象牙白、魚肚白、糙米白、雞骨白等，其中以細潤瑩潔的羊脂白為最佳，又稱羊脂白玉。就翡翠中的綠色品種而言，高檔的應具有純正的綠色，略帶黃色調的綠色、藍色、灰色、褐色、棕色、黑色的價值則逐級減弱。這種色澤的分級與古代有所不同，當代消費者崇尚的是寶石級物品的財富價值，而較少與道德觀念相聯繫，即人們尋求的是玉色與玉質的兼得且共融的平衡狀態。當代人對玉的選擇，色澤是確定其價值高低的主要因素。

中國的玉文化與西方的寶石文化在色彩觀念上存在明顯的差異。從色彩審美文化來看，中國古代諸多設計中使用的色彩，深受當時禮制文化的影響。尊崇儀禮者的色彩觀念大多呈現為受控的不自覺狀態。建築、服飾、器用等設計中常見的五色體系，即東青、西白、南赤、北玄、中黃，以黃為貴、為重，成為理綱常倫規範下的用色制度。當然，並非所有的造物都因循此律，「飾」玉自在的天然色澤成就了它另立於一系的色彩體系：玉分五色，不是黃為貴，而是白為尊。《呂氏春秋》提出「玉有五色」，即青、赤、黃、白、玄，其中「玄」即「黑」，五種顏色中以白玉最為貴重，所以天子佩白玉。明代曹昭在《格古要論》中指出：玉有白、黃、碧、黑、赤、綠、丹青、菜色八色。而明代宋應星的《天工開物》卻與上述兩家意見相左，主張玉唯

四、傳統玉德觀念的轉變：德符之辨

白、綠兩種，赤玉、黃玉皆不是玉。總的來說，中國古代對「真玉」（和田玉）的玉色與玉質情有獨鍾。隨著社會制度的變遷，傳統的、象徵等級制與嚴律德性的玉色體系被打破，從含蓄之白色到彰顯之翠色，現已形成高級翡翠飾品優先考慮「俏」「透」「純」的觀念。「俏」是對玉的色相要求；「透」即光與色反映的玉質效果；「純」是對玉的色澤與飽和度的要求。隨著色彩文化的自覺與個性化，人們對色彩豐富的感受性需求日益增強，這是審美變化的內因。

2. 首「符」次「德」

所謂首「符」次「德」，即首重玉的色彩與個性化，德居其次。這是當代用玉選擇的主流價值觀之一。其原因概括而論，一方面是受到了社會風尚的影響，另一方面是由於追隨和田玉色白、翡翠色綠價值就高的觀念，以及選擇者自身對玉的「真、善、美」無辨別能力或一知半解造成的。當代經濟的發展及消費觀念的變化使老百姓也具有了玉文化消費的可能性，這種消費的可能性表現為使用群體的擴大、使用群體文化背景與社會地位的豐富性和選擇玉石商品的多樣化等方面。目前，市場上隨處可見的岫岩玉、阿富汗玉、藍田玉以及其他各類玉石的價位相對低廉，容易滿足大眾消費的要求。因此，翡翠中低品位的 B 貨和 C 貨在市場上大量出現就不足為奇了。這既是首「符」次「德」產生的物質基礎，又是 1980 年代以來中國社會文化變遷的結果。

隨著經濟的發展，消費市場的不斷擴大，新疆、遼寧、廣東、河南、雲南等地已逐漸形成玉石加工與貿易的集散地，集體、合資、個體玉雕企業與商家遍地皆是，僅遼寧省岫岩縣從事玉石加工的企業就多達 3000 餘家，全縣 50 萬人口中，有近 6 萬人從事玉石加工、銷售或與其相關的產業。北京、上海、杭州、福州等各大城市的古玩城、工藝品市場中玉石工藝品亦成為主要的貨品。本研究在對 1980 年代以來青海地區新開採而發展起來的軟玉

種──崑崙玉（硬度與質地近似和田玉種）進行市場調查研究後發現，1980年代末到90年代中期，被加工出的玉器多喜好保留白色而剔除其中的綠地；90年代後期至今，崑崙玉中帶綠者又成為消費者追逐的上品。這種在選玉中重綠、重翠色的色彩觀念主要受人們對翡翠認知的影響。另外，不同年齡的消費者對於玉色的喜愛程度也不相同，年輕人在玉鐲方面更傾向於白色和翠色；中年人除愛溫潤之脂白和乳白外，更青睞清雅的鴨蛋青、江水綠、飄花翡翠色；老年人通常好戴老玉鐲，這類鐲的色彩沉穩，如墨綠、油青綠等。

由於玉石行業和消費的興旺，目前的市場上充斥著數以萬計的玉製串珠、手機飾品、扣掛件、腰帶、枕墊、筷子等。而那些製作粗糙、工藝低劣的玉石產品的價格甚至比普通塑料製品還低。當代玉文化的低俗化傾向由此可見一斑。大眾的消費需求導致低俗玉製品的大量生產。用尚·布希亞的話來說，所謂「低俗」可解釋為消費者對那些稀缺、珍貴、唯一的物品（其生產本身也可以工業化）進行了重新估價和定位。大眾消費使原來僅為少數統治者獨占的玉及玉文化消費成為大眾化消費的對象，而且將舊有的尊貴世俗化，達到低俗的程度。這樣低俗或者媚俗和「真實」物品遵循著一種總是處於變動和擴展之中的特殊物資的邏輯，雙雙地構築了這個消費世界。波德里亞指出，媚俗有一種獨特的價值貧乏，而這種價值貧乏是與一種最大的統計效益聯繫在一起的：某些階級整個地占有著它。與此相對的是那些稀缺物品的最大獨特品質，這是與它們的有限主體聯繫在一起的。這裡與「美」並不相干，相干的是獨特性，而這是一種社會學功能。從這個意義上說，一切物品都根據它們的統計學可支配性、它們受到的或多或少限制、像價值一樣按等級劃分的主體來進行分類。這一功能時刻規定著特定社會範疇在特定社會結構狀況下，透過特定物品或符號來表明自己與其他範疇的區別和確定自己地位的可能性。

另一方面，從玉石製品的造型來看，隨著琢玉工具和技術的不斷進步

（治玉工具多由電動器械所取代），理應有更多新形式出現，但舊有、傳統的形式仍然是當代「飾」玉造型的主體。這似乎形成了一個悖論，即首「符」次「德」的轉變，其「符」的變化是十分有限的。

總之，玉石具有的「神性」在現代傳統中得到延伸，它體現在贈與和保存的文化實踐當中。以當代人佩戴的玉飾件為例，它已形成一種可以實現綜合性功能的文化認知：護佑、祈祥成為主要的功能之一，而身分的功能退居其次，人們佩戴高價的「真玉」或翡翠製品，除高價感外，更多是「護身」的禎祥意義。

五、從文化自覺到文化自信：當代玉雕的批評實踐

（一）當代玉雕的品評慣習

常人評價一件玉器時，都會產生如下的疑問：美不美？像不像？貴不貴？值不值？深究，這些疑問既是一連串涉及價值觀念、具有內在邏輯的問題，也是專業者或業餘者介入當代玉文化、知玉、品玉的實質。

美，獨具個人觀念色彩：有人喜歡翡翠的彰華顯貴，有人喜歡白玉的溫儒含蓄，有人喜歡獨玉的變幻莫測……美，首先來自最直接的感觀刺激，一件玉雕作品往往憑藉形、色、質感來吸引人們的眼球，它甚至會激起人們觸碰的渴望。但並不是所有的作品都能打動觀者的內心，打動與否取決於觀者審美的層次與標準。如同一塊帶皮的璞，在有心人的眼中，它的美蘊藏於璞內，它是通靈的，它傳達的密碼在每個有心人那裡得到釋義，並只為欣賞它的人、懂得它的人述說人與玉、人與人間共鳴的故事。

「像不像」只是審美標準的一種而已，一件作品若能打動不同的觀者，它既可以很像，也可以不像。像，比如羊肉、花菜，那種寫實風格可以使人們驚嘆構思、技藝賦予的逼真與縝密，然而，它也令人們失去了更多想像的空

間；不像，大致有兩種情況：其一，追求寫實卻不到位，反而弄巧成拙；其二，並非純寫實手法，寫實、寫意、抽象等表現方式融為一體，略施細節卻能畫龍點睛。第二種情況的「不像」往往會引起人們追尋某個故事甚至詩意的興致，情溢於似與不似之間，遐想無限，如覓知音。由此，「美不美」上升為一種較高的知玉、品玉的審美境界。

其實，但凡美的事物，都可能讓人產生擁有的想法。如果說前兩種問題只涉及審美欣賞與精神層面的話，「貴不貴」則是一種衡量價格標準的現實心理。一個人用可以承受的購買能力獲得享受，首先基於個人的利益不受損害，其次會考慮他是否從中得到更多的享受，既有物質的也有精神的，占便宜、不吃虧的心理皆出於此。貴，有時也因「可望而不可即」增加了不可獲得的、距離的美感。雖然如此，貴的也不儘是美的。物以稀為貴，表明的是物質材料本身的稀少為其添加價格砝碼的客觀性。可是，這並不代表不稀少的玉材就不能達到「貴」的標準，不能晉升到「貴」的行列。不良的玉材在奇思妙想與精心設計之下，依然屢見「化腐朽為神奇」。從而，一種純粹的價格評價標準已不可避免地導向「值不值」的疑問。

「值不值」綜合了最基本的價格意向、最根本的審美取向以及最終的價值判斷，其中不免地帶有期望它更「值」的心理。「值不值」徘徊於理性與情感之間，人們在傾注投入後可能會衡量為之付出的代價與可能得到的回報，理性的一面表現為客觀計算，情感的一面多表達出喜歡、不可抗拒甚至不計代價。

一件作品可能並不昂貴，卻因某種特殊的緣由值得收藏；一件作品可能很昂貴，卻因個人喜好而認為不值；一件作品可能並不為人所懂，但它很貴很值得收藏，只因為日後的升值能帶來更大的經濟收益。

所有追問最終回歸到了每個人的觀念問題。「德」「信」「力」「利」，是玉所承載的傳統價值觀念，社會整體價值觀念與個體價值觀念時而相容、時

而矛盾，當下社會未嘗不是一種矛盾的結合體，玉文化面對大眾消費的產業化趨勢，是尋求「利益」導向還是堅守「德性」導向？如何確立現當代消費者品玉的價值標準，不單單是學者探究的課題，所有真正崇玉、愛玉、玩玉、治玉、經營玉的人都自覺或不自覺地在為之打造一把「尺」。

（二）創作實踐中的批評意識

　　實踐本身就是修正，就是批評，這個過程中有對別人作品和行為的不滿與挑剔，也有對自我的挑剔與批評。批評只要融合到創作中，就會成為有益的營養，當然批評意識也會決定創作的最終面貌。玉雕技藝的反覆實踐，是讓造物更加合理的必經過程，也是不斷自我批評、確認自信的過程。當然，批評並不是給否定的對象以致命一擊，也不是完全否定。它可以是對作品的歷史、文化語境進行的研究，也包括社會、政治角度的多元評價。比如，針對作品或產品等對象進行社會學批評，針對設計者、創作者等主體進行作者批評，針對顧客、消費者、中間人進行關係批評，針對社會環境、制度等進行影響批評。

　　對實踐行為進行批評的人，不分是誰，都在自發地施行批評。比如普通百姓訴完不滿之後，可能會選擇親自動手改進合乎自己意願的形式和內容，而他們的修補智慧通常獨具物盡其用的思想，以及發現不合理、不適應現象的及時性、改造的自覺性等特點。當代玉雕或珠寶首飾的設計者作為專業的實踐人士，也在不斷修正改良的過程中，以專業的身分和經驗方式貫徹著自我批評。

　　從自發意識到自覺意識，從理論高度對批評對象形成認識，進一步指導行為做出批評，才能較好地把握批評本質，從而達到批評目的。在玉文化的當代傳承與創新過程中，培養和形成良好的批評意識是開展批評的重要保障。

　　第一，以史為鑒，不迷信史書，不一味效古。琢玉人或玉雕設計師學習

第五章　現代傳統：大眾消費與時尚意象

和掌握歷史知識，不是為了效仿和服從，而是在尊重和學習的基礎上，獲得新的啟示。當代出現的大幅玉石雕版的設計製作，題材不乏內容複雜的歷史名畫。例如，工藝美術業類中最常見的效古題材《清明上河圖》卷。歷經不同歷史時期三個版本的變化，後世者對前代創作既有效古傳承，更有當時社會文化風貌與批評思想的滲透。由於畫家的時代、地位、身分、目的的不同，在同名繪畫中表現出的創作思想、視角本質也有所不同。同樣都是從形式上注重表現開封城內外清明時節的人物活動，但明清時期已將開封城融入了蘇州城或紫禁城的面貌。「宋本」中的現實主義批評思想，船橋之險、官民爭道等細節力圖揭示各種社會矛盾背後的政治誘因；「明本」則反映盛世繁榮的享樂主義，其中供享受和消遣的店鋪應有盡有；「清院本」卻出於粉飾太平的需要，迴避官民之間的矛盾衝突，以矯飾的手法和濃重的色彩，正面地表現繁盛的商貿和強盛的軍力。不止是玉石雕，當代的刺繡、木雕、剪紙等工藝美術業類，不斷重複這幅作品的盛世富華，卻並未融入創作者對歷史不同版本根本意義上的分析理解和反思革新。若是創作一幅當代的「清明上河圖」，會是怎樣的景象？可富含怎樣的寓意？是高樓林立的建築和四通八達的高速、高鐵道路，還是整容後的「傳統」（仿古）建築規劃園區？

第二，反思當下，以小見大，建立關聯意識。當下的大社會、大文化環境中，對工藝美術的品質化以及生活藝術化的要求，似有劍走偏鋒的勢頭，品質和藝術變成了昂貴、奢侈、奇異、珍稀的代名詞，缺少倫理道德的約限。要想反思當下的玉雕，就必須將其投放在大生活、大社會、大文化環境中進行考量。它僅屬於人類造物的微小部類，是鼓勵還是限制，需要以小見大地批判反思其他相關的人類行為和社會現象，尋找相關的聯繫和影響。例如樹根雕，興起初期標榜的是「化朽木為神奇」甚至「變廢為寶」，如今卻發展為紅豆杉樹根雕、柏樹根雕等昂貴材料的樹根雕刻。樹根在保護水土方面起著十分重要的作用，那些缺乏常識和生態倫理思考的人卻認為已死的

五、從文化自覺到文化自信：當代玉雕的批評實踐

樹根並無價值，可以刨來換取經濟價值。在批評這一類時，應該建立關聯意識進行批評。某些供過於求、一廂情願的問題可能同樣發生在茶器具、工藝家具以及瑪瑙雕刻、佛珠的設計製作中。飲茶文化的器具、家具及室內氛圍設計由於缺乏真實的人性考量，常出現違反設計尺度、適用性和設計倫理等方面的問題，而同樣的問題也出現在標準化的新農村住房設計、奇異的後現代建築式樣中。還有那些造物者自說自話的業類，從傳統山水式樣的馬達加斯加海洋玉髓到奇石收藏，再到菩提子之類無中生有的宗教飾物。人在這些造物業類中只不過是大自然的搬運工，而如今已經從搬運工角色轉變為毀壞者角色。

　　第三，清晰的自我意識和自信。治玉的工匠或藝人，首先，不應與作為職業的「藝術家」相比。某些所謂「藝術家」的技藝甚至還不如手工藝人出色。工匠不能自視卑微，在藝術去泡沫化的時代，經典的、真誠的手工藝和作品將從泡沫中堅實浮現。其次，不應與會經營社會關係和懂經濟的「藝術家」相比，那些介入商業交易、耽於人際交往的工匠或藝人，其創作精力與狀態決定了精品的低生產率。最後，當代的工匠或藝人，很容易對所謂主流藝術話語權、藝術形式、價值取向產生不自覺的依附或從眾，無意或有意地忽略不同工藝材性本身的存在價值。比如瓷板畫，會被遮羞遮醜一般將厚重的陶瓷胎質收容、包裹到精美、昂貴的木框之內。即使相似的視覺畫面，中國畫、油畫、瓷板畫，也都應尊重各自的材料特性，恰當表現、襯托，不恰當的裝裱效果一定程度上反映出創作者自我定位、身分的模糊，以及難以掩飾的自卑，表面上看是削弱、抹殺了陶瓷等工藝材料的語言，實際上材料的自信、表現的自信，往往代表工匠或藝人的自信。

　　第四，耐心地培育文化土壤。批評者與造物者應當耐心地培育造物者、用物者、消費者（媒介者）三方的審美品位和素養，尤其是要恰當地引導消費對象的審美需求，而不是被眼前魚龍混雜的市場需求所誤導。只要研究歷

267

史上的工藝美術盛世就不難發現：正是造物者、用物者、媒介者的共同成長，以及批評意識、批評實踐的同步發展，才造就了從形式到內容的豐富創造力和持久生命力，才成就了工藝美術從文化到經濟的繁榮。

在建構批評體系的過程中，自發批評者始終是最為重要的力量。他們可以採取最為直接的實踐行為，不斷進行自我批評。理想的自發批評者包括造物者（從事技藝者本人）、用物者或一部分媒介者，而造物者作為意見和行動的領袖，其地位最為重要。

造物者或說從藝者、設計者本人在批評體系具有二重身分，他們既是自發批評者，也會轉化為職業批評者，他們具有本能的批評意識，有直接的實踐行為，這種自發性與職業性的批評往往同時發生，有時是實踐先導，有時是理論先導。例如，以白菜為題材的玉雕創作，自發性會引導創作者用心觀察現實生活或提取以往有用的經驗。以玉雕白菜見長的江春源先生在回憶創作過程時說：「一棵白菜，要怎樣雕琢，才能更加生動？才能打動觀者？……我先後收集了很多白菜的形象，並親自試驗，最終有了構思。一開始，我到菜市場看攤販出售的白菜、在家裡看就要下廚了的白菜、去田園看正在生長的白菜……天天看各種白菜，看到痴迷。我還試著把剝去外葉的大白菜心養在水盆子裡，然後每天觀察它的神態變化。終於，在水的滋養下，白菜葉子翻捲、舒張了，葉片的層次感、自然的舒展形態，以及飽水的色澤……那麼美，一下子就激發了我的靈感。」與其相比，市場上那些濫做的玉雕白菜，往往只取了「白菜」（白財）的文化符號意義，而拋棄了形式與內容的統一，很多數位化、批量化雕造的白菜均顯得呆板、缺乏生命力。

造物者的生活環境和經驗能夠為其提供豐富的素材並可能激發創作動機，也會影響其形成自我批評意識。觀察當下，那些不養鳥、不遊覽山水而畫鳥、畫山水的「藝術家」，名副其實地在「家」做藝術。然而那些有生命力的作品，往往出自能細緻觀察、有充分經驗的造物者之手。比如當代玉雕常

見的花鳥題材——喜上眉梢。雖然主題相同但玉石材質不同，可是那些照搬圖樣、了無生趣的形象卻讓材料失去了生命，從而消耗了材料的生命和創作者的時間生命。反觀八大山人筆下的鳥魚、豐子愷詼諧的生活漫畫，之所以與眾不同且有性格，離不開創作者生活中的馴養體驗、觀察和移情。材料本身具有生命和性格，鳥禽也有各自的性格、神情和姿勢，像明代陶瓷雞缸杯上的鳥蟲、遊戲形象憤怒的小鳥，不能僅從技法層面對其展開批評認識。它們看似並不完美，更不是標準、科學的式樣，卻有鮮活的生命，能夠感染人。它們是創作者透過觀察、經驗、移情，在心中生成的與其情緒認識統一了的活態形象。

（三）概念重釋下的文化自信

當代中國玉文化在設計、生產、交易、收藏玉雕方面的批評實踐，還體現在對「玉」這種材質有無尊卑之分的重新認識和界定，這也是探討當代玉雕價值屬性、形成品評標準的前提。現代科學特別是地質學、材料學、經濟學的發展，促使玉文化的現代傳統中人為地利導了某種材料歧視。這種歧視產生於社會尊貴性和自然稀有性。狹義的玉，專指傳統統治階層意識形態下特稱的真玉，即和田玉。正是這種獨尊顯要的地位，使得後世各代不斷地模仿真玉製品，其他玉石在相應的社會身分等級劃分之下變成了次級品、替代品，缺失了話語權和尊貴地位。

概念在不斷闡釋中演進，21世紀的今天，很有必要對「玉」進行重新闡釋和廣義的界定，只有包容性的概念才能為那些歷史同樣久遠、價值並不低廉的玉石「正名」，使其名正言順地成為它自己，走自己的設計製作路線，有自己的敘事特色，而不是被迫模仿、屈從位卑。

這種批評性的重釋，在中國歷史上也曾出現過。春秋戰國時期就有過僭越禮制的歷史，一些無法享用真玉的王侯，在自己的墓葬中大膽使用過其他材質的玉石製作成天子可享的「九」數等級的隨葬器具。著眼當下，我們並

非去僭越什麼禮制，而是採用一種帶有「僭越」性質的做法，去批判性反思、挽救那些由於「獨尊」而有價無市、千篇一律的所謂貴重玉材，或由於社會倫理的凌駕而被迫淪落為仿冒品或替代品的原料，去試著改變那種已經自覺不自覺地就將自己、自然萬物以及人造物視為「低人一等」「優勝劣汰」的定勢思維和情感態度。

俗話說，「好看的皮囊千篇一律，有趣的靈魂萬里挑一」。客觀來講，每一種玉石都是獨特的，是人類文化強加給這些自然物不同的美醜和尊卑的意義，像是和田玉溫潤含蓄，翡翠彰顯富貴，獨山玉變幻莫測，等等。諸如此類，既有可比性，也有它們專屬的不可比性。好看、美麗，只是膚淺的視覺幻想和虛無，玉石被塑造、被闡釋的「實質性」意義、價值，才是有趣和有靈魂的存在。現代玉雕從業者逐漸意識到：若得到妥善的設計、利用，任何材質都能一枝獨秀。而且，越來越多的玉工匠和藝人開始推崇「尊材施藝」而非「因材施藝」，「和出於適」而非「巧奪天工」的理念。

造物者的自信和自尊，發端和終極都必然與「他者」相互糾纏，信任和尊重他者——自然、材料、相關人，才能因道德的同理心而施以節制和適度地開採、使用。玉石在經濟民主和文化民主的策動下，正在建樹、規訓新的「天人合一」共同體的倫理觀。

附錄 A 五代後唐之後有關贗璽、疑璽歷史記載

歷史紀年	西元紀年	贗璽或者疑璽歷史事件與物性描述	參考文獻	筆者術評
後晉天福三年	938 年	自刻受命璽，仿唐貞觀十六年（642 年）太宗文煌第自刻受命元璽（「皇帝景命，有德者昌」），以白玉為螭首，以「受天明命，惟德允昌」為文	宋薛居正《舊五代史》	刻紋不合任一版本
後周廣順三年	953 年	自製受命寶，仿秦始皇帝以藍田玉刻之，其文曰「受命於天，既壽永昌」	元馬端臨《文獻通過》	將藍田玉版本與和氏璧版本刻文混同
北宋哲宗紹興三年	1096 年	咸陽民段義得玉璽，色綠如藍，其文曰「受命於天，既壽永昌」。北京蔡京等人義為秦璽	宋王木永《燕翼詒謀錄》 元脫脫等《宋史·李公麟傳》 元馬端臨《文獻通考》	將藍田玉版本與和氏璧版本刻文混同
宋徽宗大觀元年	1107 年	鑒於紹興年間古璽為贗品，自作受命寶，白玉製，其文曰「受命於天，既壽永昌」	元馬端臨《文獻通考》 元脫脫等《金史·禮志》 明王圻《續文獻通考》	將藍田玉版本與和氏璧版本刻文混同

附錄 A 五代後唐之後有關贗璽、疑璽歷史記載

南宋高宗紹興十六年	1146 年	自作受命寶，其文曰「受命於天，既壽永昌」	元馬端臨《文獻通考》	將藍田玉版本與和氏璧版本刻文混同
南宋寧宗嘉定十六年	1221 年	又得古璽，其文曰「受命於天，既壽永昌」	元馬端臨《文獻通考》	因記載不詳，無以為評
元世祖至元三十一年	1294 年	崔得。「色混青綠而玄，光采射人」，其文曰「受命於天，既壽永昌」。古璽。楊桓等證明為秦璽	元陶宗儀《輟耕錄》崔彧《進傳國璽箋》所載	實為仿和氏璧版本，但因將藍田玉顏色望文生義，而混同為藍田玉材料
明弘治十三年	1500 年	鄠縣毛志學在泥河濱得古璽，由陝西巡撫熊羽中呈現孝宗皇帝	清張廷玉等《明史》	因記載不詳，無以為評
後金（清）天聰九年	1635 年	後金太宗（即清皇太極）於元裔林丹汗之蘇泰太后得，據傳為元末順帝帶入沙漠的元代傳國璽。於第二年改國號「金」為「清」。乾隆考證為「玉質明徹截肪」	趙爾巽等《清史稿》	可能就是清高宗乾隆考證故宮交泰殿內所存之仿製傳國璽，但將藍田玉版本與和氏璧版本的刻文混同

| 清乾隆三年 | 1738年 | 「高斌督河時奏進屬員浚寶應河所得玉璽，古澤可愛，又與《輟耕錄》載蔡仲平本頗合。」「今察之，其色黝黑，方二寸許，高八分，壇紐紐高一寸，分二層，上層平薄，方七分，無螭紋，亦不辨為何玉質，該又非元人之舊物矣。」 | 趙爾巽等《清史稿·輿服志》章鴻釗乾隆十一年《御製寶譜序》 | 顏色和形制不合任一版本 |

附錄 B 《長物誌》與《閒情偶寄》關於玉石物品的品評

《長物誌》卷六《幾》

注釋 [一]《西京雜記》：「漢制：天子玉幾……凡公侯皆以竹木作幾……」

《長物誌》卷六《壁桌》

壁桌長短不拘，但不可過闊。飛雲、起角、螳螂足諸式，俱可供佛，或用大理及祁陽石鑲者。出舊制，亦可。

《長物誌》卷六《屏》

屏風之制最古，以大理石鑲下座精細者為貴，次則祁陽石，又次則花蕊石；不得舊者，亦須仿舊式為之。若紙糊及圍屏、木屏，俱不入品。

《長物誌》卷七《香爐》

爐頂以宋玉帽頂及角端、海獸諸樣，隨爐大小配之，瑪瑙、水晶之屬，舊者亦可用。

《長物誌》卷七《筆格》

筆格雖為古制，然既用研山，如靈壁、英石，峰巒起伏，不露斧鑿者為之，此式可廢。古玉有山形者，有舊玉子母貓，長六七寸白玉為母，餘取玉玷或純黃純黑玳瑁之類為子者。

注釋 [一] 筆格 —— 即筆架。《楊文公談苑》曰：「宋錢思公有一珊瑚筆格。」《書史》：「薛紹彭《論筆硯間物》云：『格筆須白玉，研磨須墨古。』」

《長物誌》卷七《筆屏》

筆屏，鑲以插筆，亦不雅觀。有宋內府制方圓玉花板，有大理舊石，方不盈尺者，置几案間，亦為可厭，竟廢此式可也。

《長物誌》卷七《筆船》

筆船，紫檀、烏木細鑲竹篾者可用，唯不可以牙、玉為之。

《長物誌》卷七《筆洗》

筆洗，玉者有：鉢盂洗、長方洗、玉環洗。

《長物誌》卷七《筆覘》

筆覘，定窯、龍泉小淺碟俱佳，水晶、琉璃諸式俱不雅，有玉碾片葉為之者，尤俗。

《長物誌》卷七《鎮紙》

鎮紙，玉者有古玉兔、玉牛、玉馬、玉鹿、玉羊、玉蟾蜍、蹲虎、闢邪、子母螭諸式，最古雅。

《長物誌》卷七《壓尺》

壓尺以紫檀、烏木為之，上用舊玉璲為鈕，俗所稱「昭文帶」是也。有倭人鏒金雙桃銀葉為鈕，雖極工致，亦非雅物。

《長物誌》卷七《祕閣》

祕閣以長樣古玉璲為之，最雅；不則倭人所造黑漆祕閣如古玉圭者，質輕如紙，最妙；紫檀雕花及竹雕花巧人物者，俱不可用。

《長物誌》卷七《貝光》

貝光古以貝螺為之，今得水晶、瑪瑙，古玉物中，有可代者，更雅。

《長物誌》卷七《印章》

印章以青田石瑩潔如玉、照之燦若燈輝者為雅。然古人實不重此，五金、牙、玉、水晶、木、石皆可為之，唯陶印則斷不可用，即官、哥、青、冬等窯，皆非雅器也。古鏒金、鍍金、細錯金銀、商金、青綠、金玉、瑪瑙等印，篆刻精古，鈕式奇巧者，皆當多蓄，以供賞鑒。印池以官、哥窯方者為貴，定窯及八角、委角者次之，青花白地、有蓋、長樣俱俗。近做周身連蓋滾螭白玉印池，雖工致絕倫，然不入品。所見有三代玉方池，內外土鏽血

侵，不知何用，今以為印池，甚古，然不宜日用，僅可備文具一種。圖書匣以豆瓣楠、赤水、欏木為之，方樣套蓋，不則退光素漆者亦可用，他如剔漆、填漆、紫檀鑲嵌古玉及毛竹、攢竹者，俱不雅觀。

《長物誌》卷七《文具》

文具雖時尚，然出古名匠手，亦有絕佳者……首閣置玉祕閣一，古玉或銅鎮紙一……中藏古玉印池、古玉印、鎏金印絕佳。

《長物誌》卷七《梳具》

……中置玳瑁梳、玉剔帚、玉缸、玉合之類，即非秦漢間物，亦以稍舊者為佳。若使新俗諸式闌入，便非韻士所宜用矣。

《長物誌》卷七《海論銅玉雕刻窯器》

三代、秦漢人制玉，古雅不凡，即如子母螭、臥蠶紋、雙鉤碾法，宛轉流動，細入毫髮，涉世既久，土鏽血侵最多，唯翡翠色、水銀色，為銅侵者，特一二見耳。玉以紅如雞冠者為最；黃如蒸栗、白如截肪者次之；黑如點漆、青如新柳、綠如鋪絨者又次之。今所尚翠色，通明如水晶者，古人號為「碧」，非玉也。玉器中，圭璧最貴；鼎彝、觚尊、杯注、環玦次之；鉤束、鎮紙、玉瑱、充耳、剛卯、瑱珈、珌琫、印章之類又次之；琴劍觿佩、扇墜又次之。

《閒情偶寄》卷三《首飾》

珠翠寶玉，婦人飾髮之具也，然增嬌益媚者以此，損嬌掩媚者亦以此。所謂增嬌益媚者，或是面容欠白，或是髮色帶黃，有此等奇珍異寶覆於其上，則光芒四射，能令肌髮改觀，與玉蘊於山而山靈，珠藏於澤而澤媚，同一理也。若使肌白髮黑之佳人滿頭翡翠，環鬢金珠，但見金而不見人，猶之花藏葉底，月在雲中，是盡可出頭露面之人，而故作藏頭掩面之事。

是以人飾珠翠寶玉，非以珠翠寶玉飾人也。

簪之為色，宜淺不宜深，欲形其髮之黑也。玉為上，犀之近黃者、蜜蠟

之近白者次之，金銀又次之，瑪瑙琥珀皆所不取。簪頭取象於物，如龍頭、鳳頭、如意頭、蘭花頭之類是也。但宜結實自然，不宜玲瓏雕斫；宜與髮相依附，不得昂首而作跳躍之形。

《閒情偶寄》卷四《制度第一》

寶玉之器，磨礱不善，傳於子孫之手，貨之不值一錢。

《閒情偶寄》卷四《酒具》

唐句云：「玉碗盛來琥珀光。」玉能顯色，犀能助香，二物之於酒，皆功臣也。

附錄 C　人物訪談及評述

一、顧永駿訪談

訪談時間：2008 年 4 月 19 日

訪談地點：江蘇省揚州市顧永駿山籽雕工作室

訪談內容（部分）

問：顧大師，現在您還經常去玉器廠嗎？

答：去的，早晨一般 8 點多到工作室或者玉器廠研究所。揚州玉器廠那邊對我工作的時間不限定，但我給自己規定了每次要去就是半天，一般都是上午。退休好幾年了，剛退休的時候，每天都往廠裡跑，從去年我動了膽囊手術以後，就給自己定得稍微寬鬆一點了，一個星期去玉器廠那麼兩三個半天，指導他們。當然，去那邊還是有任務的，廠裡尊重我，不好命令我做什麼，但內心還是希望我多創作一些東西留下來。在展廳裡有一件大點的高浮雕翡翠插牌《竹林七賢》，就是我擔任設計，並代表玉器廠來參評第三屆「百花玉緣杯」評選的作品。

問：您為何認為讀書對您的創作很重要？

答：是的，很重要。還記得「文化大革命」時期想讀的書很多，找不到《紅樓夢》，就到處去借啊，借回來就馬上讀。那時候可能通讀過兩遍，當然都是要擠出時間來讀的。晚上老婆孩子睡覺以後，我呢，就用報紙把燈擋起來，留一點點光，自己就這麼看書，讀到深更半夜，就是這樣過來的。白天還要上班，而且白天又不准讀書的，「文化大革命」期間怎麼能讀這些書呢？《紅樓夢》《水滸》《三國演義》《西遊記》，都是不可能讓讀的。因為我知道

在藝術創作上肯定需要這些東西，我就去借，想辦法到處去借，然後拿回來如飢似渴地去讀這些書。就這樣不斷地增加自己的養分，算是藝術知識、傳統文化知識的營養吧，慢慢地也使自己的藝術體格健壯起來了。我認為就是必須讀書，這樣才能把一個人身上的俗氣去掉，要不然作品也會俗的。不只是多讀書，還要多讀畫，因為有時候自己沒有時間去畫，但是可以讀人家的畫，讀懂了找出不好的和好的地方，提煉那些值得學習的東西，也能指導我的山籽雕創作。讀書是很有好處的，幫助從事工藝創作的人脫俗，脫去匠氣。否則作品的內涵是不能被提升的，就僅僅是個一般化的商品而已。內行看起來也會覺得沒有什麼味道，不值得收藏。即使是玉料再好，若是被做成一般的模樣，看起來很俗、不耐看，也不會有人願意收藏。所以，我始終強調：要讀書，多讀大家、名家的東西。比如繪畫界的大家的理論，要經常去看一看、讀一讀，抽時間讀，都是有好處的。我也不知道其他搞山籽雕創作的朋友們是不是這樣，能不能做到這樣。想想我們現有的玉石資源日益匱乏，如果我們做設計的人就這麼馬馬虎虎地去做一件東西，那太可惜、太浪費、太不負責任了。我們怎麼對得起大自然賜給我們的那麼美的玉石啊！

問：您怎麼看待市場上出現的很多山籽雕產品呢？

答：社會上好多的作坊啊，企業啊，都跟著學做我的東西，但是他們的山籽雕就不同於我的味道。很多做設計的人或者工人，他們不懂構圖啊，什麼《放鶴圖》，什麼《採蓮曲》的，太多缺少了應具備的文化底蘊和素養，他們不瞭解這些題材的內涵，隨便亂做一通。就算抄抄我的東西吧，有的甚至照著把作品做完了都不知道是什麼意思。甚至粗淺地認為是什麼老頭下棋、老頭釣魚的，再呆板地、生硬地弄些山水、房屋建築，就這樣來做，算是他們所謂的山籽雕了。我覺著這個太不負責任。玉是不容易做的，況且現在的玉料多珍貴吶，要買的話都是幾十萬元一塊料的，而且買不到很好的，像這種籽玉現在也很少見了。如果都像他們那樣不負責任地做，可真是浪費，真

是可惜啊。做玉，就應該認真地對待它，不能隨便去做，大自然恩賜給我們的這麼美麗的東西，這麼稀少的東西，幾乎要沒有了，現在河床裡面都要挖不到了。

二、《中國工藝美術大師 —— 顧永駿卷》作者評述（摘引）

玉文化傳承與玉雕技藝創新，其基礎是社會環境與地方文化。一方水土養育一方人，揚州的歷史文化對顧永駿來說如同父親對他的影響一般，是潛移默化的。地方文化作為一種人文軟環境為顧永駿提供了豐富創作的可能性以及展示與交流的平台。揚州的地理位置及豐厚的歷史文化底蘊決定了這座城市，既能開放吸收外界新鮮活躍的元素，又能沉穩內斂地保持自身秀外慧中的傳統特色。顧永駿也一再強調，創作的人文環境是十分重要的。現當代的傳統工藝美術發展與傳承機制與中國傳統社會不同，從根本上講，現當代工藝美術的發展、工藝美術藝人的成長都離不開穩固有效的組織體系。自從顧永駿介入這一行業開始，就與揚州玉器廠形成密不可分的聯繫。可以說，機遇的到來不僅離不開自身的努力創造，還有很重要的一點，那就是發展的平台。歷經大的經濟體制改革之後，揚州玉器廠穩靠的企業實力與技術平台，為顧永駿發揮自己的作用、取得諸多的成就提供了可靠的前提保障和廣闊的創作空間。

…………

自 1976 年始，一系列加強工藝美術發展的文件也陸續發表。這對慘淡經營的揚州玉雕行業來說，就是新生的希望，玉雕生產逐漸開始復甦。同樣地，那些沉寂多年的藝人、工人也將積蓄已久的創作熱情、工作激情盡情地釋放，專心地投入新時期的生產建設之中。春天是萬物滋長的好時機。就在

1978年，揚州玉器廠為恢復失傳200餘年的山籽雕技藝，專門成立了一個技術小組，而顧永駿恰恰幸運地名列其中。誰也無法預知這一契機卻是開啟他山籽雕創作藝術之門的關鍵鑰匙，一切故事與成就的上演就在這樣一個藝術春天來臨的時刻慢慢地拉開了帷幔。

　　當時廠裡為進行山籽雕的研究，設計製作了很多產品，顧永駿專心地在小組裡搞創作和研究，時刻地總結傳統技藝的經驗，他的實踐水準也不斷提高。改革開放之初，國有企業的職工不允許搞替別人做加工的第二職業。儘管其他行業已有這種開放的情況，但顧永駿並沒有為了給家裡帶來些貼補而去找機會做，相反地，他一門心思地投入各種文學典籍、畫本資料的收集與學習中，懷著因荒廢學藝而留下的遺憾，他更加發奮地彌補。

　　對他而言，改革開放初期最大的轉折，就是1980年左右從以前從事的仕女人物創作轉向了山籽雕這門富有探索性的綜合性藝術品類的研究。山籽雕涵蓋的題材內容很豐富，就像寬闊的舞台，可以將構思好的人物與故事情節巧妙設置，而設計師就像是編劇和導演。山籽雕品類的特殊性使得它必須要由籽料來做，顧永駿設計生涯中的第一件山籽雕作品，就是使用白玉籽料來做的。陸續地，他開始接觸山料、翡翠等。經他之手的這些玉石材料大都是毛病很多的，比如綹裂。每一次設計製作，事實上都是化腐朽為神奇的過程，當那些廢料被巧用之後，觀者往往不得不讚歎設計師的能力，如同點石成金，如同為一塊生命黯淡的玉石增添熠熠生輝的生命光澤。1985年左右，玉器廠將存在瑕疵的玉料設計製作成山籽雕上市銷售，這些產品充分得到了社會的認可。

　　改革開放初期，顧永駿一家的生活水準並不高，生活條件也很艱苦。當時，一套老式房子，一間客廳中的半間還要與別的人家合用。一家四口人就住在僅有十多坪的空間內，顧永駿的一舉一動都會影響到家人，尤其是晚上。夜裡，顧永駿要堅持畫畫，而他的家人需要睡覺，每次只能等妻子和孩

子都睡著之後再開始畫畫、讀書。他常常用紙把燈泡給罩起來，怕燈光太亮打擾妻子和孩子。這種情形下，他做起動作更是躡手躡腳，生怕弄出一點聲音驚醒了他們。就這樣，每天畫畫、看書，他都會持續到深更半夜。不是一年、兩年，而是好多年都這樣度過。

1980年代，揚州玉雕企業不同程度地經歷了成立、合併、轉產等改革過程。1980年代末，「星期日工程師」成為全社會爭論的焦點問題。那是鼓勵技術人才走出去，用自己的智慧和技術經驗幫助一些民營企業提高生產的呼聲，它使得當時的一些技術資源得到了充分利用。在舉國上下緊抓經濟建設的特殊時期，這樣的做法不至於造成技術資源浪費。大環境開放了，人們的思想認識也逐步開放了，社會開始為有能力、有想法的人提供越來越多的機會去發揮自我特長、實現自我價值。

原本做仕女人物的顧永駿，一直都在讀書、學畫。可以說在啟蒙導師、自己的父親去世之後，他對中國畫的領悟都是自學而成的。1980年左右，他一邊在廠裡做山籽雕的技術攻關，一邊繼續從事仕女人物的設計創作。正如顧永駿自述的那樣，這一時期，他廣納百家之長，先後吸取了王叔暉、劉旦宅、華三川等人的人物繪畫技法，並將其與玉雕完美結合。即使是做人物，他也不再像傳統老師傅們那樣保守，而是大量地從文學典籍中汲取營養，不斷提升自己的創作水準。

對顧永駿而言，改革開放時期，有機會接觸山籽雕並迷戀上山籽雕，就是人生的又一次轉折。可以說，在創作道路上的他是不平靜的：從不願意學到有意識學，從做學徒到做仕女人物再到做山籽雕，每一階段都有岔路口，但他始終遵從自己的內心，再多世事變化也無法阻擋他執著於玉雕藝術的信念。

…………

三、江春源訪談（一）

訪談時間：2007 年 4 月 9 日

訪談地點：江蘇省揚州玉器廠玉器研究所

訪談內容（部分）

問：您能談談自己的從藝經歷麼？

答：國中畢業時，由於家裡的環境條件不是很好，所以就招工到玉器廠了。確切地說，還沒有完全畢業，玉器廠就來招人了。1963 年 7 月才能畢業，但我 1 月份就來玉器廠做學徒了。來了之後看那些工人做的玉雕，人物啊、爐瓶啊，很新鮮，我就很嚮往做這個。後來搞技術時，我被分配到了爐瓶工廠，所以這一輩子就只做玉雕這一行和花鳥爐瓶這個品類了。來了之後，透過六個月的培訓，一開始先把我分到了開料班。開料做了大概一年多，然後就開始做機械化套碗。1963 年進廠的時候，我也就是個十六七歲。那時候揚州玉器廠已經有了玉器學校，但我並沒進過廠裡的玉器學校學習。當時進廠是徒工啊，所以先勞動、打雜工，勞動了 3 個月左右的時間。我們同一批進廠的總共有 21 個，都是透過集體培訓的。大概到 1963 年 10 月的時候集體培訓，直接上機，就是腳蹬的那種水凳。那些設備比現在的高速玉雕機落後多了，所以學得很辛苦，但是心裡挺高興，畢竟做著很嚮往的東西。

問：您是跟師傅學的，還是憑自己努力呢？

答：我一開始做玉器時，是沒有師傅的。1963 年的培訓只教會了我們怎麼用那種設備，隨後我就被分到開料工廠，就是從事使用那種原始的切料機來切料的工作，這是玉雕裡面最基本的工作了，我在那兒待了大概有一年多。那個工作其實很單調，就是把那些大料開成小料，用那種水凳設備來切。所以說，一開始我做的可不是爐瓶，而是開料、套碗等基本工作，總共做了 3 年多。

問：您在「文化大革命」時期擱下手頭的工作了嗎？

答：到了 1967 年，由於套碗那個種類不怎麼好銷，我就被調到工廠來，開始學做玉雕擺件。那時候，才算是正式開始學習玉雕，但是剛好又趕上特殊時期。那時候，我沒有去參加活動，而是在廠裡自己學畫畫和製作。想想自己本來就比我們一起進廠做玉雕擺件的人晚了四年，要是還不努力就會落下一大截了。後來，我就在這一年時間，下了很大的決心和功夫趕上了他們。而且和他們很多人不同，我是自畫自做的，不是照本宣科地描畫。其實，在做機械化套碗的時候我就開始學畫了，當時用自己兩個月的積蓄買下了兩本《芥子園》畫譜，從頭到尾徹徹底底地臨摹了一遍。那個時候，沒有依靠別人，就是自己一邊學畫一邊學做，有很強的定力和悟性。我學做玉雕的時候，加工的料多用岫玉，而不是和田玉，大家一開始學藝的時候都是拿岫玉來做。記得還在做開料和套碗工作的時候，我就在自己手頭工作做完了或者是工閒的時候，經常悄悄地去工廠裡看那些做其他品類玉雕的工人做東西，看了之後自己腦子裡就會想：如果是我，我該怎麼去做。回來後，我就自己構想，到了擺件工廠後，我有了條件，就經常試著做。我一直都樂意向別人多學習，多看人家是怎麼做的，因為那個時候自己沒有師傅啊，不靠自己眼睛多看、心裡多想怎麼能成呢？玉器廠那個時候晚上總有工人在工廠裡加班，我下班後就會去看看，因為白天工作不允許亂跑啊，晚上有時間了，自然就得去看看、學學。那個年代，像我們這一輩能堅持下來做一件事的人並不多。

問：您提到那時候買繪畫資料很難，那您怎麼學畫的呢？

答：當時呢，剛招工不久，作為學徒，我是沒有什麼錢的，當然買不起書了。於是就找些圖稿來畫，好不容易找到一個圖稿，還得在借用的時間之內把它畫完。那是借來的，一定得按時間還給人家的嘛。我記得最深的就是有一年夏天，我整整地畫了四十幾張畫稿。是酷暑的時候啊，揚州的夏天是

很熱的，但我每天晚上都堅持畫一張畫，從沒落下。我那時候就愛這個，想著這個，所以無論多麼艱苦、多麼困難的環境下，都能堅持下來。並且只要自己的想法能夠實現，心裡是很快樂的，很有收穫的。

四、江春源訪談（二）

訪談時間：2008 年 4 月 21 日

訪談地點：江蘇省揚州玉器廠江春源工作室

訪談內容（部分）

問：您怎麼看待玉雕藝術中的傳統繼承問題呢？

答：沒有了傳統，作品如同無根的樹，不會有茂葉和鮮花。反之，如果沒有創新，只是一味地照搬前人的藝術形式和表現手法，充其量只是軀殼而已。失去創新的靈魂，藝術也將壽終正寢。師古人，更要師自然，所以，我在玉雕的題材和技法上，極力突破一些傳統的造型和表現手法，不斷吸收其他姊妹藝術的特點。比如，作品裡該捨掉的就大膽地拿掉，該細的地方精琢細刻，從而使大的造型方面灑脫自然，小的地方又耐人思索和品味。

問：現在的玉雕工具和技術進步了，您還記得怎麼用水凳思索嗎？

答：玉雕這一行，古時叫做「思索」，很形象的，就是在水凳上腳蹬著然後用手扶著往玉器上添加解玉砂和水。「思索」也可以形容我們琢玉時的創作狀態和整個過程的心理活動。為了真切、全面體現出玉的本質和工藝特點，很多情況下我們必須創造性地發揮設計構想。只有反覆地在大腦中思索，才能創造出最理想的玉器作品。應該說，思索既是磨練一個人的體力，也是思索這個人的性情和智力。長期以來，設計和製作都是一件「思索」的事情，沒有哪個更重要，它們都很重要而且是不能分開的。

問：您怎麼看待現在玉雕工藝品反映的工呢？

答：很多人都問我河南工和揚州工有什麼區別。我個人覺得，河南工以

前做得可能比較粗，工也是比較趕了點。近幾年，河南的很多人出來到上海、廣州、揚州等地學習技術。這個學習的團隊是很龐大的，這些人裡面有學得好的，他們回去以後就模仿自己在學藝時候的師傅的東西，自己的東西就會比以前好一點。但由於自身的繪畫或文化底蘊還是不行，三年之內可能就會把跟師傅學的那些東西都給用完了，想再做新的東西就有點不行了。由於玉雕是一個必須不斷地學習老的、新的東西的行業，有很多不斷變化著的東西，是不能吃老本的。他們做的東西，幾年內可能比較不錯，但缺乏後勁，更缺少內涵和深度，我們這些過來人一看就知道了。

問：您認為爐瓶設計有什麼重要原則嗎？

答：好的料要用來做爐瓶，通常不去過度地修飾它，最好不要破壞原材料的自然質地美感。以前的一些作品喜歡精雕、細雕，現在，人們喜歡把好東西做得乾乾淨淨的，而不加太多的裝飾。翡翠也是，通常好的料，要想辦法把「綠」給「擠」出來。

問：現代很多題材和品類都發生變化了，您怎麼認為呢？

答：現在啊，玉石材料越來越稀少，而且好的不好的料都很貴了，我們做東西更要冥思苦想，包括廠裡也是，不會再做以前的一些老品種了。由於多方面的原因吧，一些品類和以前用到的工藝慢慢地處於瀕絕的狀況了。也就是說，這麼多年，有些玉器品種變化了，自然而然地就影響到這方面的技藝傳承了。比如我們玉器廠裡一直都做的花卉蟲鳥品種，原來裡面還有做蟲鳥的，也就是做翎毛品類的，現在，蟲鳥品種逐漸被撤掉了。很現實的問題，一是耗工時，二是耗成本，三是市場消費者的喜好。所以，現在做的蟲鳥就沒有以前做得好了。同樣的，外面的一些廠家和私人也沒有做得好的。這樣一來，極個別品種或者某個品種的某項工藝可能就不再得以傳承了。時間長了，這方面的技藝以及做這種東西的人才自然就可能出現斷層了。和市場接軌後，我們玉雕這一行不得不考慮實際。一方面受材料限制嘛，好料不

可能再做蟲鳥翎毛類的東西了，花卉還可以做。像鳳凰等這類題材的蟲鳥品種，一般不做了，做它必須得考慮費不費料的問題了。以前的鳳鳥都要張爪透鬚，鬚尾等細處的翎毛都要表現出來，現在不可能做到了。沒有了這項題材的需求，工藝慢慢就會生疏、衰退。

問：您對批量化生產的玉石商品怎麼看？

答：手藝人不能脫離了用自己的手來表現啊！是不是手工做的，我們行內人一看就看出來了。我認為先進的、機械化的東西要結合著做，不應該也不可能完全地排斥它，畢竟要想突破設計上的侷限、有所創新，也得利於新的技術工具和新的方法。如果用了有些技術，最後達到的效果要比有些手工製作的效果好，那就可以就用它做。像玉器廠，也會做一些這樣的東西，因為像低一些層次的、商品化的東西作為高、中、低階產品的構成而言，是不能完全沒有的。比如做牌子的這些玉啊，有時候它的地不純，就得適當地用機械化的方法處理。現在可以在街邊上、商店裡，到處都能看到的佛啊、觀音啊、貔貅啊這些小東西，幾乎無孔不入地進到你的眼裡。用翡翠做得這些小雕件比較多，比如彌勒佛吧，基本上就是用像配鑰匙的那種機子的原理來做的，我們就管那種機子叫「鑰匙機」。什麼意思呢？外行不知道，其實仔細看看那些彌勒佛就會發現，都是一樣的臉、一樣的眼珠子，難道不是這樣嗎？它們的加工就和配鑰匙一樣的，一個模子一批商品。有的時候，好點的料都被做成一模一樣的商品了，它才不管你什麼地方用點俏色、改變點造型呢！要想碰到幾個能合自己審美眼光的、造型和色地都恰到好處的，就像海裡撈針一樣難。其實，不光是用鑰匙機加工的東西泛濫成災，市面上還有不少用料器假冒翡翠的東西。這些假冒的、劣質的東西，我在手上掂一下就知道的。真正的玉是有點沉的，而玻璃的、塑料的就有點飄了。很多人因為不懂才賣假貨，而有的人自己懂卻坑蒙來買東西的人。買的人，有時候圖新鮮、便宜，自己又不懂，一買就上當了。有時候我看到假的東西了，就會指

287

出是什麼材料的東西，人家就知道我是懂的人了，不敢欺騙。像我們做了這麼多年的玉，都有經驗了，多大的料在手上應該是什麼感覺，心裡都是很清楚的。特別是小東西，比如彌勒佛吧，在手上掂一下就知道真假了。當然，也有很多東西不是假的，也不是用「鑰匙機」做的，而是靠模仿來的，缺少自己的想法和創新。比如新疆那邊的東西，其中自己的設計就比較少了。這幾年新疆做玉的也多了起來，但一看都能看出來，大多數都是模仿人家的造型。其實這不僅是在新疆了，在我們揚州也有這樣的現象，不管適不適合做那個題材，不管知不知道那個題材的意思，就給照搬一個。現在市面上的大肚彌勒佛題材的把玩件，很多都是和田料或青海料做的，基本上都是仿製上海的樣兒。

問：您覺得現在做玉的年輕人和以前做玉的人有什麼不同？

答：現在這一行啊，其實暴露出來很多的問題。就拿過去我們做設計製作的人和現在的年輕人相比，差距還是存在的。新人啊，還是心不夠靜，特別是基本功不夠扎實。這是一個很嚴重的問題，很不利於這一行業以後的發展。人才是揚州玉雕能否傳承下去的關鍵啊，沒有人來做，怎麼能繼續傳統呢？除了外界干擾多誘惑多之外，他們能真正看到的、記下的這個專業的東西，比如自然界的形象，確實太少了。光是看也不行啊，還要學會思考，就是動腦筋。做設計、畫畫稿的時候，自己頭腦裡得有一個確定的想法。特別是中國畫啊，還要學會默畫的，你光去寫生也是不行的。寫生完了，如果不把它再默畫出來，一般也是記不住、掌握不深的。像以前，我看畫展吧，看過之後回來就把一些好的構圖默畫下來，這樣可以重新讓自己記憶一次，做到這點很重要的。現在的年輕人大都不重視這個，缺少了這方面的鍛鍊，眼中、胸中、手中的設計形象結合不起來。融合得不好，自然就出不來好的、像樣的作品了。

附錄 D 特色產業基地的資源開採、利用和保護等狀況

序號	特色產業基地	資源開採、利用和保護等狀況
1	內蒙古巴林石	透過資源分配和企業整合，組建了巴林石集團公司，並把附近的小礦並歸於集團公司，由集團公司規劃開採礦段和產量，一定程度上控制了濫採亂挖、掠奪性開採。同時，制定了資源開發的科學預算規劃，實行年產 200 噸的限量開採，並對巴林石進行科學分類，劃分出雞血石、福黃石、凍石、彩石、圖案石 5 大類別。
2	遼寧阜新瑪瑙	據 2004 年國際礦山測量大會推算，阜新瑪瑙儲量占全國總量的 50%。2004 年 5 月，在阜新縣七家子開採出一塊重達 66 噸的「瑪瑙王」。2005 年夏，在紫都台鄉發掘出長達 30 餘公尺、高近 5 公尺、厚度達 0.6 公尺的「瑪瑙長城」，兩塊均是近期發現的巨石。阜新地區每年瑪瑙石的採掘量是 800 噸左右，而進口量卻達到 1600 噸左右，其域外資源利用量已經是域內資源的 2 倍，這在資源型城市經濟轉型的實踐中具有推廣價值。
3	福州晉安壽山石	探測結果表明，壽山村所儲藏的壽山石及其母礦葉臘石的儲量達 2500 多萬噸，資源潛力巨大。
4	遼寧岫岩玉	1960 年，岫岩瓦溝發現一塊巨大玉石，重 260.76 噸，成為玉石王，被雕成全世界當時最大的玉佛，坐落於鞍山玉佛苑；1997 年，在同一地點又發先一特大玉石，經剝離，其高度約 25 公尺，最大直徑 30 公尺，重約 6 萬噸，稱為巨型玉體；1998 年，在瓦溝玉石井下 300 公尺處的原生礦床上開採出一塊巨大玉料，高 1.2 公尺，寬 2.6 公尺，重約 12.6 噸，被稱為採自原生礦床的井中玉王；1998 年，開採出一塊重約 10 噸的、全世界當時最大的透閃石質和磨玉。

5	江蘇東海水晶	被1953年起,東海縣就委託供銷社為政府代收購水晶。後來,先後成立了「地方國營東海水晶礦」、「採礦公司」、「105礦」等管理、經營機構,專門從事水晶的開採、收購、管理等工作。據統計,東海105礦的水晶年收購量在1950年代為100噸左右,1970年代達到300噸以上,最高年收購量達到652噸,占全國的1/3。1980年代以來,東海水晶年開採量維持在600—1000噸之間。
6	廣州四會玉器	本地不產玉石,主要從事設計加工、銷售經營等商貿活動。其玉石原料主要來自緬甸的翡翠玉石。
7	雲南騰衝翡翠	本地不產翡翠原料,主要從事原料、毛坯等的商貿活動和加工製作,其玉石原料主要來自緬甸翡翠玉石。
8	湖北竹山綠松石	目前,年產原石200噸;加工綠松石工藝品,珠寶首飾成品、半成品150噸,產值過億元。目前,只批准了秦古、得勝、麻家渡等5個鄉鎮對綠松石資源實行保護性限量開採,業主須做到「四證」齊全。根據資源保護和市場需求,下達開採的計畫,以每年開採毛料150噸左右為標準。
9	新疆玉石	新疆維吾爾自治區的和田玉原料,主要產在且末縣、若羌縣、于田縣、和田縣及葉城縣等地,年產和田玉原料約120-130噸,其中一級料約占15%。其中,以且末玉石礦開採最多,年產達一百噸左右。這些玉石大部分以原料的形式銷往內地,主要是河南南陽鎮平縣,只有少量品質好的白玉或青白玉山料及籽料被揚州、上海、北京、蘇州等地的廠商買走,還有極少量被臺灣的商人買走。自治區本地加工的不及年產量的10%,且多為白玉山料或籽料。

附錄 E　中國主要玉石特色產業基地的產業狀況

序號	特色產業基地	資源開採、利用和保護等狀況
1	內蒙古巴林石	巴林石集團公司作為巴林石產業的龍頭企業，擁有資產總值數十億元。目前，僅赤峰地區巴林石及帶動的相關產業年實現銷售收入四五億元，已經成為地方的支柱性產業之一。
2	遼寧阜新瑪瑙	目前，全地區瑪瑙廠家、業戶達 5000 餘戶，從業人員 3 萬餘人，年產值人民幣 2.5 億元，產品已形成工藝品、飾品、旅遊紀念品、體育用品、保健品、裝修材料和工業用品 7 大系列 200 多個品種數千種款式，擁有全國 50% 左右的瑪瑙市場占有率。
3	福州晉安壽山石	晉安區鼓山鎮樟林村自 1990 年代以來就一直是全國彩石的重要集散地。2005 年，全村從事石雕者達 3000 多人，其中近一半來自全國各地，該村建有占地 5000 多平方公尺的「樟林石雕城」，170 多間店面已全部開業。鼓山政府投資 1000 多萬元建成的中國壽山石交易中心，經營面積 17500 平方公尺，入住商家達 125 戶，成為福州最大的集壽山石學術研究、雕技培訓、精品展覽、雕刻創作、經營銷售、原石交易等功能於一體的壽山石文化藝術活動中心。此外，壽山石產地也有不少農民從事壽山石雕刻和銷售業，壽山村商貿街開張的壽山石原石和工藝品商店有近百家，芙蓉石產地宦溪鎮也形成了芙蓉石銷售市場。據統計，晉安區目前從事壽山石雕產業的人員增至 4 萬人，石雕業年產值可達數十億元。
4	遼寧岫岩玉	目前，全縣從事玉石開採、玉器加工和玉氣銷售的人員達 10 萬人，現在玉器加工企業 3115 家，商業零售業 5050 家，年創產值 25 億元，年實現利稅 5 億元。如今，玉雕工藝品發展到 7 大系列上千個品種，遠銷亞、歐、美三大洲 100 多個國家。

5	江蘇東海水晶	目前，全縣從事水晶和矽資源加工的大小企業、作坊達 2962 家，其中具有一定規模的水晶及矽資源加工企業就有 500 多家，固定資產過千萬的企業有 50 餘家，水晶山莊、通寶公司、晶師公司、海龍公司、彩虹公司等公司在中國內外占據一席之地，以龍頭企業為「引擎」，曲陽、安鋒、溫泉、牛山等鄉鎮還湧現了多個水晶首飾加工專業村。2005 年，全縣實現產值 50 億元，占全縣工業總產值的 1/3。全縣現已形成年產 2000 萬件水晶首飾、500 萬件水晶工藝品、4 萬噸矽藻粉、1.5 萬噸水晶砂、1 萬噸石英拉管和 1.5 億個石英玻璃燈具的生產規模。
6	江蘇東海水晶	1993 年，全縣有 10 萬人從事水晶加工，全縣各鄉鎮、村組都可以聽到八角磨盤的聲響。近年來，東海逐步引進先進的加工技術，有力促進了加工的發展，如雷射內雕技術、水晶加色技術等。同時，傳統的雕刻工藝、拋光工藝仍無法為高科技手段所取代。
7	河南鎮平玉石	產業規模宏大，從業人員眾多，全縣 3 個街道辦事處、11 個鎮、8 個鄉，大部分鄉鎮均有玉雕加工業，其中有「中國玉雕第一鎮」之稱的石佛寺鎮的 22 個行政村，村村生產玉雕。全縣玉雕從業人員 15 萬人，各類加工企業（戶）10000 家，各類經銷門市 5000 餘家，年產值 15 億元，已成為中國北方以玉雕為主的工藝品生產加工、銷售中心。鎮平加工的玉料有南陽獨山玉、緬甸翡翠、加拿大碧玉、俄羅斯白玉、阿富汗白玉、巴西瑪瑙等 100 多種。鎮平的玉雕市場，主要有「兩大市場一個博物館」，即鎮平玉雕大世界專業市場、鎮平石佛寺玉雕專業市場和「中華玉文化博物館」。鎮平石佛寺玉雕灣專業市場在 20 世紀初就十分有名，於 1919 年 9 月 1 日改稱新民市，並設郵政代辦。近年來，經擴建從早期的 U 型玉雕城發展到中心商貿區和東部商品別墅區，有各類珠寶玉雕門市 1500 多家，日成交額 200 萬元。鎮平玉雕大世界於 1997 年建成，容納商戶 230 餘家，主要經營獨山玉、翡翠、碧玉等 300 多個品種，產銷總額達到 5000 萬元。中華玉文化博物館是「中國玉雕之鄉」的標誌性建築，館內收藏古玉作品 20 餘件、現代精品玉雕 200 餘件。

8	廣州四會玉器	1980年代後期，四會已有玉器加工戶1000多戶，從業人員達到8000餘人，年產值超1億，初步形成了獨具特色的玉器加工新行業。1990年代中後期，四會建設了具有一定規模和級別的玉器街、玉器城等玉器專業市場。四會玉器市場逐漸成為玉器產品銷售集散地，也城為廣東最大的翡翠玉器批發市場。在玉器加工、玉器產品造型、玉氣銷售方面形成了自身的特色，到2006年底，已發展成為玉器商舖1000多家，玉器加工廠400多家，玉器加工場4000多家，從業人員8萬餘人，年加工玉璞7000多噸，年產值15多億元的規模，成為四會經濟發展的一大特色產業。四會已成為中國重要的翡翠玉器加工銷售集散地。廣州、揚州、上海、北京等玉器銷售市場上大部分的貨源都來自四會。翡翠的品種包括擺件、玩件、掛件、掛飾等。
9	廣州番禺珠寶	珠寶產業是廣州番禺區重點發展的主導產業之一。番禺珠寶起步於1970-1980年代，現已呈規模化發展。2005年，其出口10.57億美元，同比成長17.9%，位列全國出口商品第三位；占廣州珠寶出口總值的66%，占全國的19.3%；區內聚集廣州500多家珠寶企業中的300多家，從業人員7萬，是廣州市珠寶產業發展的核心區域之一。目前，國際珠寶產業日漸向中國和印度進行轉移和重組。世界各地的珠寶首飾企業，包括香港、比利時、以色列、印度、義大利、美國、加拿大、德國、法國、韓國、日本等國家和地區都已在番禺投資建廠，番禺已成為國際珠寶產業轉移的重要承載基地。與此同時，地方民營企業迅速崛起，並直接借鑑國外的經驗技術，成為不可或缺的中堅力量。番禺區300多家企業中，超過1000人的大廠有數十家，而一般的中小型工廠也有數百人，規模化發展效應明顯。珠寶加工量占香港轉口貿易的60%，幾乎承包了香港所有品牌珠寶的加工業務。產品銷至全球市場，加工貿易占全國的60%。

10	雲南騰衝翡翠	1996年，騰衝玉石進口達到改革開放以來的頂峰，進口量達34.8萬公斤，進口額達1.4億元，約占全國進口量的70%。全縣經營玉石的企業達100多家，加工戶600餘戶。1998年以來，緬甸政府允許玉石以大宗貿易的方式從仰光出口，而雲南玉石進口管道不暢，進口環節稅收較高，手續繁瑣，加之經營管理方式不能適應市場經濟的變化，曾一度繁榮的玉石交易轉入低谷。近年來，翡翠產業進一步發展，目前，騰衝有翡翠經營權的公司、商行有24家，玉石加工戶245戶，經營門市店鋪241戶，從業人員8000多人，年產值據不完全統計約3億多元。據中國玉網報導：瑞麗和騰衝形成了規模較大的翡翠加工及貿易市場。瑞麗玉器市場主要為珠寶街和珠寶城。另外，瑞麗城區也有一些玉器廠商。自1980年代以來，騰衝形成了翡翠的集散地、加工地、交易地，最具特色的傳統玉器加工銷售得到了長足的發展，全縣從事翡翠加工的作坊遍布城區各街道及郊區，僅荷花鄉就有數百家作坊。在騰衝縣城中還建有一個珠寶玉器的交易市場。
11	湖北竹山綠松石	目前，全縣從事綠松石產品加工行銷的大小企業已達到244家，從業人員8000多人，擁有設備1萬多臺（套），固定資產總額達到9000多萬元。已有美國商潤公司等投資公司在竹山合資成立加工企業。全縣綠松石原石及半成品產量占全國同類產品總量的70%，占世界總產量的60%。產品遠銷歐美、中東、東南亞等20多個國家，有多家企業在美國、香港以及廣州、深圳、武漢、拉薩、宜昌等地設立20多個銷售網站，出口創匯占全縣出口總值60%以上。全縣100多個開採礦點已成為綠松石產業原料供應基地，有大小加工企業200多家。全縣至今已形成骨幹加工企業6家，其中年產值過500萬元的有5家，先後有6家綠松石加工企業獲得了自營進出口權，變出口供貨為自營出口。近兩年，全縣綠松石企業先後投入1000多萬元資金進行技術改造和新產品開發，引進中國內外先進的生產設備1000多臺（套），引進技術和工藝人才100多名，其中寶豐珠寶和麻家渡工藝廠從美國、德國等國家引進了綠松石固化加膠生產線，每年轉化「白料」近10噸，使綠松石礦中近8成廢棄礦渣得到再生利用。

附錄 F　觀察記錄

(一) 蘇州市 M 商場

時間：2007 年 4 月 12 日

地點：蘇州市 M 商場內的玉飾櫃台

人物：購買者 A（女，青年）；櫃台售貨員 A（女，青年）

購買者 A：這東西怎麼賣？

櫃台售貨員 A：六塊錢。

購買者 A：是什麼的？

櫃台售貨員 A：翡翠啊！（指著岫玉與紅繩編結的手機掛飾）

購買者 A：編的樣子蠻好看的，還有啊？我多要幾個，挑挑。

櫃台售貨員 A：沒得挑的，這幾個都好的，都翡翠的，便宜的，掛著玩玩行啦！

購買者 A：那個紅的什麼的？

櫃台售貨員 A：瑪瑙啊！（說著把紅白色料器的吊墜掛件拿出來）要不要？也很好看，買給小孩子掛掛，有福的。

購買者 A：這個比翡翠貴啊？

櫃台售貨員 A：那是當然的，20，和你那個（手機掛飾）一起，25，打折，虧錢賣啦！

購買者 A：我要。（拿出錢包付款）

(二) 西寧市園林文化街

時間：2008 年 1 月 28 日

地點：西寧市園林文化街 Y 店鋪

人物：購買者 B（男，中年）；店主 W（男，青年）；店男 H（男，中年）

購買者 B：這個看一下。（指著櫃台裡的一塊玉牌）

店主 W：白玉的，你要個白玉的嗎？先看一下。（打開櫃子取出那塊玉牌）

購買者 B：哪的白玉？青海的嗎？

店主 W：崑崙料我們沒賣，都是和田的。你手上那個不好啊？喜歡什麼樣的？

購買者 B：我看不像和田的吧？

店主 W：不騙你，我們這的假一賠十，鑒定證書都有，這個。（拿出櫃台裡的鑒定標籤）

購買者 B：現在造假的多的呢，把個證書不能假造嗎？

店主 W：你到底要不要啊？

購買者 B：你說實話，這個不是和田的吧？（看著店主 W 笑了笑）

店主 W：那你很懂，自己看啊。（一直坐在裡面櫃台的店男 H 走過來）

店男 H：買玉講緣分，我們沒造假，都是白玉，就是等級上差了一點，你拿的那個是俄料的。要的話就賣你便宜點吧。

購買者 B：我看你標的價就不像和田料吧，這麼一個和田料賣好幾萬了。

店主 W：那我這也有，你真的要的話，我拿給你看。

購買者 B：你這個是哪加工的？

店男 H：有河南的，有蘇州的，你也是做生意的嗎？

購買者 B：我一個朋友也有塊料，我幫忙問問。

店主 W：做什麼？我們沒加工。

購買者 B：崑崙玉，你們沒加工嗎？

店男 H：內地加工的多，你去河南找去吧！（轉身招呼剛進門的顧客）

(三) 北京市潘家園古玩批發市場

時間：2007 年 12 月 22 日

地點：北京市潘家園古玩批發市場 X 攤位

人物：購買者 C（女，中年）；攤主 X（男，青年）

購買者 C：這是翡翠嗎？

攤主 X：是，你買不買？要哪樣的？

購買者 C：綠的好吧？

攤主 X：那是當然，翡翠玩的就是綠，要不要？這個怎麼樣？（挑了一個貔貅掛件拿給購買者 C）

購買者 C：這叫什麼的？一個小動物嘛！

攤主 X：這個是獅子，保平安的，帶財運的！

購買者 C：哦，多少錢？

攤主 X：一大早的剛開始賣，就 180 吧，要就拿，不要就算！

購買者 C：這麼貴？

攤主 X：這可是手工雕的，這個價格不能再低了。

購買者 C：80 啦？也挺吉利嘛！就 80 啦。

攤主 X：哎呀，你這個人，真是，我都虧錢了，拿吧拿吧！

購買者 C：老闆啊，哪個顏色的好啊？

攤主 X：就那個了（指著剛才拿給購買者 C 的貔貅掛件），越翠越好。

購買者 C：這個是發財的意思不是？

攤主 X：就是就是，挑好了？（忙著招呼旁邊的一位購買者 D）

購買者 C：就這個吧，圖個吉利啦！（說著把錢遞給攤主）

攤主 X：不多拿幾個？我這賣很便宜的。

購買者 C：來玩的，順便買一個玩玩的。（接過攤主找給的錢，拿了東西要走）

攤主X：好，有空再來！

附錄 G　中國工藝美術大師工藝雕刻（玉石類）名單

序號	姓名	屆次	生年	性別	民族	獲評時代表地區
1	夏長馨	1	1931-1988	男	漢族	北京
2	王樹森	1	1917-1989	男	漢族	北京
3	王仲元	2	1913-1994	男	漢族	北京
4	李博生	2	1941-	男	漢族	北京
5	高祥	2	1919-	男	漢族	北京
6	蔚長海	2	1941-	男	漢族	北京
7	蕭海春	2	1944-	女	漢族	上海
8	施明德	2	1932-	男	漢族	上海
9	黃永順	2	1937-2003	男	漢族	江蘇
10	宋世義	3	1942-	男	漢族	北京
11	馮道明	3	1940-	男	漢族	北京
12	楊世昌	3	1939-	男	漢族	北京
13	郭石林	3	1944-	男	漢族	北京
14	顧永駿	3	1942-	男	漢族	江蘇
15	張志平	4	1942-	男	漢族	北京
16	王耀堂	4	1946-	男	漢族	北京
17	江春源	4	1947-	男	漢族	江蘇
18	袁廣如	5	1941-	男	漢族	北京
19	崔奇銘	5	1963-	男	漢族	北京
20	楊根連	5	1960-	男	漢族	北京
21	王希偉	5	1963-	男	漢族	北京

附錄 G 中國工藝美術大師工藝雕刻（玉石類）名單

22	姜文賦	5	1963-2014	男	回族	北京
23	柳朝國	5	1945-	男	漢族	北京
24	姜栓蘭	5	1944-	男	漢族	天津
25	宋建國	5	1947-	男	漢族	河北
26	楊克全	5	1960-	男		遼寧
27	張玉珍	5	1941-2016	女		遼寧
28	劉忠榮	5	1958-	男		上海
29	吳德升	5	1961-	男		上海
30	高毅進	5	1964-	男		江蘇
31	薛春海	5	1965-	女		江蘇
32	吳元全	5	1948-	男		河南
33	仵應文	5	1954-	男		河南
34	馬進貴	5	1947-2018	男		新疆
35	曹忠濤	6	1958-	男		遼寧
36	周東正	6	1945-	男		遼寧
37	陳禮忠	6	1968-	男		福建
38	陳文斌	6	1955-	男		福建
39	陳益晶	6	1957-	男		福建
40	黃麗娟	6	1957-	女		福建
41	崔磊	6	1972-	男		天津
42	于雪濤	6	1973-	男		天津
43	洪新華	6	1959-	男		上海
44	王樹昌	6	1946-	男		河北
45	劉同保	6	1962-	男		河北
46	田健橋	6	1963-	男		河北
47	林觀博	6	1962-	男		浙江
48	張愛光	6	1959-	男		浙江
49	沈建元	6	1956-	男		江蘇

50	張鐵城	6	1967-	男		北京
51	趙國安	6	1953-	男		北京
52	趙敏	6	1959-			新疆

附錄 H　1984 年與 2005 年傳統工藝美術玉石雕刻類省市分布情況以及 2006 年首批國家非物質文化遺產名錄中的玉石雕技藝項目

地區代碼	1984 年		2005 年	
1	北京	北京玉器	北京	北京玉器
		漢白玉石雕		漢白玉石雕
		盧溝石刻		—
2	天津	天津玉器	天津	天津玉器
		石刻包鑲		—
3	河北	河北玉器	河北	河北玉器
		曲陽漢白玉石雕		★曲陽漢白玉石雕
4	山西	太原玉器	—	
		五台石刻		
5	內蒙古	通遼瑪瑙雕刻	內蒙古	通遼瑪瑙雕刻
		滿州里瑪瑙雕刻		滿州里瑪瑙雕刻
		赤峰巴林石雕刻		赤峰巴林石雕刻

四、江春源訪談（二）

6	遼寧	岫岩玉器	遼寧	★岫岩玉器
		瀋陽玉器		—
		撫順玉器		—
		大連玉器		—
		錦州瑪瑙雕刻		錦州瑪瑙雕刻
		撫順琥珀雕刻		撫順琥珀雕刻
		—		★阜新瑪瑙雕刻
		葉臘石雕		—
		太子石雕		—
		海城滑石雕刻		海城滑石雕刻
7	吉林	長春白玉	—	
		長白石雕		
8	黑龍江	瑪瑙雕刻	黑龍江	瑪瑙雕刻
9	上海	上海玉器	上海	上海玉器
10	江蘇	揚州玉器	江蘇	★揚州玉器
		蘇州玉器		蘇州玉器
		邗江玉器		—
		鎮江玉器		—
		連雲港水晶雕刻		—
		南京雨花石雕		南京雨花石雕
		蘇州石雕		
11	浙江	建德玉器	浙江	—
		青田石雕		★青田石雕
		杭州鍍銅石雕		—
		仙居彩繪石雕		—
		溫州彩石鑲嵌		溫州彩石鑲嵌

303

附錄 H　1984 年與 2005 年傳統工藝美術玉石雕刻類省市分布情況以及 2006 年首批國家非物質文化遺產名錄中的玉石雕技藝項目

12	安徽	蚌埠玉器	安徽	—
		滁州玉器		—
		天長玉器		
		靈璧石雕		—
		六安石雕		六安石雕
13	福建	福州玉器	福建	—
		壽山石雕		★壽山石雕
		惠安石雕		★惠安石雕
14	江西	南昌玉器	—	
		德安玉器		
		金溪瑪瑙雕刻		
15	山東	萊州玉器	山東	萊州玉器
		掖縣滑石雕刻		掖縣滑石雕刻
		夏津石雕		—
		泰安燕子石刻		—

附錄 I　近年主要的玉石特色產業基地文化策略

序號	特色產業基地	
1	內蒙古巴林石	經過 33 年的發展，巴林石產業從小到大形成了特色產業集群，在大阪鎮擁有「一礦一街一會三個分公司」的產業格局，在赤峰市最繁華的路上形成了巴林石商業一條街。巴林石城已經成為聞名全國的巴林石原料和工藝品交易的中心。巴林奇石館更以藏品種類齊全、雕琢精湛城為接待中外客商和遊客的重要場所。巴林石的開發已經由出賣資源為主轉向經營藝術品為主，實現了由資源型經濟向玉石文化產業經濟的轉變。目前全市已培養出國家級和自治區級的藝術大師 6 人，雕刻、篆刻高水準者 30 多人。此外，利用文化宣傳推動巴林石產業的發展。市委、市政府和宣傳文化部門的主管或專家，直接參與、籌備巴林石的文化宣傳工作，編輯出版 10 多本巴林石得專著、畫冊，錄製多個與巴林石相關的電視節目，連續舉辦了 7 屆巴林石節和巴林石文化論壇。1982 年，中國輕工業部和全國寶玉石會議將赤峰市巴林右旗確定為「中國三大彩石」基地之一。1999 年，巴林石被中國寶玉石協會推薦為「候選國石」。2001 年，23 枚巴林石連體印章作為 APEC 會議的國禮贈送。即將統籌建設赤峰新城區石博園、紅山區巴林石文化街、巴林草原特尼格爾圖礦山公園等文化實體，充分發揮旅遊資源優勢，開發旅遊商品和民族特色高級工藝品。同石發揮行業協會的作用，加強行業自律，發揮巴林石集體的龍頭企業作用。
2	遼寧阜新瑪瑙	阜新市全國資源型城市經濟轉型試點市，2006 年 3 月，市委、市政府下發《加快瑪瑙產業發展實施方案》，將瑪瑙產業確定為阜新市「兩大特色產業」之一。2006 年成立瑪瑙協會，7 月舉辦首屆中國阜新瑪瑙節，同時中國文化部還將「阜新瑪瑙雕」正式列入了國家首批非物質文化遺產名錄。阜蒙縣十家子鎮瑪瑙產品已註冊了「十家子」商標，瑪瑙玉枕等產品申請了家專利。

附錄 I　近年主要的玉石特色產業基地文化策略

3	福州晉安壽山石	2003年3月1日，由福州市人大常委會審議通過並經過福建省人大常委會審議批准的《福州市壽山石資源保護管理辦法》正式實施。晉安區制定頒布了《壽山石文化博覽館建設規劃》和《福建壽山國家礦山公園總體規劃》，擬建的壽山石文化博覽館規劃用地26敏，建築總面積1.3萬平方公尺；擬建的壽山國家礦山公園由3個園區和14個景區組成，總面積將達20.2萬平方公尺。2001年，晉安區成立了海峽壽山石文化研究院，聘請了20多石雕刻藝術家和理論家擔任研究工作，並陸續出版書刊，錄製文化節目，成果豐碩。
4	遼寧岫岩玉	2005年，岫岩玉雕藝術被列入第一批國家非物質文化遺產名錄，同年，岫岩玉申辦了岫岩玉地理標誌產品保護，並獲得成功。全國第一部寶玉石資源的地方性法規《岫岩玉資源保護條例》和《岫岩玉資源保護條例實施辦法》，對小玉礦進行了整合關閉，對礦山企業實行新工藝限量開採。並與北京珠寶學院聯合成立了岫岩玉雕學校、岫岩玉研究所，提高岫岩玉雕刻水準並培養玉雕方面的專業人才。1995年，岫岩投資興建了「中國玉都」和玉雕精品工藝園，並且新建了中國玉雕會展中心。目前，全縣已建成玉氣交易市場7處，此外，岫岩還在規劃建設世界玉雕博物館，開發巨型玉體旅遊區。
5	江蘇東海水晶	在人才培養方面，東海擁有省工藝美術大師2名、省工藝名人5人、高級工藝美術師11人。蘇州工藝美術學院每年在東海招收兩個工藝美術大專班，南京藝術學院、東海大學等高校還陸續在東海縣定向招收工藝美術本科班。縣政府把開發水晶資源、發展水晶加工業作為振興縣域經濟、實現富民強縣的支柱產業，先後制定了東海縣水晶及矽資源開發「十一五」規劃、水晶及矽加工行業准入制度以及一系列的鼓勵水晶及矽資源開發的優惠政策。投資7000多萬元修建的中國東海水晶工藝禮品城，已成為全國最大的水晶製品交易集散中心。

6	河南鎮平玉石	被譽為「中國玉雕之鄉」的鎮平縣內公有18所初級玉雕加工培訓學校，1所玉雕職業高中，1所工藝美術職業中專，年可培訓各級人才3000餘人。鎮平縣縣有各類玉雕專業人才5000多人，工藝師1000人，高級工藝師150人，省玉雕大師19人，聯合國命名的「民間藝術大師」1人，全國玉雕大師3人。近年來，先後在全國玉石工藝品「天工」獎上獲得6個金獎、12個銀獎、12個銅獎、10個最佳創意獎、10個最佳工藝獎。鎮平玉雕已形成了集「原料選購—設計開發—生產加工—人才培養—品質檢測—育創名牌—包裝推介—市場銷售」為一體的完整的產業鏈。經政府批准，自1993年起，鎮平每年舉辦一個「中國鎮平國際玉雕節」，2002年升格為「中國南陽（鎮平）玉雕節」。每屆玉雕節均要舉辦「玉文化研討會」、「玉雕精品展評會」、「玉雕產品展銷會」、「獲獎作品現場拍賣會」，每屆成交額均在1.5億元以上。2000年5月，鎮平縣成立了全國第一個玉雕管理局，各鄉鎮成立了玉雕展業辦公室。頒布了《關於鎮平縣玉雕產業發展的意見》和《鎮平縣（專項）技術員助理工藝和高級工藝師技術等集資格申報評審辦法》，並成立了「鎮平縣寶玉石品質監測中心」以及占地1200敏的「中國玉城」和占地200敏的「中國玉城料」。作為北方最大的玉雕產業基地之一，鎮平玉雕產業還帶動了石雕、骨雕等相關產業的鄉起。2002年，成立了四會市玉器商會。2003年，四會獲得「中國玉器之鄉」稱號。2004年，引進外資建設四會國際玉器城。
7	廣州四會玉器	該城是中國首家集玉石交易、玉器加工、產品展銷為一體的大型玉器交易城。此外，還成立了四會市中小企業（玉器加工業）培訓基地，定期舉辦與雕技術培訓班，邀請著名工藝美術師和技術人員授課，提高從業人員的藝術鑑賞水準和雕刻水準，並對技術人員進行資格評定。
8	廣州番禺珠寶	集約化發展道路是番禺珠寶發展的主要方向和探索模式。目前，區內已聚集現代型的沙灣珠寶產業園、國際化的鑽匯寶物流交易中心以及市橋珠寶工業區、大羅塘工業區、小平工業區、明珠工業園等數十個工業區。

9	雲南騰衝翡翠	縣政府對外作出了「騰越翡翠無假貨」、「假一賠一百」的承諾，註冊了「騰越翡翠」商標。2005年，騰衝被亞洲珠寶聯合會授予「中國翡翠第一城」稱號。近幾年，先後建起了珠寶交易中心、騰越翡翠城、文星步行街等幾個翡翠專業市場及當時由官房集團正在建設的「騰衝翡翠文化商貿經濟園區」。此外，湖北東方金鈺公司興建了亞洲知名的集翡翠毛料收購、拍賣、加工、銷售、展示為一體的翡翠加工交易中心，以及以展示翡翠文化、翡翠雕琢藝術為主題的集翡翠博物館、翡翠文化館、中國玉雕藝術館為一體的翡翠文化園區。
10	湖北竹山綠松石	近年來，寶豐珠寶公司開發的綠松石旅遊系列產品在華中旅遊產品博覽會上榮獲銀獎。「中國山」、「綠寶」、「女媧補天」等系列產品獲得 中國工商總局的註冊證書和國家專利，綠松石寶璧、寶鏈等系列產品已正式申報湖北省智慧財產權。2005年，竹山縣成立了綠松石同業協會。借助每年一屆的中國竹山寶石暨女媧文化旅遊節，打造世界綠松石交易中心。

結語

一、開啟神性和宗法的遠古傳統

　　本研究以玉文化實質性傳統中的「神性」為開端，展開對整個中國玉文化傳統的脈絡梳理與特徵研究。

　　中國玉文化遠古傳統，經歷了從神靈之石到玉石分化的漫長過程，在這一過程中，人們從認識玉石的自然屬性開始，進而賦予它特殊的文化與社會屬性。玉石資源、製品以及製作技藝等專門知識的占有和利用，反映出社會變遷中制玉者、用玉者等級與身分的變化。

　　巫覡階層在長達 6000 餘年的史前社會中創造了遠古玉文化的繁榮。儘管巫（覡）酋之爭以酋長（王）的勝利告終，而且巫覡階層的權力和地位也日漸式微，但玉石的神性意義並未發生改變。本研究運用多重證據方法，推論了遠古傳統從「神人結體」到「宗法玉製」轉變的可能性。透過圖像學的分析，結合出土實物及史前神話傳說等各類文本資料，推論出「神徽」是無文字時代的先民採用原初藝術表現方式所作的歷史記錄，而且「神徽」的主題紋飾反映了史前文化由神靈崇拜向祖宗崇拜的過渡。商周時期，由神性衍生出的「君權天授」正是神權向王權轉變、神人結體向宗法結構轉變的標誌。基於對《周禮》的分析，並應用定性的分形理論，提出「宗法玉製」是中國傳統社會以及現當代玉文化形成唯「宗」傳統的重要原因之一。

　　巫覡在遠古玉文化傳承中造成積極的作用，也許正是神人結體的能者「巫」與神人溝通的媒介「玉」才製造了玉石與神性的文化關聯，才直接或間接地引發出玉石資本的持據者與玉石象徵意義的社會關聯。可以這樣說，巫

覡之於玉好比君子之於玉，巫覡之於神性好比君子之於德性。原始宗教崇拜下玉石具有的神靈屬性以及人們借其象徵比附的傳統，不但影響著三代的宗法玉製，還深刻地影響並促使古典時期君子比德理念的形成。

時至當代，人們惜玉、崇玉、用玉的傳統無不帶有遠古時期玉文化神性的印記。

二、樹君權德威符號的古典傳統

玉文化的古典傳統具有豐富、複雜、交融的特性，卻保持了穩定的傳承。在繼承遠古傳統的基礎上，神性減弱並衍化，君王中央集權與權力分封的統治為古典時期的千年傳統提供了必要的條件和穩固的保障。

透過多元趨勢話語理論的社會層面分析，本研究認為權勢話語不僅僅為權貴階層持有，工匠作為玉石工藝技藝傳承的主要群體，也具有技藝話語權，他們是玉石文化資本的保持者。然而，工匠對文化資本的持有卻服務於社會等級中更高層，位於社會最高層級的統治階級擁有雙重意義上的文化資本，因此，玉文化的古典傳統中，統治階級仍然是最具有權勢話語的集團。

君子以玉比德，其中「君子」與「德」兩者不斷發生歷史演變，同時比德的符號也有著豐富的擴展。

首先，對君子而言，物質資本不是最重要的，重要的是具有「德行」。傳統社會的科舉制度、不同歷史時期的主導價值觀的共同影響形成不同時代對「君子」的界定。比德的對象並不侷限於男性，還可用來比附女性的貞德與美好。

其次，傳統社會的「比德理念」是對西周「唯德是輔」的繼承。比德之「德」，在不同時期與「信」「利」「力」「義」等價值觀發生著消長融合。君子比德於玉，既有社會正統的價值評判標準，又有內在的個人規範。也就是說，傳統社會的個體既要淡化、犧牲自己的個體特性來強調社會群體特徵，

又要以不同社會等級區分來要求自己做出策略性的行為以區別和強化自己的群體身分與地位等級。這二者之間的矛盾形成比德內涵擴展的張力，致使隋唐科舉之後及至宋、元、明、清等朝，治玉、用玉、崇玉、藏玉之風逐漸在民間興盛繁榮，以玉比德從而擴至官僚士紳、文人雅士甚至女子等更廣的社會群體之中。

最後，在傳統社會的等級制度下，社會結構中人與人的關係、不同群體所處的社會地位都能憑藉象徵「身體」與「身分」的「符號」體現出來。玉石製品本身可以作為被人觀看的「文本」，它具有特殊的社會與文化屬性。此外，佩戴玉石製品的人也可以作為被觀看的「文本」，他以身體為載體，透過穿著和佩戴不同類別和式樣的玉石製品以及佩戴時的言行舉止，傳達出不同的社會身分與地位等級訊息，人與物的統合以及不同場域中的文化實踐均成為與其財富地位、道德素養相適的符號象徵。

總而言之，君權德威的符號有各種層面意義的延伸，但本質受其時社會結構所限制和規定，它是君王權力意志的代表，而非大眾意向的表徵。

三、強「利」「欲」而弱「德」「信」的現代傳統

現代社會時期，玉石製品成為國家恢復國力與建設的經濟資本，它原有的神性以及所代表的權力意志被弱化，但其時的玉石製品具有現代傳統中獨特的時代風格。改革開放以來，在技術進步與商人逐利的共同作用下，玉石商品形成了以生產為主的現代時尚。然而隨著改革開放引起的社會轉型愈加劇烈，玉石商品的時尚消費者也由精英擴展至大眾。不僅如此，社會制度與結構的巨大變遷導致玉匠話語權較金字塔式的傳統社會時期發生根本性的轉變。設計作品從匿名走向署名，設計者的身分得以凸現，與玉石的開採加工、設計製作、經消費售等相關的職業身分趨向多重化。

在玉石經濟資本向文化資本投入與占有的轉變過程中，玉文化實質性傳

統中的「神性」衍生出新的表現形式與意義。玉石的經濟價值在經濟民主化的過程中被「神化」，它帶給人們可以依靠與寄託的財富保障，這是神性潛在的一個方面。另一方面，玉石製品的藝術價值、文化價值、歷史價值成為文化民主化過程中難以在短期內向大眾普及的內容，這需要文化資本的積累，而在人們追逐文化資本的過程中，不由自主地將玉石的歷史、社會、文化屬性「神化」，並透過收藏、饋贈等方式來獲得「神化」後的「神性」。

　　傳統玉文化的「德」與「信」，在現當代深受大眾消費「利」「欲」價值觀念的影響。「利」「欲」價值觀促使消費具有廣泛性，玉石製品已逐漸成為一種普遍的時尚消費品，它是經濟資本和文化資本甚至社會資本結合的商品。在現代傳統的時尚意象中，每個社會階層均享有不同層次的玉石商品的權利。不同經濟水準、不同社會地位、不同教育程度、不同性別、不同年齡、不同民族的人都可以透過購買、收藏、把玩、饋贈，從而擁有玉器的使用價值、象徵價值。大眾消費消解了傳統玉文化的經典性、神聖性、少數階層的占有性，同時也弱化了傳統玉石符號的尊貴屬性，但是玉石原初的「神性」在新的社會情境中得到延伸，經典性也得到重新詮釋。

　　歷經遠古、古代進入現當代，玉石及其製品正走向時尚與消費的時代，並逐漸成為大眾尋求自我價值與存在意義的文化符號。

參考文獻

一、中文文獻

(一) 專著

(漢) 許慎撰：《說文解字》，中華書局，1963。

(清) 孫希旦：《禮記集解》，中華書局，1989。

《當代中國》叢書編輯委員會編：《當代中國的工藝美術》，中國社會科學出版社，1984。

《揚州玉器廠志》編寫組編印：《揚州玉器廠志》（內部資料），2006。

赤峰學院紅山文化國際研究中心編：《紅山文化研究 —— 2004 年紅山文化國際學術研討會論文集》，文物出版社，2006。

讀圖時代編：《玉器器形識別圖鑒》，中國輕工業出版社，2006。

費孝通著：《費孝通論文化與文化自覺》，群言出版社，2005。

龔維英等編著：《神話·仙話·佛話》，河北人民出版社，1986。

雷廣臻主編：《走近牛河梁》，世界知識出版社，2007。

李硯祖著：《裝飾之道》，中國人民大學出版社，1993。

李硯祖主編：《藝術與科學》，清華大學出版社，2008。

李兆聰編著：《寶石鑒定法》，地質出版社，1991。

駱漢城等著：《玉石之路探源》，華夏出版社，2005。

馬承源著：《中國青銅器研究》，上海古籍出版社，2002。

歐新黔主編：《中國傳統工藝美術的保護與發展》，清華大學出版社，2007。

任繼愈主編：《中國哲學發展史·先秦》，人民出版社，1983。

阮青著：《價值哲學》，2004。

參考文獻

宋兆麟等著：《中國原始社會史》，文物出版社，1983。

蘇雪林著：《屈賦論叢》，廣東書局，1973。

孫立平著：《現代化與社會轉型》，北京大學出版社，2005。

汪民安、陳永國編：《後身體 —— 文化、權力和生命政治學》，吉林人民出版社，2004。

王名時編著：《潘秉衡琢玉技藝》，輕工業出版社，1989。

王樹村編著：《中國店鋪招幌》，外文出版社，2005。

王作楫著：《中國行業祖師爺》，中國文史出版社，2007。

吳棠海編：《中華五千年文物集刊·玉器篇》，科學出版社，1995。

徐湖平主編：《東方文明之光 —— 良渚文化發現 60 周年紀念文集（1936—1996）》，海南國際新聞出版中心，1996。

顏娟英主編：《美術與考古》下冊，中國大百科全書出版社，2005。

楊伯達主編：《中國玉文化玉學論叢》，紫禁城出版社，2002。

楊伯達主編：《中國玉文化玉學論叢（續編）》，紫禁城出版社，2004。

楊伯達主編：《中國玉文化玉學論叢（三編）》，紫禁城出版社，2005。

楊伯達主編：《中國玉文化玉學論叢（四編）》，紫禁城出版社，2007。

姚士奇著：《中國玉文化》，鳳凰出版傳媒集團，2004。

殷志強編著：《中國古代玉器》，上海文化出版社，2000。

尤仁德著：《古代玉器通論》，紫禁城出版社，2004。

餘英時著：《士與中國文化》，上海人民出版社，1987。

袁珂校譯：《山海經校譯》，上海古籍出版社，1985。

袁珂校注：《山海經校注》，上海古籍出版社，1980。

翟文明主編：《中國全史 —— 中國遠古暨三代文學史》，光明日報出版社，2004。

張福三、傅光宇著：《原始人心目中的世界》，雲南民族出版社，1986。

張志芳主編：《翡翠書》，雲南人民出版社，2006。

張竹邦著：《翡翠探祕》，雲南科技出版社，2005。

趙馥潔著：《價值的歷程——中國傳統價值觀的歷史演變》，中國社會科學出版社，2006。

浙江省文物考古研究所、上海市文物管理委員會等編著：《良渚文化玉器》，文物出版社、兩木出版社，1990。

浙江省文物考古研究所編：《河姆渡——新石器時代遺址考古發掘報告》，文物出版社，2003。

鄭也夫著：《後物慾時代的來臨》，上海人民出版社、世紀出版集團，2007。

中國科學院考古研究所編：《甲骨文編》，中華書局，1965。

周膺、吳晶著：《中國5000年文明第一證——良渚文化與良渚古國》，浙江大學出版社，2004。

（二）譯著

（德）恩斯特·卡西爾：《人論》，甘陽譯，上海譯文出版社，2004。

（德）馬克思、（德）恩格斯：《馬克思恩格斯全集》（第4卷），1995。

（德）馬克斯·韋伯：《社會學的基本概念》，顧忠華譯，廣西師範大學出版社，2005。

（法）列維-布留爾：《原始思維》，丁由譯，商務印書館，1997。

（法）莫里斯·古德利爾：《禮物之謎》，王毅譯，上海人民出版社，2007。

（法）尚·布希亞：《消費社會》，劉成富、全志鋼譯，南京大學出版社，2006。

（美）E.希爾斯：《論傳統》，傅鏗、呂樂譯，上海人民出版社，1991。

（美）戴維·斯沃茲：《文化與權力》，陶東風譯，上海譯文出版社，2006。

（美）弗朗茲·博厄斯：《原始藝術》，金輝譯，貴州人民出版社，2004。

（美）克萊德·伍茲：《文化變遷》，施唯達、胡華生譯，雲南教育出版社，1989。

（西）羅·哥澤來滋．克拉維約：《克拉維約東使記》，楊兆鈞譯，商務印書館，1985。

（英）愛德華·泰勒：《原始文化》，蔡江濃編譯，浙江人民出版社，1988。

（英）安東尼．吉登斯：《社會學》，趙旭東譯，北京大學出版社，2003。
（英）丹尼· 卡瓦拉羅：《文化理論關鍵詞》，張衛東等譯，江蘇人民出版社，2006。
（英）多米尼克· 亞歷山大：《魔法的歷史》，胡靜譯，上海人民出版社，2006。
（英）弗雷澤：《金枝》，徐育新等譯，中國民間文藝出版社，1987。
（英）羅森：《中國古代的藝術與文化》，孫心菲等譯，北京大學出版社，2002。
（英）喬安妮· 恩特維斯特爾：《時髦的身體：時尚、衣著和現代社會理論》，郜元寶等譯，廣西師範大學出版社，2005。

（三）期刊

鄧淑蘋：《談談紅山系玉器》，《故宮文物月刊》1998 年第 9 期。
杜金鵬：《紅山文化「勾雲形」類玉器探討》，《考古》1998 年第 5 期。
段塔麗：《漫談中國古代帝王的玉璽》，《中國典籍與文化》1997 年第 2 期。
甘陽：《中國道路：三十年與六十年》，《讀書》2007 年第 6 期。
郭大順：《紅山文化勾雲形玉佩研究》，《故宮文物月刊》1996 年第 8 期。
杭間：《手藝是一種本土知識體系》，《美術觀察》2004 年第 2 期。
何發榮：《中國寶玉石資源現狀及對策》，《中國寶玉石》1996 年第 2 期。
黃厚明：《商周青銅器紋樣的圖式與功能 —— 以饕餮紋為中心》，《清華大學博士後工作報告（結項）》，清華大學美術學院，2006。
李恭篤：《遼寧凌源縣三官甸子城子山遺址試掘報告》，《考古》1986 年第 6 期。
李縉云：《談紅山文化饕餮紋玉佩飾》，《中國文物報》1993 年 4 月 25 日。
李硯祖：《關於消費文化視野下的工藝美術諸問題》，《東南大學學報（哲學社會科學版）》2008 年第 5 期。
李硯祖：《設計的文化身分》，《南京藝術學院學報（美術與設計版）》2007 年第 3 期。
李硯祖：《設計的智慧 —— 中國古代設計思想史論綱》，《南京藝術學院學報（美術與設計版）》2008 年第 4 期。

廖泱修：《中國最早的玉鳳——試論紅山文化「勾雲形玉珮」之正名與演變》，《中國文物世界》1996 年第 132 卷。

劉方復：《良渚「神人獸面紋」析》，《文物天地》1990 年第 2 期。

劉國祥：《紅山文化勾雲形玉器研究》，《考古》1998 年第 5 期。

劉國祥：《牛河梁玉器初步研究》，《文物》2000 年第 6 期。

盛曉明：《地方性知識的構造》，《哲學研究》2000 年第 12 期。

孫建中：《傳國玉璽探密（三）》，《珠寶科技》1997 年第 3 期。

孫英：《君子概念辨難》，《吉首大學學報（社會科學版）》2007 年第 1 期。

唐玉萍：《紅山文化特殊類玉器的宗教內涵探析》，《赤峰學院學報（漢文哲學社會科學版）》2006 年第 1 期。

汪遵國：《良渚文化神像的辨析》，《中國文物報》1991 年 4 月 28 日。

王春云：《秦代傳國玉璽揭祕——兩個版本、兩種材料、兩枚玉璽》，《珠寶科技》2003 年第 5 期。

王大道：《雲南出土貨幣初探》，《雲南文物》1987 年第 22 期。

王銘銘：《君子比德於玉》，《西北民族研究》2006 年第 2 期。

蕭兵：《良渚玉器「神人獸面紋」新解》，《東南文化》1992 年第 Z1 期。

許青松：《紅山文化玉三孔器為史前巫具考》，《中國文物報》1997 年 11 月 30 日。

燕生東：《後現代史學語境下的考古學》，《東南文化》2007 年第 1 期。

楊伯達：《「玉石之路」的布局及其網路》，《南都學壇》2004 年第 3 期。

楊伯達：《中國史前玉文化板塊論》，《故宮博物院院刊》2005 年第 4 期。

楊晶：《良渚文化玉質梳背飾及其相關問題研究》，《文物》2002 年第 11 期。

楊美莉：《新石器時代北方系環形玉器系列之一——勾雲形器》，《故宮文物月刊》1993 年第 6 期。

尤仁德：《紅山文化玉三孔器探研》，《故宮文物月刊》1998 年第 1 期。

張明華：《良渚玉符試探》，《文物》1990 年第 12 期。

浙江省文物考古研究所反山考古隊：《浙江餘杭反山良渚墓地發掘簡報》，《文物》1988 年第 1 期。

中國社會科學院考古研究所內蒙古工作隊：《內蒙古敖漢旗興隆窪聚落遺址1992年發掘簡報》，《考古》1997年第1期。

中國珠寶玉石首飾行業協會：《中國珠寶玉石首飾行業協會通訊》2006年第3—4期合刊。

周南泉：《論中國古代的玉璧——古玉研究之二》，《故宮博物院院刊》1991年第1期。

二、外文文獻

（一）專著

Annette Weiner，Inalienable Possession：The Paradox of Keep ing-while-giving（Berkeley，University of California Press，1992）.

Jessica Rawson，Chinese Jade：From the Neolithic to the Qing（London，the British Museum Press，1995）.

Malinowski，The Foundations of Faith and morals（London，1936）.

Pierre Bourdieu，Outline of A Theory of Practice（Cambridge，UK：Cambridge University Press，1972/1995）.

Pierre Bourdieu，Distinction：A Social Critique of The Judgment of Taste（Cambridge：Harvard University，1979）.

Timothy.K.Earle，How chiefs come to power：The political economy in prehistory（Stanford，CA：Stanford University Press，1997）.

（二）期刊

Brian Spooner，「Weavers and Dealers：the Authenticity of an Oriental Carpet」，Arjun Appadurai ed.，The Social of Things：Commodities in Cultural Perspective（Cambridge：Cambridge University Press，1986）.

C.L.Costin,「Craft specialization：Issue in defining, documenting, and explaining the organization of production」, M.B.Schiffer, Archaeological Method and Theory（Tucson：The University of Arizona Press）3（1991）：1—56.

C.S.Peebles,「Moundville from 1000 to 1500 AD as Seen from 1840 to 1985 AD」, Chiefdoms in the Americas（C.A.Uribe.New York, Lanham, 1987）.

G.L.Barnes, Guo Dashun,「The ritual landscape of 『Boar Mountain』Basin：the Niuheliang site complex of north-eastern China」, World Archaeol ogy 28（1996）.

G.M.Feinman,「Corporate/Network, New Perspectives on Models of Political Action and the Puebloan Southwest」, Social Theory in Archaeology（Salt Lake City；The University of Utah Press, 2000）.

Jenny F.So,「A Hongshan Jade Pendent in the Freer Gallery of Art」, Orientation 5（1993）.

K.Spielmann,「Ritual craft specialists in middle range societies」, C.L.Costin and R.P.Wright, Craft and Social Identity, Archaeological papers of the American Anthropological Association 8（1998）.

Li Liu,「『The Products of Minds as well as of Hands』：Production of prestige goods in the Neolithic and early state periods of China」, Asian Perspective 42（2003）.

後記

　　古往今來，中國玉文化的研究者無數，研究成果無數，突破也實屬不易。本書原型是我的博士學位論文，也是付諸數載努力的微薄成果。楊伯達先生認為它的特點是「新」（觀點新、角度新）、「廣」（視野廣、有學術領先性）、「活」（強調從歷史走向當代、當代玉文化的解析獨具眼光和現實意義），尤其是研究中融入「大眾消費與時尚意象的現代傳統」的分析，不僅衝擊「時弊」「利」「欲」，還指明了玉文化研究的前瞻性——「尊德」「重統」的傳統與趨向。很感激耄耋之年的楊老對玉文化研究以及研究者的真誠關注、諄諄教誨。時至博士畢業十載，以這部論文為雛形的書作也只是人生中階段性的學習和認識，至於學問，邊學邊問，需用心去豐滿它的羽翼，更需要不斷地自我反思和批評。

　　換一種方法與角度分析問題，理論聯繫實際，是李硯祖先生給予我的寶貴建議，也是這項研究形成突破、具有意義的關鍵。求學的幾年裡，他的言傳身教，他提供的眾多機會，都是我幸福的收穫。大恩無法言謝，唯以日後的教育傳播和研究成果點滴回報。

　　由衷地感謝給予我支持和幫助的老師、朋友、同學。交流使我們碰撞出難得的思想火花，鼓勵和幫助使我彷徨時堅定地前行。

　　感恩我的家人，特別是父母親默默的關愛，讓我肩負責任亦無法懈怠。

　　特別感謝國家社科基金後期資助項目以及九州出版社予以的慷慨支持，讓青年學者發出自己的聲音。

　　崑崙孕情，懵懂識玉；

　　滇緬育心，愚念愛玉；

　　京城潛志，沉澱化玉。

這二十四個字,是我與玉結緣的感慨,我也以此來勉勵自己,不斷追求「人如玉品」的至上境界。

文化密碼
亂世藏金，盛世藏玉——中國玉文化

作　　者：朱怡芳	
發 行 人：黃振庭	
出 版 者：崧燁文化事業有限公司	
發 行 者：崧燁文化事業有限公司	
E - m a i l：sonbookservice@gmail.com	
粉 絲 頁：https://www.facebook.com/sonbookss/	
網　　址：https://sonbook.net/	
地　　址：台北市中正區重慶南路一段六十一號八樓 815 室	

Rm. 815, 8F., No.61, Sec. 1, Chongqing S. Rd., Zhongzheng Dist., Taipei City 100, Taiwan (R.O.C)

電　　話：(02)2370-3310
傳　　真：(02) 2388-1990
印　　刷：京峯彩色印刷有限公司（京峰數位）

國家圖書館出版品預行編目資料

文化密碼：亂世藏金，盛世藏玉—中國玉文化 / 朱怡芳著. -- 第一版. -- 臺北市：崧燁文化事業有限公司，2021.07
　面；　公分
POD 版
ISBN 978-986-516-675-5(平裝)
1. 古玉 2. 文化研究 3. 中國
794.4　　110008376

電子書購買

臉書

- 版權聲明 -

本書版權為作者所有授權崧博出版事業有限公司獨家發行電子書及繁體書繁體字版。若有其他相關權利及授權需求請與本公司聯繫。
未經書面許可，不得複製、發行。

定　　價：450 元
發行日期：2021 年 07 月第一版
◎本書以 POD 印製